教育部人文社会科学研究一般项目"基于无标度网络的主权信用风险传染及应对策略研究"（项目批准号：13YJC790199）

基于无标度网络的主权信用风险传染及应对策略研究

张培 著

武汉大学出版社

图书在版编目(CIP)数据

　　基于无标度网络的主权信用风险传染及应对策略研究/张培著.
—武汉：武汉大学出版社,2019.6
　　ISBN 978-7-307-20925-1

　　Ⅰ.基… Ⅱ.张… Ⅲ.国际信用—金融风险防范—研究
Ⅳ.F831.6

中国版本图书馆 CIP 数据核字(2019)第 090371 号

责任编辑：唐　伟　　责任校对：汪欣怡　　整体设计：马　佳

出版发行：武汉大学出版社　　（430072　武昌　珞珈山）
（电子邮箱：cbs22@whu.edu.cn　网址：www.wdp.com.cn）
印刷：广东虎彩云印刷有限公司
开本：720×1000　1/16　印张：22.25　字数：309 千字　插页：1
版次：2019 年 6 月第 1 版　　2019 年 6 月第 1 次印刷
ISBN 978-7-307-20925-1　　定价：50.00 元

版权所有，不得翻印；凡购我社的图书，如有质量问题，请与当地图书销售部门联系调换。

序　　言

　　2018年夏天，我趟过了一条流淌着自己汗水的河流。当我爬上秋天之岸时，终于可以坐在河岸上喘一口气了，因为我终于完成主权信用风险研究的主体框架的设计与写作任务。

　　本书是教育部人文社会科学研究一般项目"基于无标度网络的主权信用风险传染及应对策略研究"（项目批准号：13YJC790199）的成果。该课题于2013年立项，组织了武汉大学的研究力量，历时5年，作了大量的数据分析、专题研究和对国际经验的整理。在研究过程中，课题组成员将相关研究成果多次在全国性的学术会议上进行汇报，吸收了国内外相关领域专家的意见和建议。

　　防范和化解系统性金融风险成为当下经济金融工作的重中之重。本书的目的是要告诉世人系统性金融风险的识别、度量与管理的另外一种视角——宏观金融工程。在国外，金融工程主要应用于微观层面，主要研究金融资产定价、金融风险管理和金融市场的资源配置。而现在，国外学术界已经开始考虑到运用微观金融工程的方法来解决宏观金融问题。但是，明确地提出宏观金融工程的概念并构建一个成形的理论框架并将这种框架运用国内外宏观金融的系统分析，则是我的博士生导师叶永刚教授及其研究团队在2007年首次提出的。

　　微观金融工程的实质是将金融市场上的各种金融工具看作一块块积木，通过这些"积木"的组合展示无套利定价、风险管理等重要思想。在宏观金融工程当中，我们将这些"积木"的含义推广到更一般的情形——资产。从会计学的角度来看，资产是资金的运用所形成的各种资源，而资金的来源则是通过各种金融工具来体现的。微观金融工程中各种金融工具的组合在宏观金融工程中推广为各种资产的组合，在这个过程中，金融活动与经济活动的关系被强化了，金融风险与经济发展的关系将会更受重视。

主权资产负债表的编制是此项研究工作的基础。主权资产负债表是将一个国家的公共部门（政府）视为与企业类似的实体，在中国，存在中央和地方两级政府，两级政府在资产项目的构成上存在较大差异，因此我们分开编制了中国中央政府资产负债表和中国地方政府资产负债表并进行汇总。主权资产负债表反映了两方面的重要信息，一是主权资产的配置情况，二是主权部门资金来源情况。与这两方面信息对应的是主权信用风险的情况与主权部门通过资产配置对于经济增长的贡献。主权信用风险会通过主权部门之间、主权部门与其他经济部门之间的资产负债网络结构进行传导，从风险防范的角度来说，仅仅关注自身资产负债表的健康状况是不够的，还必须考虑自身资产负债表与其他部门资产负债表所形成的关联，这也是本研究构建资产负债表网络的原因。除此之外，研究中国的主权信用风险还必须考虑当下中国的经济现状，在企业部门、金融部门、家户部门债务率高企的情况下，我国试图通过减税、增加财政支出、发行地方政府专项债券等措施让利于企业和个人，而这个过程势必导致主权部门杠杆率的进一步提升和主权信用风险的增大。如何保持主权资产负债表的健康，是当前中国经济科学持续发展的重要课题。

尽管已经做了大量工作，但宏观金融工程的研究对于我们来说仅仅是开始，还有大量的工作需要进行：我们的理论体系还需要进一步完善；我们的国别和地区分析还需要进一步拓展；我们对中国的实践还需要从总体和结构上进一步突破；我们对宏观经济资本体系的研究和中国宏观经济发展的深入研究才刚刚起步，迫切需要更多的研究资源的投入。然而，我们深信，坚冰已经打破，航道已经开通，我们的研究工作一定能够更深入地进行，一定会有更多的人加入我们的研究行列。在这里，我还要感谢叶永刚教授、宋凌峰教授的研究团队，感谢武大出版社的编辑，感谢我的家人在背后默默地支持。

我们从2018年流淌着汗水的河流之中爬上了秋岸，将在短暂的小憩之后，很快进入新的研究阵地。我们期待着，我们渴望着，蓝天白云之下，一块金灿灿的收成！

张 培

2019年2月15日

于珞珈山

目 录

第一章　绪论 ·· 1
第一节　研究背景与意义 ·· 2
第二节　国内外研究现状 ·· 7
第三节　研究框架和研究方法 ··· 25

第二章　宏观金融风险传导分析的基本理论与方法 ······················· 33
第一节　金融危机传导的季风效应研究 ······································· 33
第二节　金融危机传导的溢出效应研究 ······································· 42
第三节　金融危机的净传导效应研究 ··· 55

第三章　基于资产负债表的宏观金融风险传导研究 ······················· 60
第一节　研究思路 ··· 60
第二节　资产负债表的编制 ·· 63
第三节　基于资产负债表的宏观金融风险国际传导研究 ············ 68
第四节　基于宏观资产负债表的金融风险国内传导研究 ············ 78
第五节　基于资产负债矩阵表的宏观金融风险传导研究 ············ 85
第六节　基于资产负债表的宏观金融风险传导度量 ···················· 86

第四章　欧美国家主权信用风险的成因、影响及发展趋势研究 ······ 89
第一节　欧美国家主权信用风险研究的背景和意义 ···················· 89

第二节 文献综述 …………………………………………………… 93
第三节 欧美国家主权信用风险恶化的成因 …………………… 96
第四节 欧美国家主权信用风险恶化的影响……………………… 101
第五节 欧美国家主权信用风险对中国经济影响的实证研究…… 106
第六节 欧美国家主权信用风险的应对策略…………………… 117
第七节 结论及政策建议 ………………………………………… 120

第五章 欧洲主权信用风险与银行业信用风险相互溢出效应
研究 ……………………………………………………………… 127
第一节 引言 ……………………………………………………… 127
第二节 主权风险与银行业风险相互溢出的理论研究………… 130
第三节 主权风险与银行业风险相互溢出的实证研究………… 134

第六章 中美欧三方国家债务头寸表、宏观资产负债表、国际投资
头寸表和国际收支平衡表研究 ……………………………… 152
第一节 引言 ……………………………………………………… 152
第二节 相关文献综述 …………………………………………… 154
第三节 宏观金融工程框架下的存流量分析…………………… 164
第四节 欧美主权信用风险对我国影响的实证分析…………… 168
第五节 结论及政策建议 ………………………………………… 184

第七章 中美欧主权信用风险传导机制研究……………………… 186
第一节 引言 ……………………………………………………… 186
第二节 相关文献综述 …………………………………………… 187
第三节 中美欧内部各部门间信用风险的传导机制…………… 194
第四节 主权信用风险双边传导机制理论基础………………… 203
第五节 主权信用风险多边传导模型的构建
——无标度网络方法 ………………………………… 209

第六节　主权信用风险传导机制的实证检验⋯⋯⋯⋯⋯⋯⋯⋯　216

第八章　中国主权信用风险的度量与管理研究⋯⋯⋯⋯⋯⋯⋯⋯⋯　226
　　第一节　研究背景与意义⋯⋯⋯⋯⋯⋯⋯⋯⋯⋯⋯⋯⋯⋯⋯⋯　226
　　第二节　相关文献综述⋯⋯⋯⋯⋯⋯⋯⋯⋯⋯⋯⋯⋯⋯⋯⋯⋯　227
　　第三节　中国主权资产负债表的编制⋯⋯⋯⋯⋯⋯⋯⋯⋯⋯⋯　230
　　第四节　基于资产负债表的主权信用风险分析⋯⋯⋯⋯⋯⋯⋯　242

第九章　中国地方投融资平台政府担保问题研究⋯⋯⋯⋯⋯⋯⋯⋯　253
　　第一节　引言⋯⋯⋯⋯⋯⋯⋯⋯⋯⋯⋯⋯⋯⋯⋯⋯⋯⋯⋯⋯⋯　253
　　第二节　文献综述⋯⋯⋯⋯⋯⋯⋯⋯⋯⋯⋯⋯⋯⋯⋯⋯⋯⋯⋯　258
　　第三节　平台公司发展现状及政府担保方式⋯⋯⋯⋯⋯⋯⋯⋯　260
　　第四节　平台公司政府担保变化的实证分析⋯⋯⋯⋯⋯⋯⋯⋯　277
　　第五节　政策建议及总结⋯⋯⋯⋯⋯⋯⋯⋯⋯⋯⋯⋯⋯⋯⋯⋯　291

第十章　中国主权信用风险监测与宏观经济资本管理研究⋯⋯⋯⋯　294
　　第一节　主权信用风险管理相关文献综述⋯⋯⋯⋯⋯⋯⋯⋯⋯　294
　　第二节　基于资产负债表方法的主权信用风险度量⋯⋯⋯⋯⋯　301
　　第三节　主权信用风险监测体系的建立⋯⋯⋯⋯⋯⋯⋯⋯⋯⋯　319
　　第四节　国家经济资本管理研究⋯⋯⋯⋯⋯⋯⋯⋯⋯⋯⋯⋯⋯　325

参考文献⋯⋯⋯⋯⋯⋯⋯⋯⋯⋯⋯⋯⋯⋯⋯⋯⋯⋯⋯⋯⋯⋯⋯⋯⋯　344

第一章 绪 论

美国次贷危机引发的全球金融危机在一些国家引发了主权信用风险问题。美国不断提高法定国家债务上限，欧洲多国陷入主权债务危机泥潭并形成相互传染，日本国家累计债务余额突破1000万亿日元（包括国债、借款、政府短期证券），亚洲、拉美等地区的新兴经济体的国家总债务水平已经接近甚至超过国内生产总值(GDP)的250%这一国际警戒线(只是一些国家尚未发展为主权债务危机)。虽然时间已经过去10年，但主权信用风险在全世界范围内持续上升对全球经济复苏和金融系统稳定造成的影响远远没有消除。当前，中国的GDP已经突破10万亿美元，但经济发展面临着不平衡、不充分的结构性矛盾，国家各个部门杠杆率水平普遍上升。一方面，中国政府正竭力采取各种措施阻止经济增速放缓，另一方面，杠杆率水平的普遍攀升为系统性金融风险的爆发留下了隐患。政府要在稳增长和控风险之间寻求平衡。随着经济全球化和金融自由化程度的加深，国与国之间的经济金融关联日益紧密，中国的宏观经济金融政策也受到国际上大国宏观经济政策的影响。本书试图通过对全球各国各地区主权债务危机的产生、发展与应对进行梳理，掌握主权信用风险形成和传染的基本规律和不同国家差异性的表现形态，为中国防范主权信用风险提供理论依据和政策建议。

第一章 绪　论

第一节　研究背景与意义

纵观几百年来世界经济的发展历程，世界各国在享受经济发展给各自带来的益处的同时，也饱受金融危机所带来的经济衰退的痛苦，金融危机就像幽灵一样伴随于世界经济发展的整个过程：从1637年荷兰爆发的郁金香狂热到1720年英国南海公司股票的投机泡沫；从1837年美国的经济恐慌所引起的银行业收缩到1907年美国银行业危机的爆发，再到1929—1933年资本主义国家的"大危机""大萧条"；从拉美国家债务危机到1987年的"黑色星期一"。进入20世纪90年代以后，金融危机的爆发更加频繁而剧烈：1992年的欧洲汇率机制危机、1994年和1997年的两次墨西哥金融危机、1997年的亚洲金融危机、2007年的美国次级抵押贷款危机以及由此而引发的全球金融危机。伴随着世界经济的快速发展，金融危机的爆发也呈现出越来越频繁的态势。

进入20世纪90年代后，全球经济已经发生了深刻的变革，经济一体化和金融自由化成为这一变革的主要特征，金融创新的不断涌现和信息技术的飞速发展使得世界经济朝着前所未有的深度和广度发展，与此同时，更加活跃和迅速的国际资本流动也使得世界经济变得更加不稳定。在此背景下，每次金融危机爆发所造成的影响都不仅仅局限于危机爆发所在的国家，而是通过各种复杂的传导渠道对其他国家、地区甚至全球的金融经济造成剧烈的冲击，这样的现象尤其引人关注。

首先看1992年欧洲汇率机制危机。欧洲汇率机制是1979年建立的欧洲货币体系的基础，从积极意义来讲，这一体系保证了欧洲货币币值的稳定，但在1992年，由于德国一直实行高利率措施以控制国内通货膨胀的压力，这使得德国马克相对于欧洲国家其他货币的币值居高不下。在面临不断加深的经济萧条和不断增长的失业率的情况下，英国和意大利首先脱离了汇率机制，西班牙、葡萄牙和爱尔兰货币均发生了不同程度的贬值，欧洲汇率机制最终在法郎受到冲击的情况下崩溃。

然后看1994年墨西哥金融危机。自1982年债务危机后，墨西哥政府采取了一系列经济调整方案，稳定了整个经济局面，受到美国经济强劲增长和国内吸引外资政策的影响，墨西哥成为拉美国家中吸引外资最多的国家。但与此同时，这也为之后的金融危机埋下了隐患，主要表现为：墨西哥国内短期证券投资的比重过大、贸易逆差持续扩大以及为平衡经常项目大量举债。1994年全球利率的上升使得比索面临巨大的贬值压力，之后比索遭遇了大幅度贬值，金融体系陷入了资不抵债的局面。墨西哥金融危机迅速蔓延到整个拉美地区，巴西、阿根廷、智利、秘鲁等国家股市暴跌，亚洲的菲律宾也受到了较大的影响。

接着看1997年亚洲金融危机。1997年爆发于泰国的亚洲金融危机在传导方面的特点尤其引人关注。从危机影响的范围上看，从最初的泰国，到东南亚、东亚、整个亚洲，再到俄罗斯、欧美、拉美，直至全球；从危机波及的领域上看，货币危机引发包括资本市场危机和金融机构危机在内的金融危机，进而发展为以经济衰退为特征的经济危机，甚至在一些国家演变成了政治危机；从危机传导的方向上看，危机最先爆发于新兴市场国家，然后再影响到发达国家。

2007年，美国次贷危机开始席卷全球金融市场。2007年2月，汇丰银行宣布北美住房贷款按揭业务遭受巨额损失，减记108亿美元相关资产，随后30余家美国次级抵押贷款公司陆续停业，持有大量按揭贷款证券化产品的对冲基金和投资银行相继出现巨额亏损和倒闭，投资者的恐慌情绪开始蔓延。紧接着，危机造成美国各大金融机构流动性紧缩，同时由于市场恐慌，金融危机向全球蔓延，欧洲银行业出现了大量与"次贷"相关的资产减记和损失，为防止"债务-通缩机制"带来经济衰退，欧洲各个国家对濒临破产的金融机构进行了一揽子的担保、注资以及经济刺激计划。从救助的具体方式来看，各国政府无一例外地选择大规模发行国债，与美国不同，欧洲国家发行的债务无法由欧洲中央银行购买（欧元区统一的货币政策的目标是与通货膨胀率挂钩的），国内的低储蓄率又导致国内居民购买的能力较低,因此政府债务必须依赖外部融资。高额的外债水平必须依赖政府的财政盈余来负担,但由于欧洲实体经济衰退明显,加上高福利模式下的高财政支出,政府收入下降而支出刚性增长,当政府的财力有限并且无法通过借新债还旧债来实现债务循环时,主权债务危机就发生了。也就是说,欧洲一些国家政府为了给金融机构提供担保,将自己拖入了主权债务危机。

以希腊为例。一方面,希腊经济主要靠旅游业、造船业、文化业和农业,其中,以旅游、运输等为主体的服务业在经济活动中具有顺周期的特点,特别容易受到外部市场环境波动的影响。当出现全球金融危机时,世界贸易陷入萧条,船运价格迅速下跌;在外侨民的收入锐减,而居民也由于收入下降减少了旅游支出,从而对实体经济造成了很大影响。另一方面,为了给本国金融机构提供担保和流动性,希腊政府大量举借外债,根据2015年年初的统计,希腊的外债规模总计为3150亿欧元,其中欧盟援助基金和IMF贷款为2174亿欧元,约占外债总额的69%,欧洲央行及欧元系统能持有的债务为272亿欧元,约占9%,私人投资者的债务为387亿欧元,约占12%。从偿还期限上看,希腊在2016年至2022年间所需花费的债务融资成本规模仍相对有限,在每年60亿至100亿欧元,但该国在2015年的核心融资需求则在190亿欧元左右,远远超出其偿还能力,这也直接导致2015年6月希腊与国际债权人进行了艰难的谈判,而谈判的最终结果是希腊以紧缩性财政改革措施换取国际债权人的进一步支持。

欧洲其他一些国家如爱尔兰、意大利、西班牙、葡萄牙等也面临着类似的问题,一方面,金融业和房地产业的过度发展推高了资产价格泡沫,制约了制造业的发展;另一方面,为应对高福利和对本国商业银行的救助,这些国家不得不采取扩张性的财政政策,这增加了这些国家的主权债务负担。

从历史上爆发的几次大规模的金融危机来看,几乎每次都伴随着主权债务危机,有的是因为政府部门的高杠杆率直接造成的偿债困难,有的则是政府部门为了解决其他部门(如金融部门、企业部门、家户部门)的偿债困难而不得不增加自身的债务负担所致,而且一些国家的主权债务危机通过各种渠道进行传导,使得其他一些国家也爆发了主权债务危机,主权债务危机显现出很强的传染性。主权债务危机本质上是主权信用风险增大到一定程度的表现,也可以说是国家政府对其承担的债务无法履行偿还的责任。因此,研究主权信用风险的传导机制并采取有针对性的风险应对策略具有十分重要的理论意义和现实意义。具体表现在以下几个方面。

第一,在经济全球化和金融自由化背景下,对金融风险的传导进行认识具有现实需求。经济全球化的一个重要方面是金融全球化,而金融自由化则是金融全球化的一个必要条件,一个国家(特别是发展中国家)要想充分融入全球金融体系,必须首先放松金融管制,而在这一过程中往往面临两难的选择。一方面,宽松的金融管制可以使其充分参与国际金融合作并得到更充分的金融支持,以此来支持经济的发展;另一方面,宽松的管制也为短期资本流动的兴风作浪提供了便利,一些存在经济问题或者经济基本面较为薄弱的国家往往面临着较大的潜在风险,这些风险不仅会在这些国家国内进行传递,而且会通过各种渠道影响到其他国家,使得被传导国家的金融风险骤然加剧,风险加剧到极端程度就会演变成金融危机。自20世纪90年代以来,世界范围内相继发生了一系列金融危机,这些危机都表现出一个共同特征,那就是危机会像传染病一样在世界各国和各地区之间传播,而面对这一现象,人们往往显得束手无策,危机的肆虐也让全世界付出了沉重的代价。因此,人们迫切需要对金融风险的传导问题进行系统性的研究,并制定出有针对性的风险防范策略来应对现在所面临的问题。

第二,主权信用风险传导问题的研究需要建立在系统性的理论分析框架的基础上。综观历史上诸多主权债务危机传导的案例,其传导机制和传导渠道呈现出多样化的特征,现有的关于主权债务危机传导的理论研究大多借助金融危机传导理论,从不同的角度分别阐述危机传导的机制。如 Krugman(1979)提出的第一代金融危机模型，强调扩张性的宏观经济政策是导致最终货币危机的根本原因，但第一代货币危机理论无法解释1992年英镑危机，于是经济学家开始从其他方面寻找危机发生的原因，Obstfeld(1994)强调了危机的自我实现(self-fulfilling)的性质，较好地解释了1992年英镑危机。但是，1997年下半年爆发的亚洲金融危机呈现出许多新的特征，第一、二代模型已经无法较好地解释这场金融危机，于是麦金农和克鲁格曼又提出了第三代金融危机模型，该模型强调了第一二代模型所忽视的一个重要现象：在发展中国家，普遍存在着道德风险问题。普遍的道德风险归因于政府对企业和金融机构的隐性担保，以及政府同这些企业和机构的裙带关系，导致了在经济发展过程中的投资膨胀和不谨慎，大量资金流向股票和房地产市场，形成了金融过度(financial excess)，导致经济泡沫。泡沫破裂或行将破裂所致的资金外逃，将引发货币危机。第三代金融危机的提出将更多学者研究的目光转移到资产负债表上，因为资产负债表可以刻画经济部门之间存在的各种债权债务关联，而这些关联可以直接刻画金融危机的传导。这也是一种更加综合化的理论框架和可以量化的方法，也可以为危机管控措施的制定提供更科学的理论和事实依据。

第三，主权信用风险的管理关系到我国金融体系的稳定。历次主权债务危机的实践表明，主权信用风险会通过各种渠道影响一国的银行体系和金融市场，进而对一国金融体系的稳定性造成影响，引发系统性金融风险。如2015年7月，希腊因为无法偿还到期债务，被迫接受国际债权人提出的以紧缩措施换取债务延期的条件，导致国内银行系统出现挤兑的现象，政府不得不限制公民从银行提款的金额。与此同时，希腊股票市场在恢复交易的头几个交易日内呈现出暴跌的态势。因此，主权信用风险的管理也是为了牢牢守住不发生系统性金融风险的底线，为中国经济的可持续健康发展保驾护航。

第二节　国内外研究现状

根据国际货币基金组织的定义,债务危机是金融危机的一种表现形式,而主权债务危机是指一国政府的负债超过了其偿付能力,进而引发主权债务评级的下滑,延期偿付甚至违约,是主权信用风险增大到一定程度的表现。因此,本节主要从金融危机的传导、宏观金融风险的传导、信用风险的传导等几个层次逐级聚焦到主权信用风险的传导问题上,通过对已有研究的梳理,形成本书的研究思路和研究框架。

一、金融危机传导的研究现状

(一)现代金融危机理论对危机传导的解释

第一代金融危机理论的核心思想主要强调财政需求与维持固定汇率制度之间选择的两难。Krugman 在 Salant 和 Henderson(1978)的商品投机性冲击模型的基础上,建立了货币投机性冲击模型。Krugman 的核心观点是,货币危机产生的根源在于政府的扩张型经济政策(财政政策和货币政策)与稳定的汇率政策之间的矛盾:扩张型经济政策导致本国货币供应量的增加,本国货币有贬值的趋势,此时投资者会纷纷抛售本币购买外币,中央银行为了稳定汇率,通常会卖出外汇购入本币,但这是以外汇储备的减少为代价的,当外汇储备耗尽时,固定汇率制度就会崩溃。在此基础上,许多学者进行了更深一步的研究:Flood 和 Garber(1984)引入随机因素构建了简单的线性模型;Connolly 和 Taylor(1984)、Edwards(1989)分析了蠕动钉住汇率崩溃前存在实际汇率升值和经常项目恶化;Krugman 和 Rotemberg(1991)将原来的模型拓展到投机者冲击的目标区域问题;Flood、Garber 和 Kramer(1996)考虑了中和干预政策和利率政策的影响。

第二代金融危机理论强调了危机的自我实现性质——投机者的预期

最终导致政府放弃固定汇率制度,这一代模型的代表性文献是 Obstfeld (1994)、Sachs、Tornell 和 Velasco(1996)。Obstfeld 的观点是,政府会在坚持和放弃固定汇率制之间作出选择,而选择的依据则是比较坚持或放弃固定汇率的成本和收益。坚持固定汇率制的成本与公众的预期相关,公众的预期越强,维持固定汇率制度的成本就越高,当这一成本大于坚持固定汇率所能够带来的收益时,政府就会决定放弃固定汇率制度。依照这种观点,一国货币的贬值不再是经济基础恶化的结果,而是公众的预期促成的一种自我实现的结果。①

第一、二代金融危机模型的共同缺陷是以经常账户分析为主,忽视了资本与金融账户。在金融全球化程度日益加深的今天,资本流动对于危机产生与传导的作用非常重要。总结近 20 年发生的金融危机,与其相伴的共同现象是:国际资本的大规模流入与流出、金融中介信用过度扩张、过度风险投资与资产泡沫化、金融中介缺乏谨慎监管等。因此,许多研究将关注的焦点从以往的汇率制度、货币政策等转移到了金融中介和资产价格的变化,并在此基础上形成了第三代金融危机模型。

第三代金融危机模型的研究有几种不同的思路,其中一种就是着重考察危机的传导和传递的问题。Krugman(1999)认为银行体系不是问题的关键,提出应该在第三代模型中考虑传导、传递问题即资本流动对实际汇率乃至经常账户的影响以及资产负债表问题。Krugman 认为是信心的丧失引发了传递问题,即为了扭转经常项目上的赤字,必然要让货币贬值,反过来恶化了国内企业的收支账目,使投资者进一步丧失信心。而当政府试图限制贬值时,产出的下降同样也使投资者信心崩溃,由此造成恶性循环。第三代金融危机模型虽然抓住了近 20 年来金融危机的某些特点,但对于危机传导性问题的研究还是远远不够的,这主要体现在两个方面:第一,研究仍然受制于第二代模型的"自我实现"的概念,

---

① Obstfeld Maurice. Model of Currency Crises. NBER Working Paper, 1994 (4640).

并没有本质上的创新;第二,对于传导问题的研究主要局限在国内不同市场间的传导,而缺乏对危机国际传导的研究。

(二)其他关于金融危机传导的经典研究

除了金融危机理论以外,现有文献对于金融危机传导机制的研究主要有四大类:第一类是 Masson(1998)提出的,将金融危机的传导划分为季风效应、溢出效应和净传导效应;第二类是根据传导机制是否因危机发生的不同而分为危机或有型和非危机或有型;第三类是将危机传导分为基于基本面的传导和基于投资者预期的传导;第四类则把研究的重点放在风险传导的微观机理上。

1. 季风效应、溢出效应和净传导效应

季风效应、溢出效应和净传导效应是 Masson(1998)所提出的,并逐渐被大多数学者所认可。

(1)季风效应。

季风效应(monsoonal effect)强调同时影响所有国家经济基本面的总的(或全球性的)冲击。如国际利率的提高,国际资本供应缩减,或国际需求降低可能会同时减缓许多国家的经济增长。受这类总冲击影响的国家的金融市场会一起变动。理论界虽然对季风效应有一个明确的界定,但却少有通过模型从理论上分析季风效应在金融危机传导过程中的作用机制。国内研究方面,冯雁秋(2003)建立了一个反映金融危机传导中季风效应和溢出效应的理论模型,并且在模型中分析了季风效应发生的条件。国外研究方面,Buiter 等(1995)构造了一个"中心-周边"模型来解释欧洲汇率机制危机。

(2)溢出效应。

溢出效应(spillover effect)解释了一个国家(或一组国家)的冲击如何影响其他国家的经济基本面,溢出效应的传播渠道主要有贸易渠道和金融渠道。

①贸易溢出效应。

贸易渠道传导是指一个国家的危机恶化了另一个与其贸易关系密切的国家的经济基础，从而导致危机。其又可分为"直接双边贸易型"和"间接双边贸易型"，"直接双边贸易型"导致传导的机制有两种：第一，一个国家危机导致的货币贬值使得该国商品的出口竞争力加强，对其贸易伙伴的出口增加而进口减少，导致贸易伙伴的贸易赤字增加、外汇储备减少，货币受到投机者的冲击；第二，一个国家危机导致的货币贬值，使其贸易伙伴的货币有效汇率上升，货币高估，从而引发投机者的冲击。"间接双边贸易型"传导是指由于多个国家出口竞争同一市场，一个国家的货币危机导致其货币贬值，降低了与其竞争同一国际市场的另一个国家的出口竞争力，投机者预期这个国家货币也有可能贬值，从而进行货币攻击，最后这个国家主动或被动地进行货币贬值。

Gerlach 和 Smets(1994)研究了贸易联系途径。如果一国的贸易伙伴或者竞争对手发生货币贬值，则投资者预期改变，可能增加一国的脆弱性，其中的主要原因是每个国家为了保持竞争力都有贬值的动力，投资者知道中央银行很难抵制贬值的诱惑，在别国贬值的情况下若不贬值，可能会使本国遭受投机性攻击。陈学彬(1999)运用动态合作博弈理论对贸易传导机制中的"竞争性贬值"效应进行了研究，他认为，某个国家的金融危机通过一系列灾难性的竞争性贬值和货币危机的扩散，最终会导致对全球的影响。Glick 和 Rose(1998)用实证研究表明，贸易关系能够很好地解释危机传播。Eichengreen(1996)用 20 个工业化国家1959—1993 年的面板数据找到了危机传导的证据，结果表明，货币危机在具有贸易关系的国家间比在具有相似宏观经济环境的国家间更容易传导。Forbes(2001)认为，基于贸易联系的传导会通过"竞争性贬值"效应、收入效应和廉价进口效应发挥作用。

②金融溢出效应。

金融溢出效应是指一个市场由于危机而引起的非流动性导致另一个与其有密切金融关系(包括外国直接投资、银行贷款、资本市场渠道等)的市场的非流动性，使得投资者在后一市场上出清资产，也包括直接传导和间接传导。

金融传导方面，大量学者从不同角度就传导的原因、传导渠道及机制进行了研究。Goldfjan 和 Valdes(1997)从给国外提供流动资产的金融中介入手解释金融危机的传导，他们认为，投资者对存款的提取，减少了金融中介的流动性，迫使金融中介机构收回给其他国家的贷款或没有能力给其他国家提供新的贷款，从而导致其他国家的危机。Kaminsky 和 Reinhart(2000)强调了共同贷款人(如商业银行)在危机传导中的作用，又称"共同贷款者效应"，这种观点认为，一个经济区域(如拉美、亚洲等)的国家往往处于同一个资金供给者角色的国家(称之为共同贷款人)的影响之下，假设被金融危机影响的共同贷款人的银行头寸暴露很大，可能会引发大量的潜在损失，银行就会撤回在其他国家的高风险项目的资金，产生流动性压力，这一过程中可能会导致危机的传导。Clark 和 Huang(2001)建立了一个国家因为平滑消费进行借贷而产生的传导模型，他们认为，当外部冲击对于产出有较大影响时，具有较高负债率的国家将会发生违约，可贷资金的减少将会提高利率，进而增加其他高负债率国家的脆弱性并产生新一轮的违约。Kodres 和 Pristker(1999)把注意力集中于在不同市场间对宏观经济风险进行套期保值的投资者。投资者在某个市场受到冲击时，会重新调整他们的证券组合，从而把冲击传播到其他市场。Calvo(1999)运用信息经济学的理论提出了一个内生流动性模型来解释这一现象，他认为，在一个国家经济基本面发生变化时，知情投资者和不知情投资者最终的行为会出现"趋同"的特征。

(3)净传导效应。

净传导效应(pure contagion)是指无法用宏观经济基础来解释的原因。Masson(1998)认为，只有净传导才是真正意义上的传导，它同人们的预期变化有关，并且这种预期与宏观经济基础的变化没有关联，在此基础上，他建立了一个简单的两国模型，用以阐述多重均衡的作用和传导。学者们往往将净传导分为经济净传导、政治净传导和文化净传导

(王春峰，1999；李小牧，2001）经济净传导是指一国发生货币危机时，投机者往往对另一个（或几个）与其经济基础相似的国家发起冲击。政治净传导是指一国发生货币危机披露了与其环境相似国家的政府对待政治成本的态度的信息，改变了政府原来的政治和经济成本的平衡关系，增加了投机者的货币贬值预期，从而导致"自我实现"的金融危机。文化净传导是指即使一些国家在政治经济上毫无关系，但由于它们具有共同或相似的文明和文化背景、相似的发展历史，被投机者视为具有相同气质的国家，若其中某个国家迫于压力放弃固定汇率时，投机者就会预期其他气质相同的国家在遇到投机性冲击时，也会采取同样的策略，于是会对这些国家发动投机性冲击，促成金融危机向这些国家的传导。Kumar 和 Persaud（2001）通过分析投资者对待风险态度的变化研究了"净传导效应"，他们建立了一个模型来识别这种变化并讨论如何使政策制定者区分基于基本面的传导和净传导。

2. 危机或有型和非危机或有型①

所谓危机或有型是指传导机制因危机的发生而不同，而非危机或有型是指传导机制在稳定期和危机期都是一样的。

危机或有型的传导机制理论主要包括多重均衡理论、投资组合理论、信息层叠理论、政治影响理论等。多重均衡理论（Masson，1998、1999）认为，在一个国家（或经济体）发生的危机能够调整投资者的预期，导致经济具有相似性的其他国家从一种较优的均衡转变成一种较差的均衡，从而引发其他国家的金融危机。Masson（1999）总结了此类模型，包括宏观经济反馈模型、流动性和银行挤兑模型、信息收购和预期形成模型。Schinasi 和 Smith（1999）提出的投资组合理论认为，可以运用基本投资组合理论来解释传导而不用依赖市场不完美的假设。根据 W. F. Sharpe 的研究，美国的共同基金的收益差异主要来源于投资区域

---

① 张志波：《金融危机传导与国家经济安全》，上海社会科学院出版社 2007 年版，第 31-33 页。

的不同。当一国遭受冲击,投资基金将属于该板块的证券和货币都抛出去,从而可能引发对该板块内其他国家的货币冲击。Drazen(1999)提出的信息层叠理论认为,市场是非有效的,每个参与者都拥有不同的私人信息,存在浪头效应(Bandwagon Effect),这导致了金融市场中的群体行为,一旦某一市场出现危机,其他市场上的参与者便会纷纷效仿。不稳定因素就会急剧放大,促成另一起危机。这一理论包括三类模型:序列模仿行动模型、信息披露模型和贝叶斯概率信息模型。此外,Drazen(1998)的研究发现,政治事件可以解释危机成群爆发的现象。由于政治因素的影响,货币当局强行维持钉住汇率制,汇率制度受到攻击引发该国的货币危机,这一过程也必然会影响到宏观经济与经济制度相似的国家。

非危机或有型的传导机制理论主要是从贸易联系、政策调整、国家风险重估和随机性总需求冲击等方面进行研究的,这些理论的主要思想与 Masson 的理论近似。

3. 基于基本面的传导和基于投资者行为的传导

Dornbusch、Park 和 Claessens(2001)将传导的原因划分为基于基本面的传导和基于投资者行为的传导。

(1)基于基本面的传导。

基于基本面的传导主要体现在三个方面:第一,普通股票。工业国家商品价格的变动引发新兴市场经济国家大规模的资本流动;美元利率变动与拉丁美洲资本流动的关系;美元对日元的升值导致东亚国家出口困难与金融困境;普通股票价格变动引发资产价格的联动与资本流动。第二,贸易渠道和竞争性贬值。贸易渠道是指,当一个受到金融危机冲击时,发生货币贬值国家的贸易伙伴国会发生资产价格下降和大规模的资本外流(因为投资者预期出口下降带来贸易条件恶化)。竞争性贬值是指,一国货币贬值会对其他国家货币产生压力,从而造成竞争性贬值,因为这些国家与该国在第三国的市场上具有竞争关系。Corsetti(1998)认为,一个竞争性贬值的博弈会比基本面的冲击导致更大幅度的货币贬值，1997年亚洲金融危机中的新加坡和中国台湾地区便是例证。第三，金融渠道。这主要体现为一国金融危机会导致与之在金融上有密切联系的其他国家的贸易信贷、FDI和资本流动出现问题。1997年泰国金融危机导致东南亚其他国家受到金融冲击便是例证。

(2) 基于投资者行为的传导。

基于投资者行为的传导主要考虑在个体理性的前提下，投资者在面临流动性与激励、信息不对称和协调等问题时作出的决策而产生的危机传导效应。在这类传导模型中，类似于商业银行挤兑模型的多重均衡模型是存在的，即一国发生危机导致其他新兴市场经济体向"坏"的均衡（表现为贬值、资产价格下降、资本外流、债务违约）移动或跳跃。① Boschi和Goenka(2007)研究了投资者行为对于金融危机传导的影响。他们认为，如果投资者表现出递减的相对风险厌恶，那么负的财富冲击将会增加要求持有风险资产的风险溢价，在这种情况下，投资者行为可以导致金融危机的传播，而且有多重均衡的存在。

二、宏观金融风险传导的研究现状

随着研究的逐渐深入，学者们逐渐将关注的目光转向宏观金融风险的传导研究，并且将金融风险视作金融危机的一般形态进一步研究风险传导的微观机理。对风险传导的微观机理研究是从市场参与者的角度出发的，通过分析个体投资者、机构投资者以及金融中介的行为来说明危机传导的原因以及这些市场参与者在危机传播中所扮演的角色。童光荣、张毅(2008)从风险偏好与激励问题、流动性问题、信息不对称问题以及市场协调与多重均衡问题四个方面探讨了金融风险传导的微观

---

① 参见 Franklin Allen, Douglas Gale. Financial Contagion. presented at the NBER Summer Institute Workshop on Macroeconomic Complementarities and in seminars at New York University, 1998.

机理。①

(一)宏观金融风险传导的微观机理

1. 风险偏好与激励问题

投资者风险厌恶程度的变化可能是导致金融冲击在国际上传导的一个重要因素,因为风险厌恶的变化会引起投资者调整其资产组合从而影响资产的价格,这可以使金融危机在看似毫不相干的国家之间进行传播。

投资者过去的收益或损失会影响其风险厌恶程度,这种影响可能来自于财富效应或经理的报酬方案(Calvo 和 Mendoza,2000)。当市场上出现冲击而使套利交易者遭受交易损失时,他们拥有的财富下降会降低其风险承受能力,这促使其清算资产,从而降低了市场流动性,资产价格波动加剧,资产间相关性提高。Broner、Lorenzoni 和 Schmuklel(2007)研究了危机期间新兴市场的主权债券的期限结构(Term Structure)行为,结果显示投资者的风险厌恶程度在危机期间是增加的。Broner、Gelos 和 Reinhart(2006)考察了国际共同基金在新兴市场中的交易行为及其在金融冲击传导中所扮演的角色。Goldstein 和 Pauzner(2004)发现两国之间即使在基本面上是相互独立的,但它们若有相同的投资者,传导也是会发生的。Boschi 和 Goenka(2007)的研究则强调投资者行为依赖于相对风险厌恶系数,因此传导是否发生依赖于投资组合损失的比例,而不是损失的绝对值。

2. 流动性问题

基于投资者行为来解释传导的许多理论是从流动性问题出发的。投资者在一个国家的损失可能促使其在其他市场上卖出证券以维持流动性。当银行间拆借出现风险和银行面临挤兑时,单个银行的流动性危机

---

① 童光荣、张毅:《金融传导的微观机理研究》,载《经济学动态》2008 年第 2 期,第 106 页。

可以传导到整个金融体系(Allen 和 Gale, 2004)。某个银行出现流动性危机时,它会试图卖出部分金融资产以摆脱流动性不足的问题,当市场对非流动性资产的需求是非完全弹性时,资产价格就会被压低,导致金融系统中所有银行持有的资产价值下降,银行潜在的流动能力下降,破产的概率增加(Estraday 和 Daniel, 2006),当银行的资产按市场价格计算时,价格的降低会导致更多的银行卖出资产,从而产生恶性循环,进一步带来更低的价格和更多的卖出,这样一来,一个很小的冲击也可能导致银行流动性危机大范围的传导(Cifuentes、Ferruccihe 和 Shin, 2005)。

3. 信息不对称问题

传导的另一个原因是信息不对称和信息不完备(Castiglionesi, 2007)。由于收集和处理信息需要成本,投资者常常不能完全了解影响其资产组合回报的全部信息。在缺乏信息的情况下,一个国家发生金融危机可能使投资者相信其他国家会面对同样的问题,于是,与危机初始发生国条件相似的国家很可能遭受货币攻击。其他投资者行为的信息也可能影响投资者行为,并且投资者内部的信息不对称也会带来一定的影响。Calvo 和 Mendoza(2000)说明了在信息不对称的情况下,即使投资者是理性的,收集和处理某个特定国家的信息所发生的固定成本也会导致羊群效应。

4. 市场协调与多重均衡问题

对投资者行为传导的更一般解释是投资者在金融市场上自我实现的期望的变化,这种变化是服从多重均衡的。在这个框架内,一个新兴市场的危机会导致另一个新兴市场上的投资者的期望发生变化,从而引起经济移动或跳跃到坏的均衡上,这就叫作传导。

许多人认为市场预期和信心的突变是造成投资者重新评估一国经济基本面的关键,这种突变使市场从好的均衡跳跃到坏的均衡上,最终导致传导。也有文献表明,多重均衡的存在常常是由信息不对称引起的。如果投资者拥有充足的私人信息,不完全信息博弈将不存在太阳黑子

(Sunspot)均衡而只有一个均衡。除此之外,我国学者在国外学者研究的基础上,对金融危机的国际传导机制也做了一定的研究。其中比较有代表性的有范小云(2006)、张志波(2007)、安刚(1999)、宋清华和陈全伟(2000)、石俊志(2001)等。范小云(2006)总结了系统性危机传导机制的文献,从资产组合调整机制、信贷渠道、企业信贷循环、内生金融周期、资产负债表、支付系统六个方面对传导机制进行了归类。张志波(2007)基于全球经济体系统的分析方法,对金融风险的实体传导、金融传导以及预期传导的作用机制进行了分析。安刚(1999)将金融危机的传导渠道分为商品市场和金融市场,分别讨论了由贸易、流动性需求、银行体系、市场预期、机构投资者的运作、货币安排引起的传导。宋清华和陈全伟(2000)将金融危机传导机制分为接触传导和相似传导。接触传导机制又分为贸易接触传导和金融接触传导。相似传导机制主要包括货币投机的示范效应、心理因素、投资组合管理与代理抵补机制。石俊志(2001)认为,金融危机的传递过程可分为两个层面:一个是在不同市场或不同领域之间的传递和扩散过程,另一个是危机在不同地理空间上的传播与扩散过程,但这两个过程在时间、空间上相互交叉,形成复杂的传递与扩散机制。

(二)金融风险传导的资产负债表研究

第三代金融危机的提出将更多学者研究的目光转移到资产负债表上,因为资产负债表可以刻画经济部门之间存在的各种债权债务关联,而这些关联可以直接刻画宏观金融风险的传导。

金融风险传导的资产负债表研究的理论基础是 Bernanke、Gertler 和 Gilchrist(1996)提出的金融加速器模型,以及 Kiyotaki 和 Moore(1997)提出的信贷周期理论。Jeanne 和 Zettelmeyer(2002)认为,是资产负债表的脆弱性导致了金融风险的扩散和蔓延。

宏观金融风险传导的资产负债表研究主要可以分为三大类:第一类是承接现代金融危机理论对于风险传导问题的研究,主要以 Krugman

(1999)等为代表;第二类是以微观主体资产负债表为主要研究对象,在不同微观主体的资产负债表之间建立"信用链"来进行研究,这一类研究以 Kiyotaki 和 Moore(1997、2002)为代表;第三类研究与第二类原理相似,不同点是以部门、国家的资产负债表为主要研究对象,代表性文献有 Allen,Rosenberg 等(2002)、Gray,Merton 等(2006)。

早在第三代金融危机理论模型中就有关于将危机传导与资产负债表问题相关联的论述。Krugman(1999)认为银行体系不是问题的关键,提出应该在第三代模型中考虑传导、传递问题即资本流动对实际汇率乃至经常账户的影响以及资产负债表问题。Ma(2009)建立了一个简单的货币模型来刻画钉住汇率制度是在如何在不稳定的外部环境下通过资产负债表传导效应发生崩溃的(即使国内政策和基本面因素都是良好的)。Adrian 和 Hyun Song Shin(2008)以美国次贷危机为背景,研究了流动性与风险传导之间的关系。他们认为,美国次级抵押贷款部门的资产规模相对于美国整个金融体系而言是非常小的,风险之所以会放大主要是通过资产证券化这一渠道。在现代盯市的金融体系中,传导的渠道是通过价格变化、可测量的风险和金融机构的盯市资本形成的。当资产负债表是盯市的时候,资产价格的变化会立即在资产负债表上反映,金融市场的参与者会立即根据这一变化作出反应。正是由于资产证券化产品在美国金融市场上的风险暴露面很广,这才导致了这一负面影响能够通过资产价格这一渠道成百上千倍地放大。

Kiyotaki 和 Moore(1997)给出了信用链系统和资产负债表传导方式,在信用链的框架内分析微观主体通过"信用链"的渠道,以资产负债表要素冲击的方式进行的金融危机传导。在具体的研究方法上,该文章构造了一个动态经济模型,在这个模型中,贷款者不能强迫借款者偿还债务(除非债务是受担保的)。在这样一个经济中,耐久性资产起到了一个双重作用:一方面是生产要素,另一方面是贷款的抵押品。信用限制和资产价格之间的相互作用使得风险外部冲击的效果能够持续、放大并溢出到其他部门。他们得出的结论是,技术或收入所受到的暂时性的冲击和产生的放大效应,对产出和资产价格造成具大、持久的冲击。

在此基础上,Kiyotaki 和 Moore(2002)对企业之间资产负债表传导问题进行了更深一步的研究。他们考察了两种不同的资产负债表传导效应:第一种是间接资产负债表传导,即资产价格的波动对抵押品的价值产生影响,进而形成风险在部门内或部门间的传导;第二种是直接资产负债表传导,即债务人由于未能按时偿还债务而发生违约所造成的信用链条的断裂。高洪民(2005)在 Kiyotaki 和 Moore(2002)的基础上,立足我国垄断竞争型的信贷市场,以直接金融对银行间接金融的替代性较弱为前提,分析了在经济或金融紧缩时期,银行贷款收缩或变动通过资产负债表的直接传导可能产生的一种信贷冲击乘数效应。Allen 和 Rosenberg 等(2002)提出了基于公共部门、金融部门和企业部门的关于金融危机的资产负债表分析框架。基本思想是构造公共部门、金融部门和企业部门资产负债表和资产负债表矩阵,然后以部门资产负债表为基础研究期限错配和货币错配、资本结构和清偿力等问题,以资产负债表矩阵为基础研究风险在部门间的传递。该研究对于资产负债表方法有奠基性的作用,主要体现为三个方面:首先为编制部门和总体的资产负债表,研究各类冲击对资产负债表的影响,从而把金融危机和金融风险的研究建立在存量和流量相结合的基础上;其次,从部门资产负债表的结构性错配入手揭示隐藏在部门中的金融风险;最后,从资产负债表矩阵反映的跨部门资产和权益的对应关系来研究风险在部门间的传递状况,从而为风险部门传递机制分析提供了客观依据。Gray 和 Merton 等(2006)把或有权益方法和资产负债表分析结合起来,将市场信息反映到资产负债表中,提出了或有权益资产负债表分析框架,从而使资产负债表分析具有前瞻性的特征。在研究风险在部门间传递方面,将部门间债权和股权关系视为期权进行定价,通过期权价值的变化来反映部门间风险的传递状况。

国内研究方面,关于金融风险在部门间传递的研究较少,崔毅、杨卫和邵希娟(2002)和高伟(2005)研究了多个部门间风险的传递,阎坤和陈新平(2004)探讨了风险从金融部门向财政部门转移的问题,李扬、王国刚和刘煜辉(2005)分析了非金融部门向金融部门的风险转移。

崔毅、杨卫和邵希娟(2002)探讨了风险在部门间传递的可能性,认为财政体系、金融体系和企业财务体系在结构上具有同构性。在经营杠杆和财务杠杆的作用下,企业可以将经营风险转嫁给政府、银行和社会公众。高伟(2005)认为由于融资结构的扭曲,在金融体系内风险向银行集中,另一方面金融机构的风险向中央银行和财政部门转移。在汇率市场化和资本项目逐步放开的情况下,金融体系受外部冲击的压力在增大。

阎坤、陈新平(2004)探讨了金融风险向财政风险转化的问题。认为金融风险向财政风险转化的途径有追加注资、财政出资、成立资产管理公司收购不良资产、冲销呆账、减征营业税、政府补贴、债转股、再贷款等。研究表明,来自金融领域的政府潜在债务规模十分庞大。

李扬、王国刚和刘煜辉(2005)对非金融部门向金融部门的风险转移问题进行分析,认为2003年金融机构不良资产形成原因中72.7%是来源于金融生态环境,在2004年77.2%的不良资产来源于金融生态环境。其引用的中国人民银行的研究显示,2002年和2003年两年里,形成不良资产的原因20%来自于金融部门,80%来自于非金融部门。两项研究表明金融部门的风险80%左右是非金融部门带来的。从部门间风险传导的有关研究来看,目前的分析主要是事后和静态的分析,如对不良资产原因的分析和对财政部门承担的金融部门损失的研究。事后分析是指风险只有体现为损失后才能进行量化,静态分析是指不能对风险传递状况进行动态监测。

三、信用风险传染的研究现状

在宏观金融风险传导的研究中,学者逐渐认识到"资不抵债"是各类金融风险最本质的原因,于是原来运用在微观领域信用风险传导中的方法逐渐被引入宏观领域中信用风险传染的研究中。信用风险传染被用来描述一个债权人的违约对其他相关债权人的影响，具体到主权信用风险传染，指的是某一个或几个主权经济体信用状况恶化对其他相关主权经济体的影响。国际货币基金组织在其研究报告中指出，仅仅单个机构稳定对于整个金融系统的稳定是不够的，研究信用风险的传染是至关重要的。

对于信用风险传染的研究首先是从违约相关性的识别开始的，进而对影响信用风险传染的因素进行了定性或简单的定量研究。Coudert 和 Gex(2010)在研究信用违约互换市场中的传染效应时发现，在信用违约爆发时，信用主体信用违约互换溢价的相关性显著增加。Duffie 等学者较早对影响违约相关性的因素进行了研究，认为共同的宏观经济因素和企业间形成的借贷关系是影响违约相关性的重要因素。Jorion 和 Zhang (2009)研究发现，交易对手风险是潜在的信用风险传染的渠道，2008年雷曼兄弟破产后，担心交易对手违约，导致了信用危机的恶化。Ang 和 Longstaff(2011)通过分析信用违约互换(CDS)溢价数据发现，主权信用风险的传染既有系统性因素，也有特定主权国家自身的因素，金融市场变量是主权信用风险传染的重要因素。Benzoni、Dufresne、Goldstein 和 Helwege(2011)认为带有"脆弱信念"的经济主体对于未来经济状态的不确定是信用风险传染的原因。实证研究方面，国内大量学者运用向量自回归模型(VaR)对欧元区主权债务危机的传导效应进行了实证检验，得出希腊主权国债利率变动是引起欧元区众多国家主权债务风险上升的重要原因。Rosch 和 Winterfeldt(2008)通过对信用风险投资组合模型的参数进行估计发现信用主体之间存在非对称依赖性。Jorion 和 Zhang (2009)通过直接交易对手效应对信用传染进行了实证研究，发现交易一方宣布破产会引发非正常的股票负收益并增加债权人信用违约互换溢价。Ang 和 Longstaff(2011)发现，美国和欧洲国家主权系统性风险与金融市场变量高度相关。Bae 和 Iscoe(2012)运用主权信用违约互换溢价数据进行的实证研究发现，12个欧洲主权国家信用风险呈现高度相关性。Caporin、Pelizzon、Ravazzolo 和 Rigobon(2012)运用非线性回归和异方差贝叶斯分位数回归验证了在 2008—2011 年冲击带来的主权信用风险传导在欧洲国家范围内相当显著。

与信用风险传染实证研究的迅速发展相比，理论研究起步更早但显得发展得较为缓慢，20 世纪末，国内外研究学者开始利用理论模型研究信用风险传染的机制，其核心是度量违约相关性，研究对象以企业和金融机构为主，主权信用风险传染的研究较少。Davis 和 Lo（1999）最早利用模型研究了信用风险的传染：一个债务人的违约发生，产生了一个风险向高等级转换的过程，于是其他债务人的违约强度随着上升。Jarrow 和 Yu（2001）最早在强度模型下考虑相关企业信用传染。传统的违约相关性的度量方法主要有两种，一种是基于线性相关性的度量方法，另一种是基于 copula 函数的相关性测度。基于线性相关性的度量方法直接采用 pearson 等相关系数来表示违约的相关性（Lucas，1995；Kealhofer，1998；Hull 和 White，2000，Zhou，2001），但 Embrechts（2001）认为，线性相关性的度量方法具有局限性，它只能表示线性相关的部分，对非线性相关部分无能为力。基于 copula 函数的违约相关性测度能够反映非线性违约相关关系。Li（2000）首次将 copula 方法用于违约相关性的研究，他在 Credit Metrics 模型中以资产收益率相关系数为正态 copula 相依参数，并将正态 copula 用于信用违约互换合约的定价。后来的学者纷纷运用 copula 方法对违约相关结构进行了改进。Mashal 和 Naldi（2002）使用 t-copula 方法对违约相关结构进行建模。Giesecke（2004）利用 copula 方法研究不完全信息下企业的违约相关和信用传染问题，分别对买家和卖家的信用风险相依结构与边际分布进行建模。

将违约相关性模型与信用风险模型进行融合是当前信用风险传染研究的前沿。这一类模型都是在单个主体信用风险模型基础上融入某种相关性结构。Gupton（1997）和 Kealhofer（1998）分别在 Credit Metrics 模型和 KMV 模型中融入风险相关性结构，但 Frey（2001）指出，诸如 Credit Metrics 模型和 KMV 模型之类的信用风险结构化模型无法将资产价格的跳跃反映到违约大小的度量之中，因此他用 copula 方法对这类模型的相关性结构进行了改进。Duffie 和 Singleton(1998)、Jarrow(2000)、Duffie 和 Lando(2001)将信用风险度量的强度模型与违约相关结构进行对接来度量违约相关性。但这类模型的缺陷在于，强度模型假设违约强度是外生给定的，很难反映各实体的真实差别。于是 Schonbucher 和 Schubert(2001)用 copula 方法对强度模型进行了改进，发展出一套一般化 copula 函数分析及一致性的个别违约强度动态模型，在此基础上估计了违约概率与信用价差的动态过程。Schonbucher 和 Rogge(2002)在 Schonbucher 和 Schubert(2001)的模型基础上进行扩展，提出了违约强度与信用价差的联合动态过程，发现阿基米德 copula 可描述更真实的风险指标变化过程，但问题是该模型仿真过程非常复杂，难以应用。Gagliardini 和 Gourieroux(2005)从另一个角度扩展了 Schonbucher 和 Schubert(2001)的模型，他们直接用 copula 对违约时间的联合条件分布进行建模。Schonbucher(2003)将强度模型和阿基米德 copula 模型相结合用于债券的定价。

之后的研究趋于分化，一部分学者将之前学者提出的模型应用于企业信用风险传染的度量之中。Q. Wang、Hartmannwendels 和 X. Wang(2006)将企业分为两类：一级企业和二级企业。一级企业的资产价值过程用几何布朗运动表示，这个过程依赖于宏观经济因素的影响。二级企业的资产过程也是用几何布朗运动来表示，但影响它的过程的因素不仅包含宏观经济因素，而且包含一级企业的违约状态。王倩和Hartmannwendels(2008)将宏观经济因素和企业随机违约强度的思想结合在一起，运用递归的方法描述企业的违约过程。另一部分学者则在之前的理论模型基础上进行进一步的改进。陈彦锟(2009)在 Jarrow 和 Yu(2001)的信用违约传染模型的基础上，构建了基于元胞自动机的仿真模型，以模拟个别经济体违约对整个经济网络的冲击及其演化过程，并对不同微观监管模式下经济网络受冲击的演化过程进行了对比。王小丁(2010)运用 copula 理论方法构建基于违约相依的信用风险定量分析框架。王安娇、吴彦瑾和叶中行(2011)运用 3 个公司的双曲衰减违约传染模型研究了信用风险传染的效应并利用无套利定价公式为信用违约互换进行定价。Choi 和 Castellacci(2012)建立了一个多经济体五部门分析框架,运用动态系统性方法研究了主权信用风险的传染。田军和周勇(2012)考虑了基于加性风险模型的信用风险违约预报模型,引入宏观因素、公司个体因素以及行业因素刻画公司间可能存在的信用风险传染效应。

  信用风险传染的网络模型在近几年逐渐受到关注,这是由于信用风险传染需要关注的经济主体较多,传染的路径和机制错综复杂,而网络模型正好可以通过构造主要经济主体形成的资产负债网络关系进行研究。网络模型较早地被运用于对银行系统危机传染进行研究。Allen 和 Gale(2000)用银行间交叉存款市场构造银行网络,从流动性冲击的角度研究了银行间市场的风险传染。Muller(2006)利用真实双边敞口数据发现瑞士银行系统具有相当程度的传染可能性。Nieret 等(2007)采用 Eboli(2004)的网络方法构造金融网络改变金融系统网络的资本水平、联结程度、银行间敞口规模和集中化程度等重要参数,分析金融系统网络结构对于传染可能性的影响。Upper(2007)分析了如何用不同的数据来源估计银行网络的信用敞口矩阵,提出可以利用极大熵方法(Maximum Entropy Method)估计信用敞口矩阵。Castren 和 Kavonius(2009)借助资产负债表网络研究了欧洲各大部门之间金融风险的暴露与传导过程。Degryse 等(2009)研究了跨境的金融稳定性,发现某些国家债务受到冲击会破坏全球金融系统的稳定性,且传染速度近年来呈加速趋势。Gai 和 Kapadia(2010)利用复杂系统的数学方法,研究在任意结构的资产负债关系构成的银行网络中未预期冲击造成的传染,将传染概率和危害程度分离开来。Barro 和 Basso(2010)通过构造相互关联企业的网络对银行贷款投资组合中的信用风险传导进行了研究。陈彦锟(2010)运用无标度网络研究了企业间信用风险传染的效应。Barro 和 Basso(2010)利用熵空间交互模型构造相互关联企业的网络。郭晨

(2012)运用分别运用无标度市场网络、随机市场网络以及完全市场网络研究了我国银行间市场的风险传染。

综合国内外研究现状分析,可以发现在信用风险传染的研究中还存在以下几个方面有待进一步深入研究:首先,现有关于信用风险传染的研究对象主要是企业和银行,主权信用风险传染的研究较少。其次,借助主权资产负债表及其网络对主要主权经济体之间信用风险传染的路径与机制进行识别和分析。最后,本项目在主权信用风险度量的结构化模型中融入 copula 方法,将运用于企业和银行等微观经济主体的方法运用到宏观经济主体中。

主权债务危机实际上是主权信用风险发展到极端状态下的一个表现形式,而主权信用风险始终存在,是一种常态,反映一个国家资产负债表所暴露的问题,研究主权债务危机的传染就必须建立在主权信用风险传染的理论基础上。而现有的关于主权信用风险传染的理论研究大多借助金融危机或者微观主体(如企业、商业银行等)信用风险传染的理论,专门针对宏观主体(如国家)信用风险传染的研究较少;在研究方法上,以定性分析为主,定量研究较少,在定量研究中,以因果分析为主的简化式模型研究居多,反映研究主体之间内部联系的结构式分析较少,没有能够建立完整的理论研究框架,在研究方法上也缺乏针对性,急需在理论和方法上有所突破。

第三节　研究框架和研究方法

本节主要阐述本书研究主权信用风险传导的理论框架和研究方法。主要包括研究目标、研究内容和主要研究方法。

一、研究目标

本书的研究目标主要可以概括为以下几个方面:
(1)在梳理已有关于金融危机和宏观金融风险传导的研究基础上,

建立以宏观资产负债表为主要对象的研究框架。

(2) 在对欧美国家主权信用风险的成因、影响及发展趋势研究的基础上,通过编制全球主要经济体相关经济部门的宏观资产负债表,并分析其中的相互关联来研究主权风险在全球范围内的传导路径和传导机制。

(3) 研究欧美国家主权信用风险对我国主权信用的影响,分析其中形成的冲击影响机制和反馈机制。

(4) 研究我国主权信用风险传染的监测与预警机制和具有抵补风险及稳定功能的主权信用风险管理制度,守住不发生系统性金融风险的底线。

二、研究内容

本书一共分为十章。主要研究内容之间的逻辑联系可以概括如下(见图1.1):

第一章是绪论,主要是在阐述研究背景、梳理国内外研究现状的基础上建立研究框架、确立研究目标和主要研究内容。

第二章是金融风险传导分析的基本理论与方法,目前关于金融风险传导机制的研究主要集中在金融危机的传导问题上。比较经典的理论是Masson(1998)所建立的,他在总结之前研究的基础上,将金融危机的传导效应划分为季风效应(Monsoonal Effect)、溢出效应(Spillover Effect)和净传导效应(Pure Contagion Effect),他认为,只有净传导效应才是真正意义上的传导,并且建立了一个多重均衡模型进行分析。

第三章是基于宏观资产负债表的金融风险传导研究,也是本书拟用于分析主权信用风险传导的分析框架。本章运用金融工程和风险管理的主要思想,以国家、部门资产负债表为主要分析对象,建立了金融风险传导的宏观资产负债表分析框架。在内容安排上,首先介绍基于宏观资产负债表的金融风险传导分析的基本思路;由这一思路,接着讨论宏观资产负债表的编制问题;然后重点探讨基于宏观资产负债表的金融风

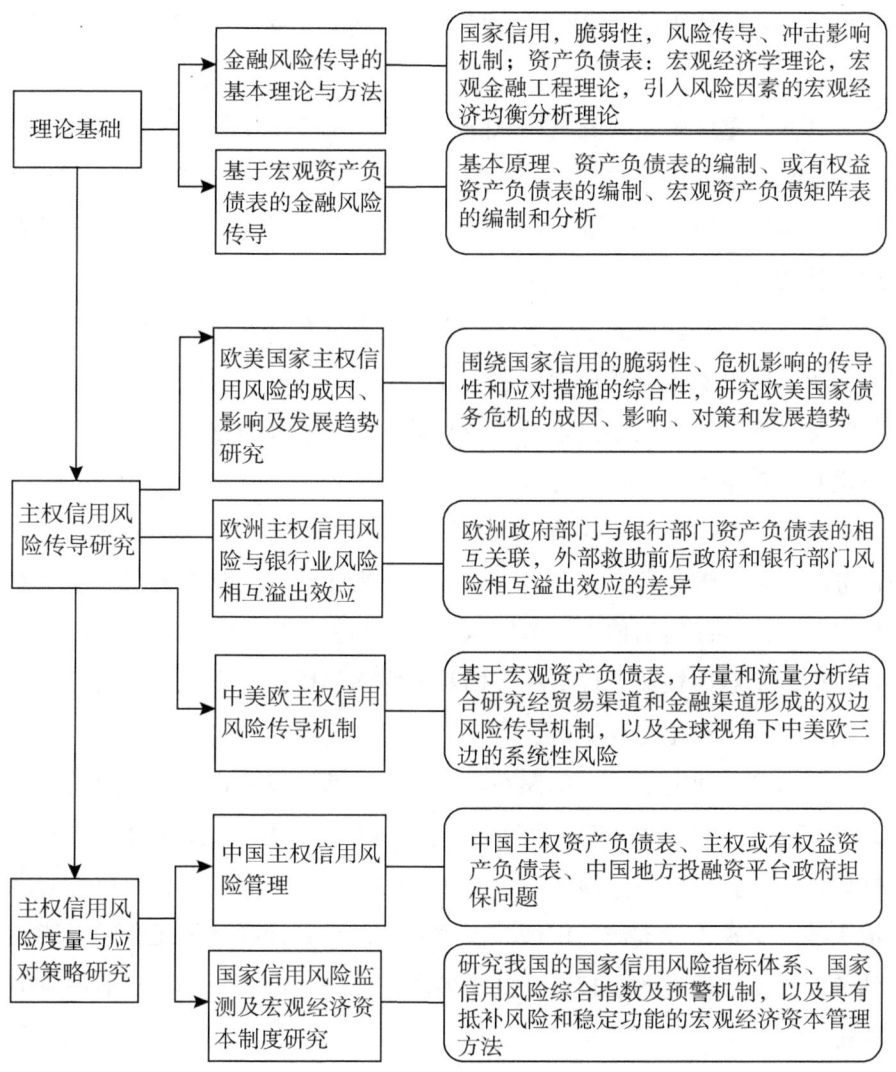

图 1.1 本书的主要研究内容

国际传导和国内传导机制问题；作为这种分析方法的延伸，本章最后还探讨了基于或有权益资产负债表、宏观资产负债矩阵表的风险传导分析以及风险传导的度量问题。

第四章是欧美国家主权信用风险的成因、影响及发展趋势研究。对欧美国家主权信用风险发生的背景和事实进行分析,为之后的研究奠定基础。

第五章重点研究欧洲主权风险与银行业风险相互溢出效应。通过建立计量经济学模型,对"欧猪五国"(PIIGS)国家政府和银行 2008—2012年信用违约互换(CDS)溢价日数据分别进行实证研究,重点研究外部救助前后政府和银行部门风险相互溢出效应的差异。

第六章在第五章的基础上进一步研究中美欧三方的主权信用风险传导问题。通过宏观资产负债表这一分析工具,结合我国债务头寸表、国际收支平衡表等,运用存量分析与流量分析相结合的方法,对欧美债务危机及其对中国的影响进行研究。

第七章对中美欧主权信用风险传导机制进行了研究。在中美欧三方债务头寸表、宏观资产负债表、国际流量表的基础上对中美欧三方债务危机的境内各部门间传导、跨国双边传导和三边传导做出理论分析和实证分析,揭示主权债务危机在国内和国家间的风险传导路径。最后,得出结论并提出政策建议。

第八章将研究的重点聚焦在中国的主权信用风险管理上。通过编制 2011 年到 2016 年的主权资产负债表,采用简化的或有权益分析法,同样假设主权资产的市值服从一个随机过程,但是不通过所有者权益的市值和波动率来推导资产的市值和波动率,而是直接测算出能够用于偿还债务的具备流动性的主权资产的市值和波动率,进而测算主权信用风险指标。

第九章关注中国地方投融资平台政府担保问题。地方投融资平台的风险和中国地方政府的风险密切相关,而地方政府风险是主权信用风险的重要构成部分。在地方投融资平台发行城投债快速扩张的同时,由于其背后的政府担保,政府隐性负债也不断攀升,本章将基于该背景,对风云变幻的平台公司市场进行梳理并尝试回答该问题。

第十章尝试建立中国的主权信用风险监测及宏观经济资本管理体

系。在宏观金融工程框架下，对于信用风险的分析有别于传统的微观信用风险分析，立足于资产负债表方法，通过编制一个国家的公共部门资产负债表和国家资产负债表来实现对信用风险的监控，同时运用经济资本方法，进行经济资本管理。

三、主要研究方法

（一）引入风险因素的宏观经济均衡分析

一般的宏观经济均衡分析主要运用于一般事件对于宏观经济的影响，并未将风险这一影响因素考虑在内，本书在研究中主要运用已加入风险因素的 IS-LM-BP-MF 模型以及 RP-DSGE 模型来分析欧美债务危机对中国宏观经济的影响，同时得出中国应采取的有效应对措施。

1. IS-LM-BP-MF 模型

在引入风险溢价之后，BP 曲线的形状将发生较大的变化，从而改变了传统的分析结论。该模型主要基于违约风险影响预防性储蓄、违约风险影响投资、违约风险影响资本流入三个途径进而影响模型流量的假设，在扩展的模型中，消费和投资不仅受到无风险利率的影响，还有风险溢价的影响，资本账户也同时受到利率差异和风险价差的综合影响，风险溢价包含两个方面，即企业部门的风险溢价和国家风险溢价。

2. RP-DSGE 模型

在模型中的函数中加入风险因素，将改变随机序列的特性，增加了宏观经济变量的不确定性，从而形成新的分析结论。动态随机一般均衡模型（DSGE 模型）主要是研究每期消费投资组合的最优量。宏观金融风险研究的输出变量（譬如部门看跌期权的价值）可以以债务违约概率的方式整合到 DSGE 模型中。主要的整合方式有三种（1）产出和通货膨胀等宏观经济指标；（2）国内外利率收益曲线（Vasicek 或者 CIS 模型）；（3）宏观金融输出值，如利率、汇率、金融部门稳定指标。

(二)蒙特卡罗模拟法及 VaR 值分析法

VaR 方法是利用分布函数,在一定的持有期以及置信水平 α 下,计算资产的最大可能损失,公式表示为:

$$P(\Delta p > VaR) = 1 - \alpha$$

其中,Δp 表示资产在持有期内的损失,VaR 表示在置信水平 α 下处于风险中的价值。

VaR 的分析方法主要有三种:历史分析法、方差-协方差分析法、蒙特卡洛模拟法。历史分析法主要是基于历史数据进行分析,避免了模型风险和因子风险,因而其说服力强,为各大投行和金融机构所青睐。由于该方法假设"历史必将重现",因此该模型不能提供出比历史数据中更坏的预期收益,这与现实不符。同时,为了保证结果的准确性,该模型在分析时至少需要 1500 个数据,对于出现较晚的金融资产,在数据的数量上可能无法达到该项要求,从而影响模型的精准度。

方差-协方差方法是基于金融资产报酬的方差-协方差分析。该方法假设投资组合的收益率服从正态分布。但是众多实证研究表明,收益率曲线并不服从零均值正态分布,同时也会产生"厚尾"现象,这就要求我们用更为精确的模型对 VaR 值进行估计和计算。

蒙特卡洛模拟方法,是目前为止较为精确的方法,其基本思想是运用随机过程来模拟真实的金融资产价格,从而发现规律或找出结论。设定资产价格波动服从伊藤过程,反复生成时间序列,计算参数估计量和统计量,进而研究其分布特征的方法,随着模拟次数的增多,其预计精度也逐渐增高,从而可以基于现有的数据估计出未来的资产价格。

(三)资产负债表分析方法

本研究所采用的资产负债表分析方法是存量与流量结合的分析法。

资产负债表分析法是衡量一个国家金融脆弱性的重要手段,使用存量指标来分析金融危机的优势在于:首先,金融危机的爆发是一个投资者对一国金融资产存量持有意愿的问题；其次，一国经济复苏主要取决于国家资产负债表的构成。

使用该方法对于一国的宏观金融风险进行分析时，将该国宏观资产负债表分为四部门，即公共部门资产负债表、金融部门资产负债表、企业部门资产负债表、家户部门资产负债表。将四部门资产负债表合成国家资产负债表时，国内的债券债务头寸被抵消，仅剩非家户部门的对外资产负债表。通过资产负债表分析，可以得出各部门以及国家的四种错配风险的大小：期限错配、货币错配、资本结构错配、清偿力风险。

资产负债表所体现的存量分析主要针对经济主体在某一特定日期的资产、负债以及所有者权益的存量。(1)公共部门的存量分析针对其国际储备和外债之间的关系，识别出公共部门与债务相关的脆弱性。(2)金融部门的存量分析主要通过违约概率模型计算出金融部门的违约距离。(3)企业部门的存量分析对象分为：资产方存量指标：企业资产；权益方存量指标：债务和股权。(4)家户部门的存量分析对象分为：资产方存量指标：实物资产和金融资产；权益方存量指标：贷款和净资产。家户部门金融风险分析较少的原因在于：①家户部门的金融风险问题并不突出。②家户部门的个体数量庞大，分散程度高，数据收集和处理难度大。

资产负债表的流量分析主要体现在分析资产负债表之差：(1)两个不同时点资产负债表之差。(2)同一时点上两张资产负债表之差，即账面价值的资产负债表与市场价值的资产负债表之差。存量分析与流量分析的关系体现在：(1)存量是过去流量累加的结果。(2)清偿能力：未来现金流的现值与当前债务存量比较。(3)有机结合进行金融危机的分析。

综上，本研究所采用的资产负债表研究方法与传统方法的不同之处在于：(1)流量分析注重不同的资产负债表之间的比较；(2)能发现危机过程中资产价格的"超调"效应；(3)侧重于分析总供给和总需求的影响因素；(4)能描述风险在部门间的传导。

四、本书研究的创新

本书的研究主要建立在宏观金融工程理论的基础上，主要包括宏观金融风险管理以及宏观经济资本管理。

宏观金融风险管理从风险识别、风险度量以及风险管理三个层次依次进行。风险识别可以通过流程图法、风险专家调查列举法、资产财务状况分析法、分解分析法等来进行，本书主要采取资产财务状况分析对国家遭受的风险进行识别。宏观金融风险度量主要从整体和部门两方面进行。整体的宏观金融风险度量首先计算金融风险指数，此后运用情景分析、蒙特卡洛模拟以及压力测试对国家金融风险程度进行衡量。部门的宏观金融风险度量主要运用两类指标，第一类为信用风险指标，如违约距离、违约概率、信用溢价，第二类为 VaR 值分析法，即计算出部门可能损失的最大值，从而确定危机预警线。宏观金融风险管理从风险管理机制、风险管理工具、风险管理政策三部分展开。

宏观经济资本是指为抵御金融风险而应该持有的最低资本水平。[①]在对其进行度量时，主要采用 VaR 值分析法对其可能遭受的风险进行度量，同样需要对国家和部门的 VaR 值分别进行计算。通过对宏观经济资本的合理配置来提高资金的使用效率被称为宏观经济资本管理。

宏观金融风险管理与宏观经济资本的管理是紧密联系、密不可分的。国家或部门所应该持有的经济资本量是基于对金融风险精确度量来确定的，同时对于经济资本的良好管理也有助于宏观金融风险的控制。

[①] 叶永刚、宋凌峰、张培：《宏观金融工程：理论卷》，高等教育出版社 2011 年版。

第二章 宏观金融风险传导分析的基本理论与方法

主权信用风险传导的研究是建立在宏观金融风险和金融危机传导分析的基本理论和方法基础之上的，本章主要就宏观金融风险传导分析的基本理论和方法进行总结梳理，为之后建立的基于资产负债表的分析框架奠定基础。目前关于宏观金融危机传导问题的理论研究焦点集中在对风险传导机制的分析上，即风险是通过何种渠道如何进行传导的。针对这一问题，大量学者从不同角度进行了理论研究，比较经典的理论是 Masson(1998) 所建立的，他在总结前人研究的基础上，将金融危机的传导效应划分为季风效应、溢出效应和净传导效应，他认为，只有净传导效应才是真正意义上的传导，并且建立了一个多重均衡模型进行分析。本章以 Masson(1998) 的分析为主线，结合其他大量相关的研究，对宏观金融风险传导机制分析的基本理论和方法进行详细论述。

第一节 金融危机传导的季风效应研究

一、季风效应的基本概念

在经济全球化的背景下，金融危机的爆发及其迅速传导越来越引人关注，人们用"一个国家感冒，另一个国家打喷嚏"或者"多米诺骨牌效应"来形容这种现象，金融危机的传导能够使一个国家或地区的金融危机迅速演变为全球性的金融危机,在这样一种传导机制中,一个显著特点是全球性的影响都是由一个外部冲击形成,这便是季风效应。

季风效应的概念最早是由 Masson 和 Mussa(1995)提出的,他们给出的定义是:工业化国家经济状况的变化所引发的新兴市场经济国家的危机。① 由于新兴市场经济国家存在大量外币借款、政府债务以及银行体系的问题,它们的脆弱性程度往往会在一个外部冲击下加深。例如,20 世纪 80 年代初期,墨西哥等发展中国家爆发债务危机的原因之一就被认为是美国利率急剧上升;② 又如,1992 年德国为了控制国内的通过膨胀率而提高利率,这使得德国马克相对于其他国家货币的币值居高不下,这被认为是欧洲汇率机制危机产生的主要原因;再如,1995—1996 年,美元相对于日元持续升值,而当时的东南亚国家普遍实行的是钉住美元的固定汇率制度,这使得这些国家的货币持续升值,从而削弱了它们的出口竞争力,造成经常账户危机,这被认为是 1997 年亚洲金融危机爆发的一个主要因素。

二、季风效应的理论研究

理论界虽然对季风效应有一个明确的界定,但却少有通过模型从理论上分析季风效应在金融危机传导过程中的作用机制。冯雁秋(2003)建立了一个反映金融危机传导中季风效应和溢出效应的理论模型,并且在模型中分析了季风效应发生的条件。Buiter 等(1995)构造了一个"中心-周边"模型来解释欧洲汇率机制危机。模型中有 $N+1$ 个国家,其中 1 个国家为中心国,其余的 N 个国家为周边国,周边国家的货币与中心国家的货币保持固定汇率。中心国家由于比周边国家具有更高的风险厌恶程度,因此很难与周边国家达成一致性的货币政策来稳定汇率。当中

---

① 见 Masson, Paul, Michael Mussa. The role of the Fund: Financing and Its Interactions with Adjustment and Surveillance. Pamphlet Series No. 50 (Washington, D. C.: International Monetary Fund), 1995.

② 用于非生产性用途的过度借贷也被认为是此次债务危机爆发的重要因素。

心国的需求受到外部冲击时,它会采取相应的货币政策保持国内需求稳定,而此时周边国家会重新考虑它们的钉住汇率制度,如果所有周边国家都采取合作的政策,它们会同时放弃与中心国的钉住汇率而使自己国家的货币贬值,这就出现了传导效应。[①] 我们主要介绍一下 Buiter 等(1995)的理论模型。

(一)模型的基本假设

考虑一个由 $N+1$ 个国家构成的经济,1 个国家位于整个研究系统的中心,N 个国家位于系统的周边。假设中心国家具有三个基本特征:第一,它能够提供某一重要整体经济变量(例如 CPI)的名义标准;第二,目标产出水平和潜在(充分就业时)产出水平之间没有偏差;第三,假设所有周边国家只与中心国家发生货物或服务的贸易,而忽略周边国家之间的贸易。

(二)中心国家、周边国家的基本模型

y^* 表示中心国家的产出供给,它是就业水平 n^* 的函数,它们之间的关系为:

$$y_t^* = (1-\alpha)n_t^* \quad 0 < \alpha < 1 \tag{2.1}$$

假定劳动的供给是没有弹性的,竞争性厂商利润最大化目标等价于劳动的边际产品价值与真实工资水平相同。进一步,我们用 w^* 表示中心国家的货币工资水平,用 p^* 表示中心国家的 GDP 平减因子,则有:

$$w_t^* - p_t^* = -\alpha n_t^* \tag{2.2}$$

中心国家的实际总需求取决于周边国家货币相对于中心国家货币的实际汇率 z、中心国家的真实利率水平 r^* 以及总需求冲击 λ^*:

[①] 参见 Willem H. Buiter, Giancarlo Corsetti, Parlo A. Pesenti. A Center Periphery Model of Monetary Coordination and Exchange Rate Crises. NBER Working Paper No. 5140, 1995.

$$y_t^* = \lambda_t^* - \delta z_t - \nu r_t^* \tag{2.3}$$

中心国家的真实利率等于其名义利率 i^* 减去预期消费者物价指数的变化率(用 q^* 表示，$q^* = E_t q_{t+1}^* - q_t^*$)：

$$r_t^* \equiv i_t^* - E_t q_{t+1}^* + q_t^* \tag{2.4}$$

其中，基于 t 时期已知信息的条件预期因子用 E_t 表示。

中心国家的消费者物价指数定义如下。$s_{i,t}$ 表示第 i 个周边国家的名义即期汇率，s_t 表示周边国家作为一个整体的名义有效汇率，那么：

$$s_t \equiv \frac{1}{N}\sum_{i=1}^{N} s_{i,t} \tag{2.5}$$

类似的，用 $p_{i,t}$ 表示第 i 个周边国家的 GDP 平减因子(用本国货币表示)，p_t 表示周边国家作为一个整体的有效价格水平，那么：

$$p_t \equiv \frac{1}{N}\sum_{i=1}^{N} p_{i,t} \tag{2.6}$$

中心国家的名义汇率可以表示为：

$$z_t \equiv p_t^* + s_t - p_t \tag{2.7}$$

根据假设三，所有周边国家都与中心国家发生贸易或服务，那么，中心国家的 CPI 可以定义如下：

$$q_t^* \equiv (1-\beta)p_t^* + \beta(p_t - s_t) = p_t^* - \beta z_t \quad 0 < \beta < \frac{1}{2} \tag{2.8}$$

进一步，假设一个货币流动速度恒定的货币需求函数，货币市场的均衡可以要求：

$$m_t^* = p_t^* + y_t^* = w_t^* + n_t^* \tag{2.9}$$

其中，m_t^* 表示中心国家的名义货币存量。在 $t-1$ 期期末(即 m_t^* 被决定并观察到之前)，工资的设定者选择他们在第 t 期的工资水平，他们的目标函数是最小化就业水平距离充分就业水平的偏差，因此，目标方程为：

$$\min_{w_t^*} E_{t-1} \frac{1}{2}(n_t^*)^2 \tag{2.10}$$

因为 $n_t^* = m_t^* - w_t^*$，这意味着名义工资等于期望货币供给，就业（产出）只是货币投入的函数：

$$w_t^* = E_{t-1} m_t^* \qquad (2.11)$$

$$n_t^* = m_t^* - E_{t-1} m_t^* \qquad (2.12)$$

周边国家的分析技术与中心国家是相似的，我们只是在对应的字母下加上脚标 i 以表示是第 i 国的经济变量。供给方程由下式给出：

$$y_{i,t} = (1 - \alpha) n_{i,t} \qquad (2.13)$$

$$w_{i,t} - p_{i,t} = -\alpha n_{i,t} \qquad (2.14)$$

定义第 i 国的真实汇率为：

$$z_{i,t} = s_{i,t} + p_t^* - p_{i,t} \qquad (2.15)$$

在周边国家只与中心国家发生贸易往来的假设条件下，第 i 个国家的产出方程为：

$$y_{i,t} = \lambda + \delta z_{i,t} - \nu r_{i,t} \qquad (2.16)$$

与中心国家的产出方程不同，上式中的 λ 是一个常数，也就是说，外部冲击对于第 i 国总需求的影响来源仅仅是中心国家。

第 i 国的实际利率和汇率可表示如下：

$$r_{i,t} = i_{i,t} - E_t q_{i,t+1} + q_{i,t} \qquad (2.17)$$

$$q_{i,t} = p_{i,t} + \beta z_{i,t} \qquad (2.18)$$

与中心国家相比，周边国家的真实货币均衡、货币工资与就业水平可表示如下：

$$m_{i,t} - p_{i,t} = y_{i,t} \qquad (2.19)$$

$$w_{i,t} = E_{t-1} m_{i,t} \qquad (2.20)$$

$$n_{i,t} = m_{i,t} - E_{t-1} m_{i,t} \qquad (2.21)$$

最后，我们假设以不同货币表示的资产在单个市场主体投资组合中是可以完全替换的，因此，非套补的利率平价条件成立：

$$i_{i,t} = i_t^* + E_t s_{i,t+1} - s_{i,t} \qquad (2.22)$$

（三）政策制定者的偏好

一个代表性周边国家的政策指定者偏好可以表示为：

$$L_{i,t} \equiv E_t \sum_{\tau=0}^{\infty} k_i^{\tau} l_{i,t+\tau} \quad 0 < k_i < 1 \quad (2.23)$$

$$l_{i,t} \equiv \frac{1}{2}[(n_{i,t} - \bar{n})^2 + \sigma(q_{i,t} - \bar{q}_{i,t})^2] + cI_{i,t} \quad \bar{n} > 0 \quad (2.24)$$

$$I_{i,t} = 0(如果 s_{i,t} = \bar{s}_{i,t}); \quad I_{i,t} = 1(其他) \quad (2.25)$$

其中，$\bar{s}_{i,t}$ 是对外公布的汇率平价，c 表示外生给定的放弃钉住汇率制度的福利成本。政策制定者制定政策的依据是要在多期时间段内最小化损失函数的数学期望，k_i^{τ} 是贴现因子。单期的损失函数 l_i 是真实就业水平和 CPI 偏离目标水平 $\bar{n}$ 和 $\bar{q}_{i,t}$ 的二次函数。

中心国家政策制定者的目标函数为：

$$L_{i,t} \equiv E_t \sum_{\tau=0}^{\infty} k_i^{*\tau} l_{t+\tau}^* \quad 0 < k_i < 1 \quad (2.26)$$

$$l_t^* \equiv \frac{1}{2}[(n_t^* - \bar{n}^*)^2 + \sigma(q_t^* - \bar{q}_t^*)^2] + cI_{i,t} \quad \bar{n} > 0 \quad (2.27)$$

$$\bar{n}^* = 0 \quad (2.28)$$

$$\bar{q}_t^* = 0 \quad (2.29)$$

我们注意到，中心国家的目标函数与周边国家的目标函数有三个方面的不同：第一，就业的目标水平等于就业水平的自然率；第二，目标价格水平是常数；第三，中心国家没有汇率目标。

(四) 纳什均衡

我们现在构造中心国家和 N 个周边国家进行货币政策博弈的纳什均衡。

1. 周边国家的最优货币政策选择

对于有代表性的周边国家来说，最优的货币政策规则是将两种不同货币制度结合起来。其一，货币存量与钉住汇率制度协调一致；其二，放弃钉住汇率制度后，货币供应的最优受基本面因素的影响。考虑放弃钉住汇率制度下的最优货币政策规则。一旦当前的汇率平价失去约束力以后，政策制定者将会通过选择 $m_{i,t}$ 最小化损失函数 $l_{i,t}$，使得：

$$\frac{\partial l_{i,t}}{\partial m_{i,t}} = n_{i,t}^{\mathrm{FL}} - \bar{n} + \sigma[\alpha + \beta\xi(1-\theta)](q_{i,t}^{\mathrm{FL}} - \bar{q}) = 0 \quad (2.30)$$

其中，FL 指的是在放弃钉住汇率制度的条件下。对第 i 个国家的货币政策解上述表达式得到：

$$n_{i,t}^{\mathrm{FL}} = \frac{[\bar{n} - \Lambda(w_{it} + \beta\varepsilon_t - \beta\xi\theta\sum_{j\neq i}n_{jt} - \beta\phi n_t^* - \bar{q}_{it})]}{A[\alpha + \xi(1-\theta)]} \quad (2.31)$$

其中：

$$A \equiv \frac{1 + \sigma[\alpha + \beta\xi(1-\theta)]^2}{\alpha + \xi(1-\theta)}, \quad \Lambda \equiv \sigma[\alpha + \beta\xi(1-\theta)] \quad (2.32)$$

政策制定者选择放弃钉住汇率制度的充分必要条件是维持钉住汇率制度的损失大于所带来的损失加上贬值所产生的福利成本的损失：

$$\frac{1}{2}\{[(n_{i,t}^{\mathrm{FX}} - \bar{n})^2 + \sigma(q_{i,t}^{\mathrm{FX}} - \bar{q}_{i,t})^2] - [(n_{i,t}^{\mathrm{FL}} - \bar{n})^2 + \sigma(q_{i,t}^{\mathrm{FL}} - \bar{q}_{i,t})^2]\} \geq c$$
$$(2.33)$$

其中，FX 指的是在维持钉住汇率制度的条件下。

2. 中心国家和周边国家的反应函数

首先考虑中心国家的反应函数。在一个纳什均衡的条件下（不考虑合作博弈），中心国家的最优货币规则由下式给出：

$$n_t^* = H\Big[\beta\phi\frac{1}{N}\sum_i n_{i,t} + \beta\varepsilon_t - w_t^*\Big] \quad (2.34)$$

其中：

$$H \equiv \frac{\sigma(\alpha + \beta\phi)}{1 + \sigma(\alpha + \beta\phi)^2} \quad (2.35)$$

从以上公式我们不难看出，对于周边国家扩张性的货币政策，中心国家总会发现它们最佳的反应是提高自己的货币供应量。具体来说，在给定偏好的前提条件下，中心国家总会使其价格水平不稳定的成本等同于控制就业水平接近自然就业率水平所产生的收益。周边国家扩张性的货币政策将会使其货币的真实汇率发生贬值，中心国家的 CPI 将会伴随着进口商品价格的下降而下降,此时,中心国家采取扩张性的货币政策(稳定国家的 CPI)的收益将大于就业水平偏离目标就业水平所产生的成本。因此,中心国家将会采取扩张性的货币政策。

由于存在协调成本,代表性周边国家的反应函数是不连续的:

$$n_{i,t} = \frac{1}{[\alpha + \xi(1-\theta)]} \left[\bar{s}_{i,t} - w_{it} + w_t^* + \xi\theta\sum_{j\neq i} n_{j,t} + (\alpha+\phi)n_t^* - \varepsilon_t \right], 当$$

$|\Delta \tilde{s}_{i,t}| \leq \tilde{c}$ 时:

$$n_{i,t} = \frac{1}{[\alpha + \xi(1-\theta)]} \left[\bar{s}_{i,t} + \Delta\tilde{s}_{i,t} - w_{it} + w_t^* + \xi\theta\sum_{j\neq i} n_{j,t} + (\alpha+\phi)n_t^* - \varepsilon_t \right]$$

$$= \frac{1}{A[\alpha + \xi(1-\theta)]} \left[\bar{n} - \Lambda\left(w_{it} - \bar{q}_{it} + \beta\varepsilon_t - \beta\xi\theta\sum_{j\neq i} n_{jt} - \beta\phi n_t^*\right) \right]$$

(2.36)

从周边国家反应函数的表达式我们可以看出,周边国家的货币存量与中心国家的货币存量是策略性互补的。

3. 均衡条件

我们将冲击 ε_t 划分为5个部分,定义4个分界值(从小到大依次用 $\underline{\varepsilon}^a$,$\bar{\varepsilon}^a$,$\underline{\varepsilon}^d$,$\bar{\varepsilon}^d$ 表示)。在均衡条件下,当冲击 ε_t 位于 $\bar{\varepsilon}^a$ 和 $\underline{\varepsilon}^d$ 之间时,所有的周边国家将会捍卫固定汇率制度;当冲击 ε_t 小于 $\underline{\varepsilon}^a$ 的时候,所有的周边国家将会联合升值;当冲击大于 $\bar{\varepsilon}^d$ 时,所有周边国家将会联合贬值相同的幅度;当冲击位于 $\underline{\varepsilon}^a$ 和 $\bar{\varepsilon}^a$ 之间时,有 N^{FL} 个国家将会升值货币,而其他国家保持钉住汇率制度。在这种均衡条件下,不会同时出现一部分周边国家货币升值而另一部分周边国家货币贬值的现象。

以上是考虑了中心国家和周边国家互相博弈后的纳什均衡,除了这种均衡以外,还存在一种均衡,那就是考虑周边国家能够互相合作条件下的合作博弈均衡,在这里就不作详细论述了。[①]

---

① 详见 Willem H. Buiter, Giancarlo Corsetti, Parlo A. Pesenti. A Center Periphery Model of Monetary Coordination and Exchange Rate Crises. NBER Working Paper, 1995(5140).

三、季风效应的实际考察

1992年爆发的欧洲汇率机制危机以季风效应最为明显,当时欧洲共同体国家间的经济、政治差异酝酿了季风效应的共同来源,而欧洲汇率机制所体现的货币一体化政策又为投机冲击导致危机跨国传导提供了基础和可能。① 欧洲货币体系作为区域内实行的固定汇率制度虽然可以稳定汇率,消除汇率风险,降低经济交往的不确定性,但同时加入欧洲货币体系也有它的成本,即一国货币当局放弃货币政策手段时,对经济的非均衡状况是否可以进行有效的调整。其成本主要包括:②

(1)面对需求变动,一国放弃货币政策手段的成本。

这是经典的蒙代尔(1961)模型讨论的核心内容。蒙代尔认为,在一个贸易集团中,当一个国家面临需求下降时,另一个国家的需求就会随之提高,其结果是前者的产量水平下降,失业率上升,而后者的产量水平上升,失业率下降。在前者居民消费支出不变的情况下,前者国际收支的经常项目就会出现赤字,与此相反,后者会出现经常项目盈余。假定两国间存在工资刚性和劳动力在两国间不可自由浮动,那么两国分别采用贬值或升值货币的手段就成为调整国际收支不平衡的有效手段。如果在这种情况下,两国建立货币联盟,就会失去这种有效的调整手段,这就是一国放弃货币政策的成本。

(2)各国劳动生产率的差异所造成的成本。

这主要是针对20世纪70年代通货膨胀的供给因素分析。如果A国的通货膨胀率高于B国,则A国必须用贬值的手段来维持其产品的竞争力;如果两国组成货币联盟,汇率的变动为零,两国的通货膨胀率就必须相等。从欧洲货币体系的实践来看,在欧洲货币体系内部劳动生产

---

① 李小牧等:《金融危机的国际传导:90年代的理论与实践》,中国金融出版社2001年版。
② 安辉:《现代金融危机生成机理与国际传导机制研究》,中国期刊网优秀博士论文,2003年。

率的水平仍然存在很大差距,只要这种差距存在,劳动生产率高的国家的产品就有较高的优势,这个国家的厂商就能获得较高的利润。反之,劳动现代生产率低的国家就会有利润和福利损失,这被认为是劳动生产率低的国家加入货币一体化的成本。反过来讲,货币联盟有刺激成员国提高劳动生产率的特征。

(3)经济增长率的差异所引起的成本。

为协调国内经济增长和外部平衡的矛盾,一国有两种选择,其一是贬值本国货币,其二是将本国价格降到比贸易伙伴低的水平。两国组成货币联盟后,经济增长较快的国家只剩下第二种手段。因此,在通向欧洲货币联盟的过程中,欧洲货币体系确实具有通货紧缩的制度特征。

20世纪90年代欧洲共同体各成员国之间在经济发展、经济增长、利率方面存在差异,各国又不肯牺牲自己的利益,导致这样的体系很容易在投机攻击下崩溃。德国多年来始终处于降息和升息的两难选择,降息不利于其国内经济的平衡,抑制通货膨胀,保持物价稳定,但可以对欧洲货币体系危机有一定的缓和作用;升息则面临欧洲货币体系的压力。面对这两难境地,德国只能从自身利益出发,坚持高利率政策,只是在其余成员国的强烈要求和考虑到自身促进经济增长的需要时,才不时做一些微小的让步。其余成员国也同样是处于升息和降息的两难境地,降息是出于反失业和摆脱经济衰退的需要,却会增大与德国的利差,导致汇率的剧烈波动,将欧洲货币体系推入崩溃的境地;升息可以维护货币稳定和欧洲货币体系,但又会加重本国的经济衰退。只能最后还是以本国利益为重,所以英国等宣布退出欧洲汇率体系。当这种两难的境地被投机攻击者所看破时,汇率机制将面临强大的外部冲击,金融危机在所难免。

第二节 金融危机传导的溢出效应研究

一国发生金融危机造成的货币贬值可能恶化另一个(或几个)国家

的宏观经济基本因素(如贸易赤字加大,外汇储备下降),从而可能导致另一个(或几个)国家遭受投机性冲击的压力,这就是金融危机国际传导的溢出效应。溢出效应的产生强烈依赖国家之间的贸易联系与金融联系,所以,金融危机传导的溢出效应包括贸易溢出和金融溢出两种机制。

一、金融危机传导的贸易溢出机制研究

国际贸易是国家之间经济交往的重要组成部分,随着经济全球化程度的不断加深,国际贸易呈现出高速增长的趋势。国际贸易在使各国获得好处的同时,也成为金融危机传导的一条重要渠道。

贸易溢出是指一国投机性冲击造成的货币危机恶化了另一个(或几个)与其贸易关系密切的国家的经济基础,从而可能导致另一个(或几个)国家遭受投机性冲击压力。贸易溢出是通过价格效应和收入效应实现的,一国金融危机造成的货币贬值一方面提高了其相对于贸易伙伴国的出口产品价格竞争力,另一方面通过影响国民收入(国民收入减少)而减少了向其贸易伙伴国的进口。这两种效应不仅体现在具有双边贸易关系的国家之间,而且体现在同在第三国市场上有价格竞争和收入反应的国家之间,因此,我们将贸易溢出效应分为直接双边贸易型溢出效应和间接多边贸易型溢出效应。

(一)直接双边贸易型的贸易溢出效应研究

假设 A、B 两个经济体具有直接双边型贸易,那么 A 经济体通过贸易溢出效应对 B 经济体产生影响的途径主要有四条:

第一,A 国发生金融危机导致 A 国货币贬值,这使得 A 国商品和劳务的相对价格下降,出口竞争力增强,对贸易伙伴国 B 国的出口增加而进口减少,导致 B 国的贸易赤字增加、外汇储备减少,从而通过损坏贸易伙伴国的经济基础而使其受到货币投机性冲击。

第二,A 国发生金融危机导致的货币贬值使得贸易伙伴国向其进口的商品、劳务价格水平下降，导致贸易伙伴国 B 国的价格水平下降，于是 B 国居民对本币的需求量减少，纷纷兑换外币，导致中央银行外汇储备减少，诱发投机性冲击。

第三，A 国发生金融危机导致的货币贬值损害了本国经济，使本国国民收入减少，对贸易伙伴国 B 国的商品、劳务的进口需求减少，从而使贸易伙伴国的出口量下降，贸易收支恶化，诱发对它的投机性冲击。

第四，A 国发生金融危机导致的货币贬值导致贸易伙伴国 B 国的竞争力下降，于是 B 国的失业率上升（尤其是出口部门），若政府期望采取扩张型的货币政策和财政政策来缓解国内失业压力，就可能诱发投机性冲击。

以上四条途径可以通过图 2.1 进行总结。

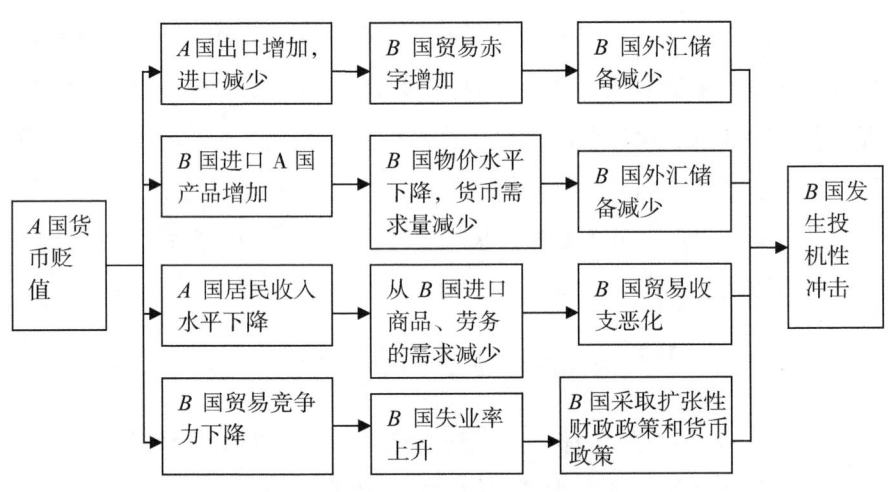

图 2.1　金融危机传导的双边贸易溢出渠道

在 1992 年的欧洲汇率机制危机中，芬兰马克率先贬值，引发了意大利里拉、英镑、西班牙比塞塔、葡萄牙埃斯库多等货币的相继贬值，并引起了这些国家经济的动荡。欧洲货币体系规定，成员国货币对内实行可调整的固定汇率,对外实行自由浮动,由于欧洲国家的产业结构和出口结构很相近,因此一国货币的贬值便引起了其他国家货币币值的竞争性下调。

(二)间接多边贸易型的贸易溢出效应研究

与双边型贸易不同,多边贸易型的贸易溢出效应是指一个国家发生金融危机导致的本国货币贬值降低了与其竞争同一国际市场的另一个(或几个)国家的竞争力,诱发了对另一个(或几个)国家的货币投机性冲击。

随着国际贸易高速发展,其在各国经济发展中的地位越来越重要,竞争性贬值越加激烈。贸易溢出效应导致危机传导最明显的表现是竞争性的贬值过程,尤其在多边型贸易中,因为危机国的货币贬值会降低与它有共同市场的其他国家的出口竞争力,而这些国为了保住自己的市场份额,就进行竞争性贬值,这必然加速金融危机在众多国家的广泛扩散。陈学彬(1999)运用动态合作博弈理论对这一现象做出了很好的解释。①

1. 模型的建立

假设有3个国家的中心-外围模型。3个国家分别以 A、B、C 表示,每个国家专门进行某种贸易品的生产。A 和 B 代表外围国家,C 代表中心国家。假设 A 国和 B 国仅与 C 国交易,而没有外围国家之间的交易,同时,在最初的均衡中,A 国与 B 国和 C 国的汇率固定。

三个国家各自的效用函数为:

$$U^A = \log C^A - f(Y_A) \tag{2.37}$$

$$U^B = \log C^B - f(Y_B) \tag{2.38}$$

$$U^C = \log C^C - f(Y_C) \tag{2.39}$$

---

① 陈学彬:《金融危机扩散中的示范效应和竞争性贬值效应分析》,金融研究1999年第5期。

其中，C^A、C^B、C^C 为消费指数，定义为：

$$C^A \equiv (C_A^A)^{\frac{1}{2}} (C_C^A)^{\frac{1}{2}} \qquad (2.40)$$

$$C^B \equiv (C_A^B)^{\frac{1}{2}} (C_C^B)^{\frac{1}{2}} \qquad (2.41)$$

$$C^C \equiv (C_A^C + C_B^C)^{\frac{1}{2}} (C_C^C)^{\frac{1}{2}} \qquad (2.42)$$

整个模型中，上标代表消费者所在国，下标代表生产者所在国，例如：C_A^C 表示 C 国居民消费 A 国产品，每一个外围国家消费国内产品和中心国产品。类似地，中心国消费两个外围国家产品并出口；然而 C 国消费者视两个外围国家的产品 C_A^C 和 C_B^C 具有完全的替代性。

在所有国家中，Y 代表产出，f 函数是反映伴随较高经济活动水平的劳动力的单一函数。资源约束为：

$$Y_A = C_A^A + C_A^C \; ; \; Y_B = C_B^B + C_B^C \; ; \; Y_C = C_C^A + C_C^B + C_C^C \qquad (2.43)$$

定义 M 为每个国家的货币供给存量。在中心国货币当局外生决定货币供给 M^C。相反地，外围国家的货币当局将其货币钉住中心国家货币，分别设置与中心国的名义汇率（E^A 和 E^B）并让货币供给内生调整。假设货币供应完全为经济交易融资，那么，三个国家的货币市场均衡条件为：

$$M^A = P_A^A C_A^A + P_C^A C_C^A \; ; \; M^B = P_B^B C_B^B + P_C^B C_C^B \; ; \; M^C = P_A^C C_A^C + P_B^C C_B^C + P_C^C C_C^C$$
$$(2.44)$$

其中，P 表示所消费商品的价格。在不存在资本积累时，贸易平衡关系为：

$$P_C^A C_C^A = E^A P_A^C C_A^C \; ; \; P_C^B C_C^B = E^B P_B^C C_B^C \qquad (2.45)$$

A 国代表性消费者的最优消费水平为：

$$P_A^A C_A^A = P_C^A C_C^A \qquad (2.46)$$

消费价格函数：

$$P^A = 2(P_A^A)^{\frac{1}{2}} (P_C^A)^{\frac{1}{2}} \qquad (2.47)$$

由此可得：

$$M^A = P^A C^A$$

B 国与 C 国的关系相似。下面考虑 C 国居民的消费模式。定义：

$C_P^C = C_A^C + C_B^C$，其中，C_P^C 为中心国消费的外围国产品。A 国产品和 B 国产品同时在 C 国市场上进行销售，若 $P_A^C > P_B^C$，中心国只消费 B 国产品，即 $C_P^C = C_B^C$（反之，只消费 A 国产品，即 $C_P^C = C_A^C$），若 $P_A^C = P_B^C$，中心国无差异地从两个国家进口商品。所以，$P_P^C = \min\{P_A^C, P_B^C\}$。

利用前面的定义，可将中心国的均衡条件写为与外围国类似的条件：

$$M^C = P_P^C C_P^C + P_C^C C_C^C = 2P_P^C C_P^C = 2P_C^C C_C^C = P^C C^C \qquad (2.48)$$

在两个外围国产品价格（换算成 C 国货币）相等时 C 国达到均衡：

$$\frac{P_A^A}{E^A} = \frac{P_B^B}{E^B} \qquad (2.49)$$

2. 竞争性贬值效应的分析

在此，利用以上模型分析一个外围国家货币贬值对另一外围国家和中心国家的经济影响。当 B 国货币对中心货币贬值时，E^B 上升，$P_A^C > P_B^C$，C_A^C 下降为零，C_B^C 上升。应注意到，在 B 国货币贬值以后，中心国对外围国商品消费上升。事实上，$C_P^C = C_B^C = \dfrac{M^C}{2P_P^C} \equiv \dfrac{M^C E^B}{2P_B^B}$，由上式可以看出，当 B 国货币贬值时，中心国对 B 国商品消费上升，由于中心国的货币供应不变，中心国对其国内商品消费维持不变。在货币供应方面，B 国的货币供应量会与贬值规模成比例地增长，B 国国内消费必然增加。

假设 A 国试图维持与中心国的钉住汇率制度，根据贸易平衡的关系，它对中心国商品的消费会急剧下降，如果 A 国试图避免货币贬值，它必须让货币供应量相应下降，A 国国内消费必然下降。

总之，B 国的贬值结果可以总结为表 2.1。

表 2.1　　　　　　　　　竞争性贬值效应

B 国国内消费增加	B 国对 C 国消费不变	B 国产出增加
A 国国内消费减少	A 国对 C 国消费减少	A 国产出下降

由此看来，为了维持其与中心国货币的钉住汇率，A 国必须接受经济波动、消费和福利急剧的紧缩，其实国际和国内对 A 国产品的需求都已下降。当然，这是在假定 A 国维持汇率不变时的结果。但 A 国为了应付 B 国货币的贬值将不会再保持钉住汇率。实际上，它发现同样贬值是其最佳选择，以避免竞争成本缺口，维持其对 C 国的市场份额。对 B 国汇率变动的 A 国反应函数的分析将进一步揭示该竞争性贬值机制。

当 B 国货币贬值时，A 国将根据极大化效用的原则进行汇率调整决策。其决策目标为效用最大化：

$$\max_{E^A} U^A = \log C^A - f(Y_A) \tag{2.50}$$

将 A 国与 B 国的贸易平衡关系移项得：

$$C_C^A = E^A P_A^C / P_C^A \ ;\ P_B^C = P_B^B C_C^B / E^B C_B^C \tag{2.51}$$

将 A 国与 C 国的货币市场均衡条件移项得：

$$C_A^A = (M^A - P_C^A C_C^A) P_A^A \ ;\ C_E^C = (M^C - P_A^C C_A^C + P_C^C C_C^C)/P_B^C \tag{2.52}$$

将 A 国的贸易平衡条件、资源约束条件、市场均衡条件等代入目标函数整理得：

$$\max_{E^A} \left\{ \frac{1}{2}\ln(C_A^C) + \frac{1}{2}\ln\left(E^A P_A^C g\left[\frac{P_B^B E^A}{P_A^A E^B}\right]/P_C^A\right) - f\left[C_A^A + g\left(\frac{P_B^B E^A}{P_A^A E^B}\right)\right] \right\} \tag{2.53}$$

A 国中央银行的政策目标是通过汇率的调整获得最大的效用。实现其目标函数最大化的一阶必要条件是：

$$\frac{1}{2}(E^A P_A^C g[\,\cdot\,]/P_C^A)\left[\frac{P_C^A P_A^C}{(P_C^A)^2}g[\,\cdot\,] + \frac{P_A^A P_B^B E^B}{(P_A^A E^B)^2}\right] = -f[\,\cdot\,]g[\,\cdot\,]\frac{P_A^A P_B^B E^B}{(P_A^A E^B)^2} \tag{2.54}$$

其中：

$$E^A = f[\,\cdot\,]\frac{2\,(P_C^A)^2}{(P_A^C)^2 g[\,\cdot\,]} \tag{2.55}$$

$$f[\,\cdot\,] = f\left[C_A^A + g\left[\frac{P_B^B E^A}{P_A^A E^B}\right]\right] \qquad (2.56)$$

$$g[\,\cdot\,] = g\left[\frac{P_B^B E^A}{P_A^A E^B}\right] \qquad (2.57)$$

可见，A 国中央银行的汇率决策函数为：

$$E^A = \frac{f\left[C_A^A + g\left[\frac{P_B^B E^A}{P_A^A E^B}\right]\right] 2(P_C^A)^2}{(P_A^C)^2 g\left[\frac{P_B^B E^A}{P_A^A E^B}\right]} \qquad (2.58)$$

当 B 国货币变动时，A 国的汇率反应为：

$$\frac{\partial E^A}{\partial E^B} = \frac{2(P_C^A)^2 f\left[C_A^A + g\left[\frac{P_B^B P_A^A E^A}{P_A^A E^B}\right]\right] g\left[\frac{-P_B^B P_A^A E^A}{(P_A^A E^B)^2}\right]}{(P_A^C)^2 g\left[\frac{-P_B^B P_A^A E^A}{(P_A^A E^B)^2}\right]} > 0 \qquad (2.59)$$

这说明，在其他条件不变的情况下，A 国的汇率变动与 B 国的汇率变动正相关。因而，当 B 国货币贬值时，A 国为避免由此带来的出口竞争力的下降和国内经济的衰退，将被迫进行货币贬值。

同样，可求解 B 国的汇率反应函数，结论同样是，当 A 国货币贬值时，B 国货币也必然贬值。

3. 结论

上述模型表明，竞争性贬值的非合作博弈纳什均衡比所有国家联合行动共同对付危机的合作均衡更差。某个国家的金融危机通过一系列灾难性的竞争性贬值和货币危机的扩散，最终导致对全球的影响。在当代世界经济和金融日益全球化和一体化的宏观环境下，由于这种跨国经济结构的紧密联系，不管是只有一个国家受到一种冲击的打击，还是所有外围国家同时受到一个全球性冲击的打击，一个国家货币的率先贬值，极易招致其他国家货币的相继贬值。每个国家被迫使用的贬值方法不仅作为政策工具来减少对国内经济的冲击，而且作为报复手段来抵消其他国家货币贬值的负面影响，从而导致整个外围国家实行竞争性贬值，反过来就会引发人们对前一个国家货币继续贬值的预期，形成恶性循环。

实践和理论同时又表明，当只有一个国家或少数国家货币贬值时，其出口可增加，进口可减少，贸易条件将改善，产出和就业将增加，整体福利水平将上升。但是，当所有国家或大多数国家货币都贬值时，个别货币贬值的好处将被抵消，所有国家的整体福利水平将下降。首先是外围国家的福利水平的下降，随后，外围国家进口中心国家产品能力的下降终将影响中心国家的出口、产出和就业，从而影响其整体福利的下降，进而导致世界经济的衰退。

亚洲金融危机从泰国开始，迅速扩散到东南亚和东亚，再扩散到俄罗斯、拉美国家，并进而影响欧美和全球经济的增长和金融的稳定，就是这种非合作博弈的结果。如果世界各国能够采取合作策略，共同来对付危机，则危机的扩散将被抑制，危机的影响将被降到最低。人民币和港币币值的稳定为制止亚洲金融危机的进一步扩散、避免世界金融动荡的进一步加剧发挥了重要的作用，当然，也不可避免地为此付出了一定的代价，那就是国内通货紧缩的压力增大。

二、金融危机传导的金融溢出机制研究

金融溢出效应指一个国家发生投机性冲击导致的货币危机可能造成其市场流动性不足，这就迫使金融中介清算其在其他市场上的资产，从而通过国际资本流动渠道导致另一个与其有密切金融关系的市场流动性不足，引发另一个国家大规模资本抽逃的行为。同时，当一国出现危机时，在该国有投资头寸的投资者通常会采取措施减少风险，卖出那些收益率与危机国资产相关的资产，导致相关国家的资本外逃。金融溢出效应可以表现为直接金融投资型的金融溢出效应和间接金融投资型的金融溢出效应。直接金融投资型的金融溢出是指一个国家发生投机性冲击导致的货币危机造成的市场流动性不足，会迫使金融中介机构清算在与其有直接金融投资联系的另一国家的资产，从而导致或加剧另一国的投机性冲击压力。间接金融投机型的金融溢出是指两个国家间虽然没有直接

的金融投资联系，但均与第三国有联系，一国发生金融危机会引起第三国同时从这两个国家撤资，从而导致另一个本与危机国无直接金融投资关系的国家的投机性冲击压力。

（一）金融溢出机制的主要渠道

1. 通过国际金融市场上的流动性需求传导金融危机

Goldfjan 和 Valdes(1997)从给国外提供流动资产的金融中介入手解释金融危机的传导。由于金融中介机构为那些不愿进行长期投资的外国投资者提供了流动性资产，并且给流动存款提供了许多有吸引力的条件，因此它们的存在大大地增加了资本流动的数量。然而，一旦外生性原因使得外国投资者提取他们的存款时，金融中介不能毫无成本地收回贷款以应付提款需要，于是就会产生对金融中介的挤兑。当外国投资者提取的存款兑换成外汇时，就产生了货币危机。投资者对存款的提取，减少了金融中介的流动性，迫使金融中介机构收回给其他国家的贷款或没有能力给其他国家提供新的贷款，从而导致其他国家的危机。

2. 借助于银行体系传导的金融危机

银行是外汇市场的主要参与者，并且向其他的参与者提供相关的支付服务，银行业发生的动荡无疑会波及外汇市场。从另一个角度说，银行体系的危机会诱发国内存款人和国际投资者对该国银行体系稳健性的忧虑，从而将本币资产换为外币资产，因此银行体系的危机有时就会导致货币危机，当银行危机在国际上传递的时候，就有可能同时传导货币危机。银行危机在国际上传导是通过国际金融市场上的银行间多边支付清算系统，这个系统把系统内的所有银行都联系在一起，造成了相互交织的债权债务关系，一家银行造成的微小的支付困难就有可能酿成全面的流动性危机，一国银行体系的危机通过清算系统会被迅速地传递到其他国家。Kaminsky 和 Reinhart(2000)强调了共同贷款人(如商业银行)在危机传导中的作用，又称"共同贷款者效应"。所谓"共同贷款人"是指一个经济区域(如拉美、亚洲等)的国家中处于资金供给者角色的国家，在亚洲是日本，而在拉美是美国。假设被金融危机影响的共同贷款者的银行头寸暴露很大，可能会引发大量的潜在损失，因此，共同贷款者的银行需要恢复资本资产比率，满足利润要求，调整风险暴露，商业银行就会撤回在其他国家的高风险项目的资金，产生流动性压力。在这一过程中，可能会导致危机的传导，因为一个地区危机的恢复往往依靠共同贷款者提供的资金。

3. 投资者运作

随着发达国家机构投资者的增长，机构投资者的运作也极大地影响到货币危机在国家间的传导。机构投资者在运作过程中，基本上遵循马柯维茨提出的风险分散的投资组合理论，根据诺贝尔经济学奖获得者 W. F. Sharpe 的研究报告，在抽样的美国共同基金的经验数据中，证券月收益差额的 90% 来源于投资地区的选择，仅有 10% 来源于证券种类的选择。因此，相当多的基金采取了按照地理区域投资分散风险的方式进行管理，如此一来，一旦某一地区内一国的货币遭受投机冲击，投资基金则可能将属于该板块货币的证券都抛出去，从而可能引发该板块内其他国家的货币冲击。

Kodres 和 Pristker(1999)把注意力集中于在不同市场间对宏观经济风险进行套期保值的投资者。投资者在某个市场受到冲击时，会重新调整他们的证券组合，从而把冲击传播到其他市场。

机构投资者运作所产生的金融危机传导也可以运用信息经济学加以阐释。Calvo(1999)提出了一个内生流动性模型来解释这一现象。他把投资者分为两类：拥有信息者和不拥有信息者。拥有信息的投资者知道有关某个国家经济基本面的信号，但是由于他们受到了流动性冲击，不得不卖掉在该国的资产。不拥有信息的投资者想方设法从拥有信息者的交易中获取有关信息，但是他们不能识别拥有信息者卖掉资产的原因是因为该国的经济基本面不好还是由于流动性冲击，因此不拥有信息者会认为该国的资产报酬率下降而撤回在该国的资金，使这些基金经理人具有某种形式的"集体行为趋同"特征。

对于基金经理人的不对称激励,也有助于解释投资基金减少区域内其他国家货币头寸。比如,在亚洲金融危机中,韩国经济与东南亚各国没有太大的联系,东南亚各国的货币贬值并不意味着韩元一定要做出相应的调整,但是基金经理人仍然减少了韩元的头寸。因为如果韩元一旦下跌,而基金经理人未事先减少韩元头寸的话,他就会因为缺乏谨慎招致委托人的责怪。还有一种机制称为"唤醒效应",如果一国出现困难,那么这一事件导致投资者重新审视他们对其他国家的看法,如果投资者发现其他国家有相同的弱点,则它们的信用评级被降低,危机扩散。

(二)国际资本流动在金融溢出机制中的作用

前面我们分析了金融溢出机制的主要渠道,无论是从哪一条传导渠道,都必须通过国际资本流动这一活动来形成,可以说,国际资本流动在现代金融危机传导过程中起着至关重要的作用。关于国际资本流动的概念,不同学者有不同的理解。Dornbusch(1980)理解为"国内外债券间的可替代,并可对所希望的投资组合进行随时的调整"。Obstfeld(1986)理解为"以安全的名义资产形式所进行的国际间自由借贷"。Krugman(1997)从贸易的角度解释国际资本流动,即"当前消费与未来消费之间的一种国际贸易"。从国际资本的流动形式看,它包括国际贷款、证券投资、直接投资、贸易融资、银行头寸调拨以及各类金融资产交易。大规模的国际资本流动可能对一国经济带来严重冲击,导致政策错位,国际资本市场失灵,从而激活投机攻击,加剧溢出效应。

1. 对贸易部门的冲击与实际汇率的错位

依据巴拉萨-萨缪尔森效应(Balassa-Samuelson Effect, 1964),发展中国家的国民经济部门可以划分为贸易部门和非贸易部门,由于贸易部门的生产力的增长往往高于非贸易部门的生产力,从而实际汇率的变动反映了两个部门生产力增长的相对差异,经济增长快的国家的实际汇率是上升的。在资本自由流动条件下,资本流入首先通过需求冲击带动非贸易品的价格上升,造成实际汇率升值和资源配置的转移,进而打击出口部门。

2. 宏观经济政策的冲击与政策自主性的丧失

在资本大量流入的情况下，为了抵消资本流入构成本币升值的压力，要保持名义汇率的稳定，中央银行只能被动地买入外汇，使得相当一部分流入资本转化成外汇储备，然而这也使中央银行对货币供给量的控制能力下降。

此时，若采取紧缩的财政政策(减少开支或增加税收，或者两者兼顾)，虽然可以降低总需求，抑制资本流入对通货膨胀的潜在影响，但紧缩财政政策常常是一个敏感的政治问题。同时，由于会使基础设施受到很大影响，代价很大，所以也需要一个相当长的时间过程，其滞后性增加了风险性，并不会对国际短期资本流动立即做出反应，这种政策的调整余地很有限。

除此以外，也可以采取紧缩的货币政策，通过紧缩国内信贷，影响国内利率来调节，包括公开市场业务活动、存款准备金、管理公共部门存款等。但这种干预是把双刃剑，尽管它降低了国内需求，但同时也提高了货币市场的利率，反而进一步鼓励了短期资本的流入，最终的结果是外汇储备的增加。由于这种流动性储备的收益率远低于外资的引进成本，持有巨额的外汇储备实际上是背上了沉重的包袱。与此同时，由于许多新兴市场国家货币主要钉住美元，各国利率水平也应保持与美元利差的稳定，这就意味着它们丧失了独立利用利率来调节经济的能力。

3. 对一国银行体系安全的影响

资本的迅猛流入会使整个银行体系的流动性大大增加，如果这些资金不能有效投资，就会导致银行资产负债表的恶化。当国外资本以增加国内银行对外负债的形式流入一国时，会对银行体系产生直接的影响，其外币负债增加，并获得外币资产。国外负债的增加会导致银行资产负债表的扩张，产生信贷的扩张。对于通过非银行金融机构流入的资本，在进行本外币转换过程中，也使国内银行体系的存款和准备金得以暂时增加。

因此，资本的流入不论是何种形式，相应的银行存款和准备金的增加都可能使银行贷款增加。在银行体系健全并且监管得力的国家，资本流动不太可能给金融体系形成额外的风险，因为银行有能力在一定程度上预期资本流动对借款方还贷能力的影响程度。但是，对信贷机构管理和监控不善，对银行信贷分配不当和资产负债管理不佳，缺乏风险管理的国家，资本流入会加大银行体系风险，导致挤兑性风潮，酿成银行危机。

第三节　金融危机的净传导效应研究

本章前两节分别介绍了危机传导的季风效应和溢出效应，基于这两类效应的传导有一个共同特征，那就是都可以用传导源和被传导对象的宏观经济基础来解释传导的原因。现代金融危机期间，由于市场的关联程度异常显著，危机的传导性极强，表现出快速传导的特征，利用以上介绍的金融危机传导效应都不能得到很好的解释。于是，Masson(1998)提出了净传导效应。他认为，只有净传导效应才是真正意义上的传导，它同人们的预期变化有关，并且这种预期与宏观经济基础的变化没有关联。由于一国发生危机后，由于投资者对其他类似国家的心理预期、信心和情绪的改变，结果产生了对这些国家的"自我实现"的投机攻击，产生了净传导效应。后来，学者们又将净传导效应分为经济净传导、政治净传导和文化净传导。① 经济净传导是指一国发生货币危机时，投机者往往对另一个(或几个)与其经济基础相似的国家发起冲击。政治净传导是指一国发生货币危机披露了与其环境相似国家的政府对待政治成本的态度的信息，改变了政府原来的政治和经济成本的平衡关系，增加了投机者的货币贬值预期，从而导致"自我实现"的金融危机。文化净传导是指即使一些国家在政治、经济上毫无关系，但由于它们具

---

① 李小牧：《论金融危机的传导性问题》，《投资研究》2001年第10期。

有共同或相似的文明和文化背景、相似的发展历史,被投机者视为具有相同气质的国家,若其中某个国家迫于压力放弃固定汇率,投资者就会预期其他气质相似的国家在遇到投机性冲击时,也会采取同样的策略,于是会对这些国家发动投机性冲击,促成金融危机向这些国家传导。

Masson(1998)建立了一个简单的两国模型,[①] 用以说明多重均衡的作用机制。在这个模型中,当外汇储备接近一定的危机水平时,贬值就会出现,因为如果需要保持的外债超过了一定的水平,那么对经常项目的冲击则足以引起危机。

一、危机发源国的模型

考虑两个新兴国家 A 和 B,假设危机发源国 A 已经积累了外债水平 D,支付浮动利息率,但为了方便,假定没有新的净资本流动。在达到引起危机的那一点时,政府通过改变储备的方式向所有经常项目赤字融资。不确定性的来源是对贸易平衡 T 的冲击,如果这一冲击大到足够引起外汇储备水平 R_t 降低到临界值 $\bar{R}$ 以下,则贬值发生。用字母来表示,S_t 是当期的即期汇率(直接标价法),S_{t+1}^d 是下一期贬值发生时的汇率(如果贬值没有发生,则 $S_{t+1} = S_t$),则事前预期的资产对数收益为:

$$E_t \ln[(1+r_t)/(S_{t+1}/S_t)] \cong r_t - \pi_t \ln(S_{t+1}^d/S_t) - (1-\pi_t)\ln 1$$
$$= r_t - \pi_t \ln(1+\delta) \cong r_t + \pi_t \delta \qquad (2.60)$$

其中,r_t 为不考虑汇率变动的资产收益,δ 为贬值率。

因此,风险中性投资者要求与无风险利率 r^* 相等的补偿额(假定为常数),加上贬值发生的概率 π_t 乘以预期贬值程度 δ。

储备的变动由以下方程式给出:

$$R_{t+1} - R_t = T_{t+1} - (r^* + \pi_t \delta)D \qquad (2.61)$$

如果 $R_{t+1} - \bar{R} < 0$,则在第 $t+1$ 期发生危机。因此,t 期形成,$t+1$

[①] Paul Masson. Contagion: macroeconomic models with multiple equilibrium. JIMF Aug, 1999.

期爆发危机的概率是：

$$\pi_t = \Pr[T_{t+1} - (r^* + \pi_t\delta)D + R_t - \bar{R} < 0] \tag{2.62}$$

设 $b_t \equiv T_t - r^*D + R_{t-1} - \bar{R}$，$\alpha \equiv \delta D$ 并且 $\phi_t \equiv E_t b_{t+1}$，那么，这个模型与 Jeanne(1997)的模型是等价的：

$$\pi_t = \Pr[T_{t+1} - r^*D + R_t - \bar{R} < \pi_t \delta D] = \Pr[b_{t+1} < \alpha\pi_t] \tag{2.63}$$

在那篇文章中，多重均衡的概率取决于 α 和 ϕ_t 的值。

假设变量 b_t 的真实值与预测值之差 $\varepsilon_t(= b_t - \phi_{t-1})$ 服从均值为 0、方差为 σ^2 的正态分布。将 π_t 用 b_t 的累计分布函数来表示，那么：

$$\pi_t = F_\alpha[\alpha\pi_t - \varphi_t] \tag{2.64}$$

其中，$F_\alpha[\cdot]$ 是方差为 σ^2 的累计正态分布函数。

以上公式定义了投资者期望的形成。Jeanne(1997)指出，由于(2.64)式左边和右边都取决于 π_t，所以其存在多重解。存在多重解的一个必要条件是：

$$z \equiv \frac{\alpha}{\sqrt{2\pi}\alpha} > 1 \tag{2.65}$$

这就要求累计分布函数的斜率((2.64)式的右边)在某些点比左边要陡。这个条件也就是关于外债和危机发生时货币贬值程度的条件。举个例子，假设时间周期为 1 年，π_t 指的是贬值或者在第 2 年发生违约的概率。如果贸易盈余冲击的标准差是 GDP 的 2%，并且预期贬值幅度为 25%，那么在外债存量超过 GDP 20% 的情况下，多重均衡是有可能性实现的。

然而，对于多重均衡，只具备比整体斜率大的条件还不够。对 φ_t 也有条件，即要求它在一定范围内，以便(2.64)式的 RHS 的累计分布函数在与从原点出发的 45 度直接相交的区域有一个比整体更大的斜度。如果基础非常好（φ_t 大），则累计分布函数移到右边，只有一个交集，给出一个低值 π_t。相反，不好的基础使累计分布函数移到左边，给出一个交集(高的 π_t)。多重均衡的范围由两个累计分布函数的接触条件和45度线定义。特别地，如果我们假设 $w \equiv \sqrt{2\log z}$，则接触条件可以为 φ_t 定义以下范围，在此范围内多重均衡有可能出现：

$$\alpha F_1(-w) + \sigma w < \varphi_t < \alpha F_1(w) - \sigma w \qquad (2.66)$$

二、危机传导模型

到目前为止，模型还没有解释选择哪个均衡。一种便于评价的方法是把均衡间的跳跃看作随机的，并具有一个简单的马尔科夫概率结构，它能保持在一个特定均衡或跳跃到另一个均衡的可能性。当危机发源国遇到"坏"均衡时，传导便发生，结果另一新兴市场国家也发生危机。Masson(1998)通过对贸易竞争性影响的分析，将季风效应和溢出效应加入其中，尤其是危机起源国 a 和另一新兴市场国家 b 之间的相互作用。

假设危机起源国贸易收支取决于实际汇率(RER)的对数，给出权数：b 国为 w，a 国为 x，世界上其他国家为 $u = (1-w-x)$，当地货币的美元价格表示为名义汇率 S_t^a、S_t^b、$\widetilde{S}_t$（假定世界上其他国家的汇率是固定的），则 S（和 RER）的增长是升值。假设 a 国和 b 国货币至少在期初钉住美元，再假定价格固定，则名义贬值使竞争力提高。贸易收支和实际汇率的等式如下：

$$T_t^a = \widetilde{T} - \beta \text{RER}_t^a + \varepsilon_t^a \qquad (2.67)$$

$$\text{RER}_t^a = S_t^a - wS_t^b - u\widetilde{S}_t \qquad (2.68)$$

b 国也存在类似等式。

现在，贬值概率的估计取决于 π_t^b 引起 b 国贬值的可能性。特别地，在前面提到的均衡等式中，$R_{t+1}^a < \widetilde{R}$ 的概率将不同程度地取决于是否 b 国被预期在下一时期贬值($\delta\%$)：

$$\pi_t^a = (1 - \pi_t^b)\text{Pr}[\widetilde{T} - \beta(S_t^a - wS_t^b - u\widetilde{S}_t) + \varepsilon_t^a - (r^* + \pi_t^a\delta)D^a + R_t^a - \widetilde{R} < 0]$$

$$+ \pi_t^b \Pr_t[\widetilde{T} - \beta(S_t^a - wS_t^b + w\delta - u\widetilde{S}_t) + \varepsilon_t^a - (r^* + \pi_t^a\delta)D^a + R_t^a - \widetilde{R} < 0]$$

(2.69)

模型阐述了危机同时发生的三个渠道。季风效应采取 r^* 或 S_t 变动的形式；溢出效应采取 b 国期初水平变动的形式；第三个渠道通过对 π_t^a 的自我实现的可能性来发生作用。传导的可能性也受 b 国的贬值预期影响。

如上面的讨论，多重均衡可能的范围（$\phi^{\min}$，$\phi^{\max}$），取决于与 45 度线的接触点。但不像前面的均衡等式，现在有一个它的线性配合和一条向右转动的曲线，曲线按照 $\beta w\delta$ 移动，即由于 b 国货币的可能贬值而造成的在竞争中的可能损失数量：

$$\pi_t^a = (1 - \pi_t^b) F_\sigma [\alpha^a \pi_t^a - \phi_t^a] + \pi_t^b F_\sigma [\alpha^a \pi_t^a - \phi_t^a + \beta w\delta]$$

(2.70)

其中：$\phi_t^a = \widetilde{T} - \beta(S_t^a - wS_t^b - u\widetilde{S}_t) - r^* D^a + R_t^a - \widetilde{R}$，$\alpha^a = \delta D^a$。

Masson 运用这一模型对几次主要金融危机的传导现象进行了研究。结论表明，金融危机国际传导的影响在墨西哥和亚洲金融危机时是存在的，危机到处渗透使脆弱的国家容易被攻击。在模型的部分实证中，被危机严重影响的国家通常以被这种模型确认的形式出现，巴西、智利和哥伦比亚就是这样；相反，当孤立地考虑时，韩国和马来西亚应该不受多重均衡的影响，这表明还有其他因素在起作用。

第三章 基于资产负债表的宏观金融风险传导研究

在前一章里,我们讨论了宏观金融风险传导的基本理论和方法,但这些方法在解释历次金融风险传导过程中总具有一定的局限性,不能完全解释一些国家风险变化的原因。正因为如此,越来越多的学者开始重视宏观金融风险传导的微观机理研究,特别是编制各经济部门的资产负债表来研究风险传导的路径和机制。本章运用金融工程和风险管理的主要思想,以国家、部门资产负债表为主要分析对象,建立了宏观金融风险传导的资产负债表分析框架。为之后的章节在这一框架上研究主权信用风险的传导奠定基础。在内容安排上,首先介绍基于资产负债表的宏观金融风险传导分析的基本思路;遵循这一思路,接着讨论宏观资产负债表的编制问题;然后重点探讨基于宏观资产负债表的金融风险国际传导和国内传导机制问题;作为这种分析方法的延伸,本章最后还探讨了基于或有权益资产负债表、宏观资产负债矩阵表的风险传导分析以及风险传导的度量问题。

第一节 研究思路

基于资产负债表的宏观金融风险传导分析的基本思路如图 3.1 所示,这个思路可以分为三个层次。

第一节 研究思路

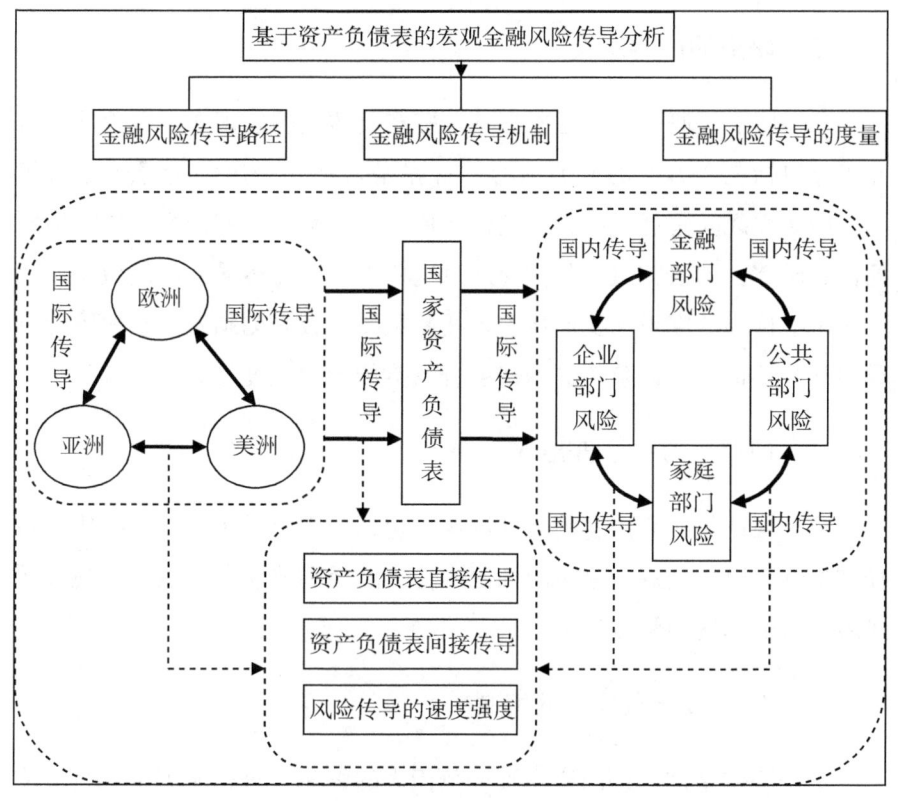

图 3.1 基于资产负债表的宏观金融风险传导分析的基本思路图

一、研究的思想层次

第一层次是思想层次，即从金融工程的视角来研究宏观金融风险的传导问题。金融工程视角的主要特点是结构化的分析。这主要体现在把研究的重点放在经济主体的资产负债表上。具体来说，包括不同国家、不同经济部门（通常划分为公共部门、金融部门、企业部门、家庭部门）的资产负债表，通过编制这些经济部门的资产负债表，可以掌握其拥有的各类经济资源分布及资金来源情况，再从这些资产负债表之间的关联（主要指经济主体之间的资产负债关联，即某一主体的资产对应另

61

一主体的负债)入手考察风险的传递问题。

二、研究的内容层次

第二层次是研究内容层次,基于资产负债表的宏观金融风险传导研究主要包括三个方面的研究内容:首先是宏观金融风险传导的路径研究,即研究风险是通过何种渠道进行传导的;然后是宏观金融风险传导的机制研究,即研究风险是如何通过这些渠道进行传导的;最后是宏观金融风险传导的度量,我们将引入一些重要参数来刻画宏观金融风险传导的某些特征,如风险传导的速度、风险传导的强度等。

三、研究内容的展开层次

第三层次是研究内容的展开层次,包括宏观金融风险的国际传导路径和机制研究、宏观金融风险的国内传导路径和机制研究以及宏观金融风险传导的速度与强度研究。

(一)宏观资产负债表的编制

对经济体整体和部门宏观资产负债表的编制是进行宏观金融风险传导研究的基础。这一部分首先界定宏观资产负债表的概念,然后确定宏观资产负债表的部门划分依据并进行部门划分。

(二)宏观金融风险的国际传导路径和机制研究

宏观金融风险的国际传导路径和机制研究主要是分析外部风险是通过何种渠道如何传导到特定经济体的。首先研究外部风险冲击对经济体整体的影响,通过构造经济体整体的资产负债表,分析外部冲击对该表中特定项目的影响。其次研究外部风险冲击对经济体部门(或行业)的影响,通过构造部门资产负债表,分析外部冲击对该表中特定项目的影响。

(三)宏观金融风险的国内传导路径与机制研究

宏观金融风险的国内传导路径与机制研究主要是分析宏观金融风险是如何在国内四大部门(金融部门、公共部门、企业部门和家庭部门)之间进行传导的。在传导路径的研究方面,我们借助国内四大部门资产负债表之间的关联性来刻画风险的传导;传导机制的研究与国际传导大致相同。

(四)宏观金融风险传导的速度与强度研究

宏观金融风险传导的速度与强度研究是宏观金融风险传导定量研究的集中体现。无论是风险的国际传导还是风险的国内传导,我们都将对风险传导的速度和强度进行度量。风险传导速度的定量分析主要通过考察风险传导源和被传导对象资产负债表指标与或有权益资产负债表指标的相关性与滞后性来取得;风险传导强度的定量分析主要通过比较稳态资产负债表指标与危机态资产负债表指标来获得。

第二节 资产负债表的编制

对资产负债表进行编制是进行宏观金融风险传导的基础,本节主要论述宏观资产负债表的编制原理及方法。国家资产负债表也称"国家账本",表列整个国家的总资产、总负债和所有者权益。2013年,党的十八届三中全会提出"编制全国和地方资产负债表",之后的几年做了大量的准备工作,形成了工作方案,2017年6月26日,中央全面深化改革领导小组第三十六次会议审议通过了《全国和地方资产负债表编制工作方案》,标志着在官方层面将加快推进全国和地方资产负债表编制工作。2018年7月19日,第四次全国经济普查电视电话会议明确了要摸清最新"家底",这也意味着全国及地方资产负债表的编制已经正式开始。

一、国家资产负债表的编制

(一)国家资产负债表概念的界定

资产负债表是一个标准的会计学概念,它是记录企业在某一时点资产和权益存量价值的报表。根据《1993年国民账户体系》的界定,国家资产负债表是反映特定时点(通常是一年年末)经济体系中某经济体的非金融资产、金融资产和权益(负债)等存量价值的报表(见表3.1)。宏观资产负债表中资产总额减去负债总额得到的是净值。经济体的净值通常被称为国民财富,它等于一国非金融资产和对国外部门的金融债权净额之和。

表3.1 经济体系资产负债表

总资产	总权益
非金融资产	金融负债
生产性资产(固定资产)	
非生产性资产	
金融资产	净值

(二)国家资产负债表的构成与影响因素

经济体当期资产负债表减去上一期资产负债表得到的是资产负债表的变化。这一变化是发生在这一会计周期内的以下四个因素变化的共同作用结果:

(1)总的资本形成和非生产性资产的变化。指由一国的生产活动和作为资本的商品和劳务的交易所形成的变化。

(2)金融资产的净获取。经济体与经济体以外的世界进行的金融交易。

(3)数量上的其他变动。新发现的或由于战争或自然灾害被破坏的自然、非生产性资源(如矿产等)。

(4)由于重新估值的其他变动。在资产持有过程中由于价格的变化而发生的损失或得益。

二、国家资产负债表的部门划分

据经济目标和性质不同,《1993年国民账户体系》将经济体系中的主体分为金融部门、政府部门、非金融企业部门、家庭部门和为家庭服务的非营利性部门五个主要部门。其中:非金融企业部门包括所有由私人股东或政府所有的从事商品生产和非金融服务的注册企业。金融部门包括所有由私人股东或政府所有的专门提供金融服务的注册企业。金融部门可以进一步划分为中央银行、存款性金融机构、其他金融中介(如投资银行、金融租赁企业等)、金融辅助机构(如证券经纪商、保险经纪商等)、保险公司和养老基金。家庭部门是由拥有共同的居住环境,通过劳动获得收入,集中消费特定形式的商品和服务(特别是住房和食品)形成的群体;为家庭服务的非营利性部门指为家庭部门提供商品和服务的非营利法律和社会实体,它们的地位不允许它们创造收入和利润。政府部门是指对其他部门拥有立法、司法和行政权力的法律实体,包括中央政府和地方政府。在金融部门中,中央银行和其他金融机构在经营目标和行为方式上存在不同。中央银行主要行使管理职能,包括货币政策制定和执行、对金融机构和市场进行监管等。而其他金融机构主要以盈利为主。由此在资产负债表方法中,将中央银行和其他金融机构进行划分,并将中央银行和财政部门进行合并,从而构成公共部门。由于为家庭部门服务的非营利性部门在整个经济体系中所占的比重很小,我们也暂不考虑这一部门。以下将四大部门资产负债表大致结构进行构造。

(一) 公共部门资产负债表

将中央银行和财政部门的资产负债表进行合并，可以构造公共部门的资产负债表，如表 3.2 所示。

表 3.2　　　　　　　　　　公共部门资产负债表

资产	权益
政府可营利的实物资产	外部债务
政府拥有的金融资产	内部债务
政府拥有的自然资源的价值	或有负债
对私营部门贷款的预期现值	基础货币
外汇储备	央行票据
对金融部门的贷款	净值

(二) 金融部门资产负债表

将金融机构的资产负债表合并可以构造金融部门的资产负债表（见表 3.3）。

表 3.3　　　　　　　　　　金融部门资产负债表

资产	权益
固定资产	存款
设备	
房地产	金融债券
金融资产	
贷款	其他内债
政府债券	
企业债券	外债

续表

资产	权益
股票	
其他资产	股权
金融担保	

(三) 企业部门资产负债表

将企业的资产负债表合并构造企业部门的资产负债表(见表3.4)。可以按照研究的需要编制相关行业和地区的资产负债表。

表 3.4　　　　　　　　　　企业部门资产负债表

资产	权益
固定资产	银行存款
设备	
厂房	债券
房地产	
流动资金	外币债务
存款和现金	
证券	其他债务
存货	
其他资产	股权

(四) 家庭部门资产负债表

家户部门的资产包括固定资产和流动资产,权益方面主要为贷款和净资产(见表3.5)。

表 3.5　　　　　　　　　　家庭部门资产负债表

资产	权益
固定资产	贷款
房地产	
流动资产	
存款和现金	
证券	
其他资产	净资产

第三节　基于资产负债表的宏观金融风险国际传导研究

基于资产负债表的宏观金融风险国际传导研究思路如图 3.2 所示，主要考察风险源经济体对受传导对象经济体总体及各部门的影响。在总体影响方面，编制受传导对象风险源的资产负债表，分析外部冲击对资产负债表中各项目的影响；在部门影响方面，编制各部门资产负债表，分析外部冲击对各部门资产负债表的冲击。在研究过程中，应该注意全球金融市场和其他经济体在风险传导机制中所发挥的作用。

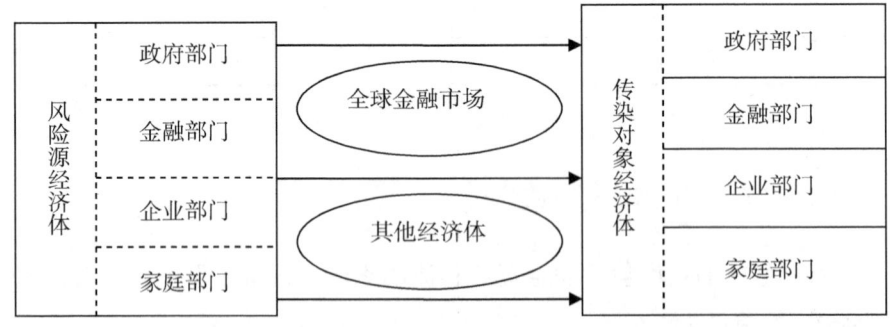

图 3.2　宏观资产负债表国际传导研究思路图

第三节 基于资产负债表的宏观金融风险国际传导研究

一、国外风险源对整个经济体的冲击

经济体系资产负债表构造如表3.6所示。

表3.6　　　　　　　　　　　经济体系资产负债表

总资产	总权益
非金融资产	金融负债
生产性资产（固定资产）	
非生产性资产	
金融资产	净值

在表3.6中，作为资金运用的资产项包括两大类：非金融资产和金融资产；作为资金来源的权益项包括金融负债和净值。整个经济体实际上是通过内部（净值）和外部（外债）为实体经济领域的生产活动和金融领域的投资活动进行融资。外部冲击对其的影响渠道主要有两大类：一类是通过实体经济领域中的生产贸易活动；另一类是通过金融领域的投资和借贷等活动。

（一）通过实体经济领域传导

实体经济领域的传导主要是指风险源经济体的金融风险恶化了受传导对象经济体的国际收支状况，进而影响到受传导经济体的外汇储备（主要金融资产），恶化了受传导经济体的资产负债表。直接的实体传导机制包括竞争力效应、收入效应和廉价进口效应；[①] 间接的实体传导机制主要是指竞争性贬值效应。

1. 竞争力效应

---

① 参见张志波：《金融危机传导与国家经济安全》，上海社会科学院出版社2007年版，第112-115页。

假设 A 国发生金融风险，主要表现为经济衰退、货币贬值，那么 A 国出口商品的竞争力就会增强，对贸易伙伴国 B 国的出口增加、进口减少，导致 B 国的贸易赤字增加，外汇储备减少。进一步地，如果投资者增强对 B 国货币贬值的预期而对 B 国货币发起投机性攻击，那么，B 国为了保证其汇率稳定势必动用更大规模的外汇储备，这将会导致 B 国外汇储备的进一步下降。B 国外汇储备的下降恶化了 B 国的资产负债表。

2. 收入效应

A 国货币贬值后，商品价格下跌，这一方面会导致与之有密切联系的 B 国的物价水平下降；另一方面，A 国商品价格下跌使其产品竞争力增强，通过 B 国商品的替代使 B 国的真实收入下降。物价水平和真实收入的下降导致了 B 国居民货币需求下降。在固定汇率制度的安排下，多余的 B 国货币供给会通过政府的外汇窗口转化为 B 国外汇储备，于是 B 国的外汇储备下降，从而恶化 B 国的资产负债表。这种效应的传导强度取决于 A、B 两国商品之间的替代程度和 A 国商品在 B 国消费篮子中所占的比重，两国商品的替代程度越大，A 国商品在 B 国消费篮子中所占比重越大，B 国外汇储备将会下降得越快。

3. 廉价进口效应

一方面，A 国货币贬值，导致其价格相对于 B 国的价格水平下降，引起 B 国的消费价格指数下降，因此 B 国居民对本国货币的需求减少，这导致 B 国中央银行外汇储备减少，恶化了 B 国的资产负债表；另一方面，当 A 国出口价格相对较低时，可以使 B 国在较便宜的价格上获得进口，这使 B 国居民在一定名义收入水平上进行更高的消费，这将提高 B 国居民对 B 国货币的需求。因此，基于廉价进口效应的作用机制是双重的，究竟是哪种机制起主导作用要视具体情况来判断。

4. 竞争性贬值效应

与前三类效应不同，竞争性贬值效应是一种间接的资产负债表传导机制。假设 A、B 两国同时在 C 国商品市场上具有竞争力，A 国货币贬值,导致 A 国出口到 C 国的商品的价格相比 B 国来说更具有竞争力,此时 A 国的出口增加,贸易顺差增加,B 国的出口减少,贸易逆差增加,B 国为了保持原来的竞争力,也将其货币进行贬值,于是竞争性贬值就产生了。

以上四种通过实体经济领域传导的机制可以概括如图 3.3 所示:

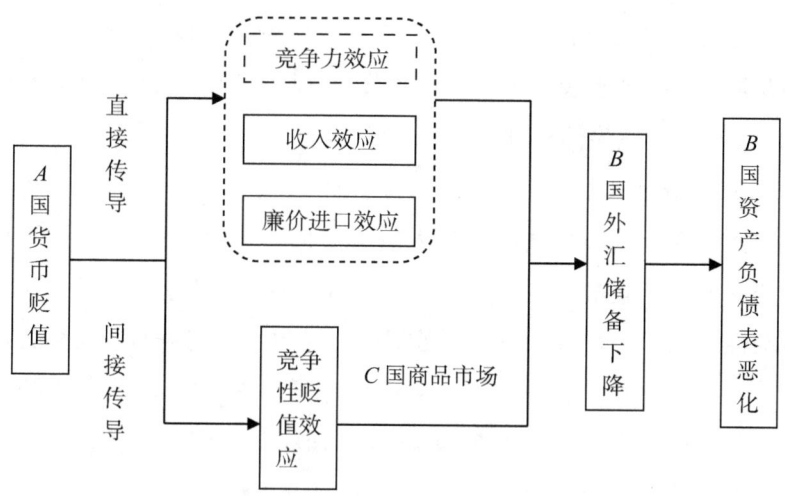

图 3.3　实体经济传导路径图

(二)通过金融领域传导

外部冲击通过金融领域对经济体系的影响主要是对经济体资产负债表中金融资产和金融负债的影响,[①] 进而引发经济体的破产危机。[②] 影响机制包括共同贷款人效应、间接贷款人效应、投资分散化效应和内生

---

① 根据国民账户体系(SNA)的界定,经济体的金融资产包括货币性黄金和特别提款权、货币和存款、证券(除股票)、贷款、股票和其他权益;金融权益包括外币存款、非权益类证券、贷款、股票和其他权益。
② 国家破产只是借用"破产"这个词,和企业破产清算是完全不同的概念,只是描述国家所欠的外债远远超过国内生产总值的概念,但这些国家仍可以寻求国际金融组织的援助来克服当前的困境。

流动性效应等。①

1. 共同贷款人效应

A 国发生宏观金融风险，其无力偿还贷款的本金或利息，导致贷款给 A 国的金融机构 K 在 A 国的利益受损。该金融机构为了达到其资本充足率和保证金的要求，或者为了调整资产负债的需要，大幅度收缩在与 A 国经济结构相似的 B 国的贷款，拒绝展期或延长任何已到期限的贷款。此时，如果 B 国缺乏足够的流动金融资产，就很难应付这样的偿还要求，B 国出现较大风险。作为共同贷款人的这家金融机构 K 就将 A 国的宏观金融风险传导到了 B 国。

2. 间接贷款人效应

间接贷款人效应与共同贷款人效应类似。即使 A 国与 B 国不存在共同贷款人，当金融机构 K 由于 A 国发生危机而利益受损时，为了提高流动性，从另一家金融机构 L 处提款，导致 L 的财务状况恶化，金融机构 L 被迫收缩在 B 国的信贷(尽管此时 L 在 B 国的贷款质量较高)。结果，A 国的宏观金融风险通过两家金融机构传导到了 B 国。

3. 投资分散化效应

这一类效应是基于托宾(J. Tobin)和马柯维茨(H. Markowitz)的资产选择理论，资产的预期收益和风险将决定投资者持有资产的效用。当 A 国出现较大金融风险后，其金融市场收益率大幅下降，在 A 国拥有资产的投资者的最优策略是调整自己的投资组合，可能与 A 国资产属于同一板块内的 B 国金融市场的资金供给量将大幅下降，使得 B 国金融市场价格动荡，B 国产生较大金融风险。

4. 内生流动性效应

当 A 国货币大幅度贬值，资产价格积聚下降时，投资者纷纷提取本币资产，将其兑换成外币，那些在 A 国银行体系拥有大量资产的国

---

① 参见张志波，《金融危机传导与国家经济安全》，上海社会科学院出版社 2007 年版，第 130-134 页。

际投资者就会面临流动性困难,它们只能从其他国家金融市场上提取流动性以维持自己的正常运营,[①] 但这种提款比较集中时,A 国的金融风险就会迅速地传导到其他国家。

从被传导对象的资产负债表上来看,通过金融渠道的传导主要体现在以下几个方面:

第一,金融资产的净获取或金融负债的净发生(数量变化)。金融资产方面包括货币性黄金和特别提款权数量上的变化、货币与存款数量的变化、证券持有量的变化、贷款的变化、对外股票投资和直接投资数量的变化等;金融负债方面包括外币存款的变化、证券持有量的变化、贷款总量的变化以及外国对内股票投资和外国直接投资数量的变化等。

第二,金融资产和金融负债价值的变化(价格变化)。主要指由于金融市场价格变化和金融主体信用状况恶化造成的金融资产和金融负债价值的变化。包括外汇市场上汇率变化导致的以本币计价的外汇资产价值的变化,债券市场价格变化导致的持有债券价值的变化(资产负债表的盯市效应),由国外借款人违约造成的贷款损失,国外股票价格变化造成的股票投资价值的变化等。

第三,对受传导对象资产负债表的间接影响。还有一些外部因素虽然与金融资产(负债)的数量和价值没有直接的关系,但通过一定的渠道也会对金融资产(负债)产生显著的影响。首先,实体领域传导会造成一国外汇储备的减少,这一点我们已经在前文进行了详细的论述。其次,由于全球流动性紧缩,投资者不得不从某经济体(可能尚未受到影响)强行变现部分资产来补充流动性以确保支付能力,被提款经济体的违约概率因此而加大。

金融领域传导机制如图 3.4 所示。

[①] 投资者从 A 国直接获取流动性比较困难,于是他们更倾向于从别的还没有受到金融危机冲击的金融市场上获得。

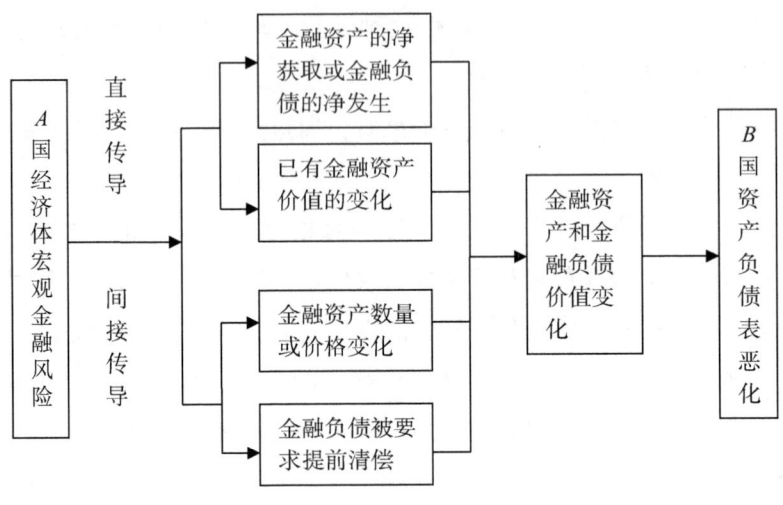

图 3.4　金融领域传导路径图

二、国外风险源对经济体部门的冲击

分析风险源对经济体整体的影响只是从总体上研究风险传导，风险传导的研究还应该从结构的角度去进行，即研究对经济体部门资产负债表的影响。[①]

(一)对公共部门的传导

公共部门资产负债表中与国外相关联的主要项目是国际储备和外部债务。国际储备是指一个经济体公共部门(货币当局)能随时用来干预外汇市场、支付国际收支差额的资产，主要包括黄金储备、外汇储备、储备头寸和特别提款权。一般来讲，外汇储备在其中占有绝大多数比例，因此外汇储备的价值将在很大程度上决定公共部门资产负债表的健

[①] 由于家庭部门相对较为封闭，故本章只讨论公共部门、金融部门和企业部门的风险传导。

康程度。除了外汇储备的主动调整以外,影响外汇储备价值的因素还包括国际收支状况、汇率变动以及外汇储备资产本身的价值,前两者的影响是间接的,而后者的影响是直接的。当一国发生国际收支困难时,政府会通过使用外汇储备来清算国际收支差额,维持对外支付能力,外汇储备的数量在这一过程中会发生消耗;当一国货币汇率由于投机等因素的冲击在外汇市场上剧烈动荡时,政府可以通过动用外汇储备来缓和这种波动。通过出售储备购入本币,可使本国汇率上升;反之,通过购入储备抛出本币,可以增加市场上本币的供应,从而使本国货币汇率下降;当公共部门使用外汇储备进行权益类或证券类资产投资时,投资的价值还受这些证券价格本身的影响,影响这些证券价格的因素则包括投资所在国的经济基本面状况、投资行业状况、利率、汇率等。

外部债务是指一国公共部门对境外国际金融机构、外国政府及金融机构、企业或其他机构用国外货币承担的具有契约性偿还义务的全部债务。国外宏观金融风险通过外债渠道的传导主要体现在外债的风险上。一方面,外债风险体现为利率风险和汇率风险,利率的变动对于债务价值本身造成影响,而汇率风险则表现为一定规模的债务在折算成本国货币时在数量上发生的变化;另一方面,外债规模的相对大小也是一个十分重要的因素,外债规模(特别是短期外债规模)过大,势必影响公共部门的偿债能力,严重时还会引发债务危机。

外部冲击对公共部门的风险传导如图 3.5 所示。

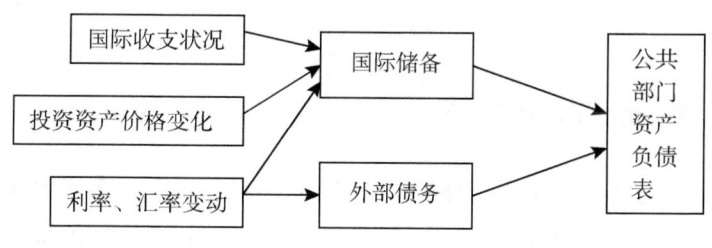

图 3.5 外部冲击对于公共部门的风险传导

(二)对金融部门的传导

金融部门资产负债表中与国外相关联的主要项目是外债和部分投资资产(贷款、债券、股票等)。通过外债渠道对金融部门的传导原理与对公共部门的传导类似。在投资资产价格传导方面,由于金融部门所持有的国外金融资产种类较多(通常包括贷款、债券、股票等),所以能影响这些资产价值的因素均会对其价值产生影响。贷款方面,主要是借款方的违约风险的影响;债券方面,主要是利率、汇率、所支持的经济实体状况的影响;股票方面,主要是股票发行企业的经营状况和宏观经济形势等。

外部冲击对金融部门的风险传导如图3.6所示。

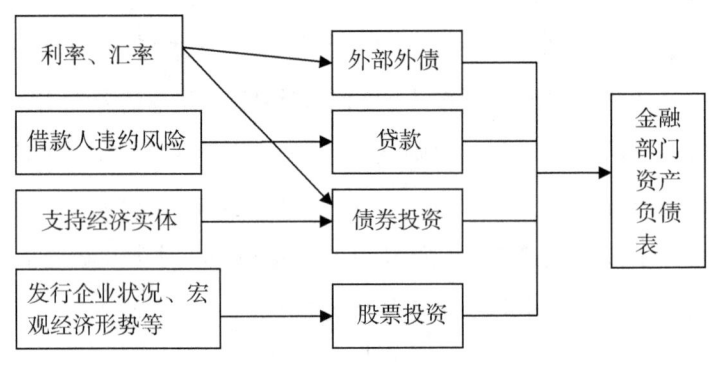

图3.6 外部冲击对于金融部门的风险传导

(三)对企业部门的传导

外部冲击对企业部门的传导可以通过资产负债表的直接效应和间接效应体现出来。资产负债表的直接效应主要是企业部门资产负债表中与国外具有直接关联的项目,如外部债务、对外证券投资等,而影响这些项目的主要因素与金融部门的相关分析类似,在这里就不再重复论述了。资产负债表的间接效应则是通过银行借贷和企业生产活动来实现的,又可以分为两种情况,其一是企业与企业之间在产品生产和销售过程中所形成的传导链条,其二是在企业与银行所形成的借贷关系中企业抵押品价值的变化所形成的传导链条。

1. 基于订单生产的传导链条

考虑一个链式信用关系上的三个企业:A、B、C。假设买者A以这种贷款方式向B进行购买(B为A进行订单生产,A事先支付定金,待B生产完成后支付余下部分),同时B向C进行同样形式的商品购买。假定主体是受信贷约束的,B希望使用从A收取的资金加上自己的流动储蓄向C进行支付。当B生产完成时,如果A无法向B支付余下的部分,那么B就无法从A处完全收回生产所需的资金,由于B也向C进行同样形式的商品购买,B将从A处收到的资金向C进行支付的计划就无法完成,C无法收到B的资金同样也无法进行下一步的生产……这样,由于A的违约,导致了这条信用链上的所有企业均出现了违约,并且生产停滞,这便是基于订单生产的传导原理。

2. 基于抵押贷款品价值变化的传导链条

根据 Kiyotaki 和 Moore(2002)的观点,当企业以固定资产作为抵押向银行借款时,它们的借款能力取决于抵押品的价值(抵押品数量乘以价格)。因此,存在一个杠杆效应:企业净值(总资产减去总负债后的价值)对作为抵押品的资产价格变化非常敏感。更重要的是,在一个经济体中,如果很多企业以相同(或相似)的资产作为抵押,那么抵押品资产价格的变化对于净值的影响将会使特定行业的冲击转化为跨行业的冲击,即使是在企业之间没有直接生产联系的时候。

外部冲击对企业部门的风险传导如图 3.7 所示。

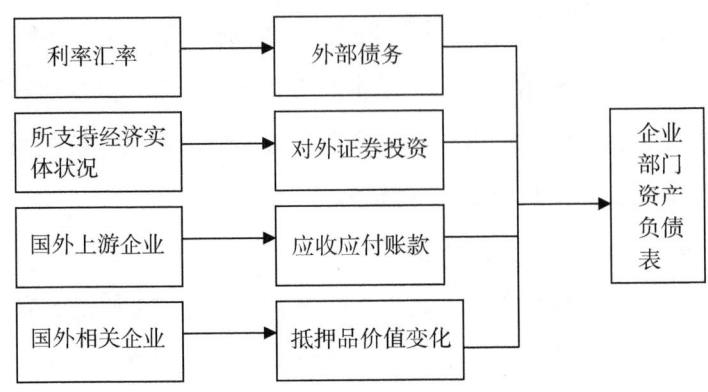

图 3.7 外部冲击对于企业部门的风险传导

第四节 基于宏观资产负债表的金融风险国内传导研究

基于宏观资产负债表的金融风险国内传导主要是在编制经济体四大部门资产负债表的基础上，通过剖析部门之间形成的债权债务关系来研究经济体内部四大部门之间的风险传递。首先，我们就账面资产负债表反映的部门间风险传递进行研究。然后，我们就或有权益资产负债表反映的部门间风险传递进行研究，或有权益资产负债表是通过将资产负债表中有关项目的价值进行盯市处理后得到的，是考虑了市场因素的资产负债表，这样更能够及时准确地反映风险传递的真实状况。

一、账面资产负债表反映的部门间风险传递

在一国经济体所划分出的四大部门中，金融部门是社会信用关系枢纽：公共部门发行的大量内债通常被金融部门所持有，这构成了公共部门对金融部门的负债；企业部门在生产经营活动中，贷款是主要资金来源，这构成了企业部门对金融部门的负债；家庭部门的提前消费行为也

会构成对金融部门的负债。因此，其他三个部门的风险都可以通过负债项和金融部门资产项的对应关系传递到金融部门，即当三个部门无法按时偿还对金融部门的负债而发生违约时，风险将全部转移到金融部门。由于公共部门对金融系统有隐性担保，金融部门风险最终会通过担保机制传递到公共部门。整个风险传导过程如图3.8所示。

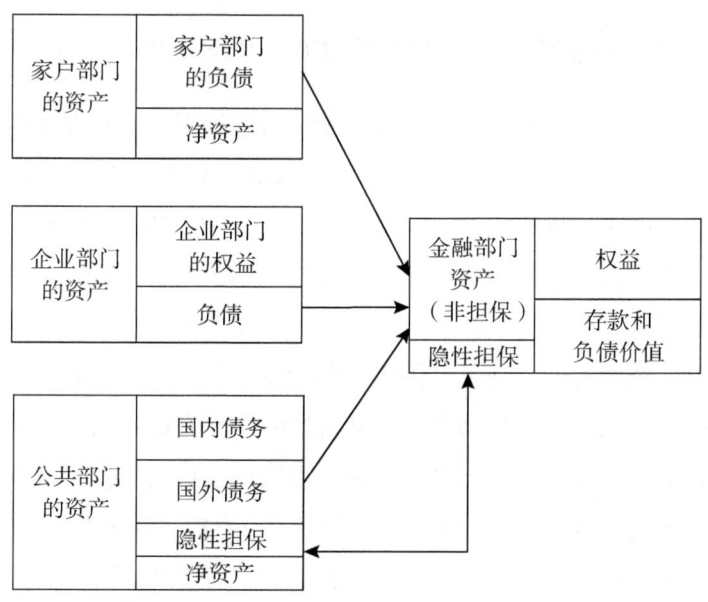

图3.8 资产负债表反映的部门间风险传递关系

资产负债表反映的部门间风险传递关系可以为认识金融机构不良资产的来源和政府化解金融部门的风险行为提供视角。企业部门的资金来源主要依赖于银行信贷，当经营出现问题时企业违约，造成商业银行不良资产增加，将企业部门风险转移为金融部门风险。由于公共部门和金融部门之间存在隐性担保的关系，政府采取组建资产管理公司和再贷款以及注资等方式来化解和控制金融部门风险，实质上是将金融部门风险转化为公共部门风险。

二、或有权益资产负债表反映的部门间风险传递

基于账面资产负债表的风险传递分析从一个侧面揭示了风险传递的特征，但这样的分析仅仅是基于历史信息的静态分析，或有权益资产负债表分析方法的引入将市场信息和风险信息融入资产负债表中，基于此的分析更能够反映风险传递的实时性和动态性。

(一)或有权益资产负债表分析的理论基础和基本思路

或有权益分析的本质是分析在连续时间条件下，或有权益的价值是如何受标的变量价值影响的。Black 和 Scholes(1973)提出的期权定价思想从理论上解决了或有权益的定价问题，Merton(1974)将该思想应用到企业风险权益的定价中，这两篇文献共同构成了或有权益资产负债表分析的理论基础。

以单个企业为例，为了将传统的会计资产负债表转化为能够反映市场信息的或有权益资产负债表，必须将风险因素考虑进去。资产负债表中资产方的价值常常具有不可观测性，无法通过市场观测直接获得资产的市场价值。而权益方(包括债权和股权)的市场价值相对来说比较容易获得(假设该企业为上市企业)，因此，可以先确定权益方的市场价值，然后建立权益(股权或债权)市场价值与资产市场价值之间的关系，从而最终得到资产的市场价值(见表3.7)。

表3.7　　　　　　　　　　**简单或有权益资产负债表**

总资产	总权益
资产的市场价值	权益的市场价值

(二)权益市场价值与资产市场价值之间的关系

1. 确定企业股权价值与资产价值的关系

Black 和 Scholes(1973)在期权定价公式的应用中指出，在给定条件下，企业的股权可以看成一个看涨期权。考虑一家企业通过发行普通股票和纯贴现债券筹集资金形成资产，债券的期限为 10 年，到期一次还本付息，不包含任何其他特殊条款。假定该企业在 10 年后将其所有资产卖出用于偿还债务及利息，如果还有剩余，将其剩余资产以红利的方式向股东进行支付。在这些假定条件下，该企业的股东相当于拥有一个以该企业总资产为标的资产，以债券面值为执行价格，期限为 10 年的欧式看涨期权。事实上，债权人拥有企业的资产，他们给了股东买回资产的权利。该企业普通股在第 10 年年底的价值将等于企业总资产的价值减去债券面值的差(如果该差大于零，即剩余所偿权)或者等于零(如果该差小于零，即有限责任)。而符合此现金流特征的金融工具恰恰是欧式看涨期权。

2. 确定企业债权价值与资产价值的关系

Merton(1974)从本质上研究了企业风险债务的价值问题。他指出，企业债务的价值从根本上取决于三个因素：一是无风险债务(政府债券或高级别企业债券)所要求的回报率；二是债券所包含的限制条款(如到期日、息票率、是否能赎回等)；三是企业不能满足这些限制条款的概率(即违约概率)。前两个因素往往与特定企业无关，真正影响企业风险债券价值的是其违约概率的变化。

沿着这一思路，Merton(1974)运用 Black 和 Scholes(1973)的思想解决了企业风险债务定价的问题。假定企业有两类权益，一类是单一的、相同级别的债务，另一类是剩余要求权，即股权。债券所规定的条款与前一个例子相同。在这些假定条件下，企业风险债务的价值等于企业资产的市场价值减去企业股权的市场价值，由于企业股权的市场价值可以看作基于企业资产的看涨期权，因此，企业风险债务的价值可以看作基于企业资产的看跌期权。

或有权益分析框架将 Merton(1974)关于风险债务定价模型与 Merton(1977)年关于存款保险的定价模型进行了扩展。Gray、Merton 和 Bodie

(2006)认为,任何形式的债权(如贷款、债券等)都满足如下公式:

$$\text{风险债务的价值} + \text{违约担保} = \text{无风险债务的价值} \tag{3.1}$$

或者等价地有:

$$\text{风险债务的价值} = \text{无风险债务的价值} - \text{违约担保} \tag{3.2}$$

企业债务是对企业资产价值的要求权。企业总资产的市场价值等于权益的市场价值加上债务的市场价值,如果企业资产价值下降到到期债务账面价值以下,违约就发生了,因此,债务的账面价值相当于违约点。如果该债务被一种特定资产所担保,那么这个违约担保可以被视为一个以担保资产为标的资产,执行价格等于债务账面价值的看跌期权。由于债权人不得不承担债务违约后的损失,因此债权人实际提供了一个隐含的担保。在实际中更常见的是第三方担保,如政府对银行存款债务的担保。

企业权益价值与资产价值之间的关系如表 3.8 所示。

表 3.8　　　　　企业权益价值与资产价值之间的关系

总资产	总 权 益	
资产	所有者权益	(基于公司资产的看涨期权价值)
	负债	(债务的无违约价值−看跌期权的价值)

(三)部门或有权益资产负债表的编制

根据前面建立的权益市场价值与资产市场价值之间的关系,一个经济体的四部门或有权益资产负债表如表 3.9 至表 3.12 所示。

表 3.9　　　　　　企业部门或有权益资产负债表

资　产	权　益
企业资产	负债(无违约价值−隐含看跌期权)
	股东权益(企业部门资产的看涨期权)

表 3.10　　　　　金融部门或有权益资产负债表

资　产	权　益
贷款和其他资产	负债(无违约价值-看跌期权)
金融担保(隐含看跌期权)	股东权益(金融部门资产的隐含看涨期权)

表 3.11　　　　　公共部门或有权益资产负债表

资　产	权　益
国家外汇储备	金融担保(隐含看跌期权)
净财政资产及其他公共资产	外债(无违约价值-隐含看跌期权)
其他公共资产价值	内债及基础货币(公共部门资产的隐含看涨期权)

表 3.12　　　　　家庭部门或有权益资产负债表

资　产	权　益
家庭部门收入的现值	高级债务
其他资产	次级债务
	初级债务

(四)部门间的风险传导分析

以上构造的四部门分析框架可以用来理解风险传导问题,这也给我们提供了多个考察的视角。首先,风险在传导过程中是会被减弱还是会被放大将取决于部门的资产结构及其关联性;其次,我们能从资产波动性的角度考察风险传导的路径;最后,不同部门违约概率之间的相关性也是考察风险传导路径的重要依据。

路径一:企业部门→金融部门→公共部门

当企业部门面临财务困境(可能是由股票市场下跌引起的资产价值的下降、商品价格下降或者过多未保值的外债头寸所引起)时,企业资产价值将会下降,企业的债权和股权价值也将下降,这将导致金融部门资产价值的下降(因为金融部门持有大量企业部门的债权),为了保证金融部门权益市值的稳定,公共部门必将增加对金融部门的隐含担保,这造成公共部门负债水平的增加。

路径二:金融部门→公共部门

当金融部门面临较大系统性金融风险时(可能由于存款挤兑、资产价值的下降或者管理疏忽等),风险将会通过金融担保传递到公共部门。

路径三:金融部门↔公共部门

当公共部门面临金融困难或者违约风险时,风险也会传导到金融体系。当银行持有大量政府发行债券的比例时,对政府金融头寸的负面冲击将会对银行产生较大的影响,此时政府对银行的隐含担保价值也会上升,这更加恶化了政府的金融头寸。因此,这条传导路径是具有反馈效应的。

路径四:公共部门→公共部门债务持有者

财政、金融和其他问题所引发的公共部门的金融困难还会导致公共部门债务持有者的损失。

我们将以上归纳的风险传递路径概括如图 3.9 所示。

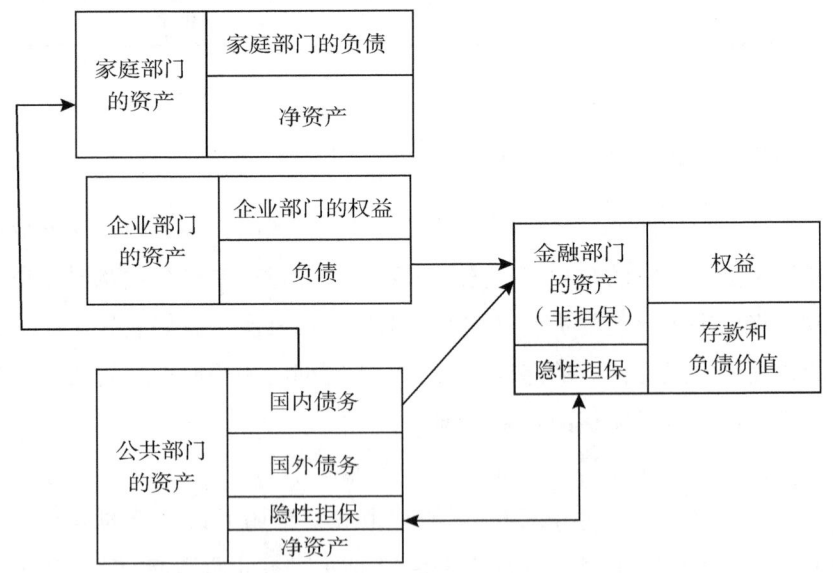

图 3.9　或有资产负债表反映的部门间风险传递关系

第五节 基于资产负债矩阵表的宏观金融风险传导研究

资产负债矩阵表分析是资产负债表分析方法的重要方面。资产负债矩阵表反映了经济体各部门以及经济体各部门与国外部门之间资产负债的对应关系。资产负债矩阵表不仅可以对经济中主要部门的资产和权益的来源进行分析,更重要的是可以对风险的传递过程进行研究。

如表 3.13 所示,横行表示不同部门作为权益的发行者(部门的权益),纵列表示的是不同部门作为权益发行后的持有者(部门的资产)。我们还可以根据需要对债务的期限、币种进行更细一步的划分。国外部门向本国居民发行的债务和权益通常用外币表示(在矩阵表里,这些代表的是本国居民所持有的外部资产,包括货币当局持有的外汇储备)。由于所有的数据都是合并了部门内数据后形成的,所以表中对角线中的各项为空(某一部门不会发行由该部门持有的权益)。总计栏计算某一特定部门作为债务人(债权人)向其他各部门发行或持有其他各部门权益的总和。

表 3.13　　　　　　　　资产负债矩阵表

债权人 债务人	公共部门	金融部门	企业部门	家庭部门	国外部门	总计
公共部门						
金融部门						
企业部门						
家庭部门						
国外部门						
总计						

运用资产负债矩阵表进行风险传导的分析可以从存量和流量两个方

面进行。存量的资产负债矩阵表是某一时点上各部门之间债权债务关系的静态反映，流量的资产负债矩阵表反映的则是在某一时间段内部门之间债权债务关系变化的状况。

运用资产负债矩阵表进行分析的优点是能够揭示在某一时点上部门之间的相互关联性，而且这种相互关联是建立在相对并不复杂的模型和信息获取基础之上的。然而，即使是在数据完全可获得的基础之上，运用矩阵表进行分析仍然存在许多障碍。这些障碍主要体现在以下两个方面：

第一，资产价值的估计。一些非金融固定资产的市场价值是很难估计的(例如：商誉)；另外，一些资产流动性很低，无法按照其账面价值进行估计。

第二，风险传导的度量问题。无论运用什么方法，其最终目的是要对风险传导进行度量。运用资产负债表的结构进行风险度量涉及许多问题，如面临危机时资产的可获得性问题，哪一项权益的风险性更高的问题，等等。

第六节 基于资产负债表的宏观金融风险传导度量

本章前面几个部分的重点是运用资产负债表方法分析宏观金融风险传导的路径和机制，属于定性为主的部分，这一部分是对宏观金融风险传导进行定量研究，具体来讲，就是对宏观金融风险传导的重要参数进行定量刻画。宏观金融风险传导度量包括三个方面的内容，首先是是否存在风险传导效应的检验；然后是风险传导速度的度量；最后是风险传导强度的度量。

一、风险传导的存在性检验

目前国内外关于风险传导的定量分析主要集中在对风险传导效应的检验上。检验的主要方法包括资产价格的相关性检验、条件概率检验、波动性溢出检验、协整检验等。基于资产负债表方法的风险传导检验的主要对象是资产负债表中相关资产和负债项指标以及在此基础上得到的风险指标,在检验方法上以相关性分析为主。

相关性分析的主要思想是检验传导源相关风险指标和被传导对象资产负债表指标之间的相关性。为了检验是否存在明显的风险传导,我们将对进行相关性分析的指标进行划段,分别测算出两个指标在平稳期和发生冲击后的相关系数并加以比较,如果发生冲击后的相关系数显著大于平稳期的相关系数,则说明两经济主体间的传递机制加强并发生了传导,而如果相关系数没有显著增加,那么受到的压力可能是由于某种共同原因的溢出效应造成的。

二、风险传导速度的度量

风险传导速度的度量是金融风险传导度量的一个全新问题,国内外还鲜有对这一问题的研究。风险传导速度通常是指风险从风险源传递到受传导对象所需要的时间,所需要的时间越短表明传导的速度越快,在风险防范的措施的制定上就更应该及时有效。风险传导速度会受各种因素影响,例如传导源与被传导对象在经济、地理、文化等方面的联系程度。在具体的度量方法上,在已经确认存在明显的风险传导的基础上,分析传导源相关风险指标与被传导对象滞后若干期风险指标之间的相关性,如果发现在滞后某期时的相关性达到最大,说明此时选取的滞后期数即为风险传导的速度。度量得到的传导速度可以进行横向比较,并依此来验证风险传导速度的影响因素。

三、风险传导强度的度量

风险传导强度是指被传导对象受到"感染"的程度,当宏观金融风险由一国向许多国家传递时,受感染国家所受到的影响程度是不一样的。因此,对传导强度的度量更加强调不同国家之间的比较。一般来讲,传导强度与风险源的距离成反比,即距离风险源越近,传导的强度就越大。但这一规律并不绝对,因为传导强度也与被传导对象的基础条件,包括宏观经济基础、金融体系的健康程度、金融市场的开放程度、金融监管的有效程度、汇率制度的灵活程度成反比。如果区域内被传导对象的宏观经济基础薄弱、金融体系很脆弱、金融市场开放程度高、金融监管效率低、汇率制度单一，则金融风险的传导强度大。反之，传导强度小。在传导强度的度量上，通常度量被传导对象资产负债表指标及在其基础上得到的风险指标的变化，变化越大表明受传导的程度越深。

第四章 欧美国家主权信用风险的成因、影响及发展趋势研究

本书前三章在总结已有文献研究的基础上，建立了基于宏观资产负债表的金融风险传导研究框架，这也是本书拟用于分析主权信用风险传导的分析框架。这个研究框架的一个显著特征是编制宏观经济主体（可以是国家、部门、区域、行业等）的宏观资产负债表，并通过建立这些资产负债表之间的联系分析金融风险在这些主体之间的传导。在运用这一框架研究主权信用风险传导之前，有必要对现实中主权信用风险问题的成因、影响及发展趋势等相关背景进行研究。本章在对欧美国家主权信用风险的相关研究文献进行梳理的基础上，对欧美国家主权信用风险的成因及对中国的影响进行了研究，为后续宏观资产负债表分析框架的引入奠定了基础。

第一节 欧美国家主权信用风险研究的背景和意义

2009年12月，全球三大评级公司下调希腊主权评级，引爆了希腊主权债务危机。随着事件发展，整个欧盟都受到债务危机困扰，欧元大幅下跌，欧洲股市暴挫，整个欧元区经历了成立以来最严峻的考验。美国方面，由于经济衰退和多年的赤字财政政策，美国的公共债务总额不断累积。2011年5月，美国债务触及法律规定的上限，在美债即将违约时，美国政府于8月就提高国债上限达成一致。表面上看，美国债务

第四章 欧美国家主权信用风险的成因、影响及发展趋势研究

危机随着突破债务规模和减少赤字规模协议框架的出台而化解,但立刻提高1亿美元的债务上限,使市场对美国经济增长的悲观预期更加强烈。作为世界经济龙头的美国和欧洲接连出现主权债务危机,使世界范围内出现对经济增长的悲观预期。对于与欧美贸易往来密切,同时又持有大量美国国债的中国,这场危机所带来的影响值得深入研究。

一、欧美国家主权信用风险的背景

(一)国家债务危机是金融危机的新阶段

2007年8月,美国"次贷"危机的爆发在发达国家金融市场中引发轩然大波。欧洲部分银行因持有美国金融市场上的资产支持证券而面临风险暴露,加之其在融资上过度依赖美国货币市场,欧洲央行不得不运用流动性操作手段作为援助(Acharya 和 Schnabl,2010)。2008年,雷曼兄弟公司破产标志着次贷危机深化,金融市场进一步动荡迫使多数国家普遍选择货币与财政双管齐下的刺激政策作为应对之策,这在短期内一定程度上抑制了世界经济下滑。但大肆举债加重了各国政府的债务负担,这对原本就因老龄化和高福利传统而债台高筑的欧洲国家而言无疑是雪上加霜。欧洲国家经济衰退,部分国家财政收入较GDP下降速率更快;多国银行面临不良贷款损失预期上升导致的经营困难;投资者风险偏好下降,开始对资产价格与增长预期进行重新调整;多方因素的综合作用诱发了欧洲国家主权债务危机(Philip,2012)。

希腊政权更迭后,上届政府隐瞒国家实际财政状况的行为被爆出,财政赤字占GDP比重与共同债务占GDP比重均达到欧盟《稳定与增长公约》所规定上限值的近两倍。2009年12月,全球三大评级公司惠誉、标普和穆迪相继下调希腊主权评级,希腊陷入主权债务危机,同时也标志着欧洲国家主权债务危机的开端。欧洲国家主权债务危机是金融危机的新阶段,已成为全球范围内影响最大的金融事件。

(二)欧洲主权债务危机是中长期问题

学界普遍认为,欧债危机爆发的重要原因之一是欧洲所面临的严重老龄化问题。仅单一考虑人口结构变化因素,为应对维持高水平福利制度而日益增加的社会保障支出,下一代所需支付的社保税将日趋沉重;如果同时考虑人口寿命变长的因素,福利成本将进一步提升。政府财政支出的增加意味着财政收入需要有相应提升,这直接导致税率的提高和新一轮债务借贷的展开。暂时没有可逆趋势的人口结构老龄化和难以逆转的高福利政策拖累了欧洲经济增速,也注定了欧洲主权债务危机是一个中长期问题。

欧洲国家的高负债率也是危机爆发的另一重要原因,2007年爆发的次贷危机又在一定程度上加重了欧洲国家的债务负担。欧盟统计局数据显示,"欧猪五国"①2000年至2007年的平均负债率约为70%,次贷危机爆发后债务率显著上升,并于2010年突破100%。与此同时,欧洲国家经济增速处于较低水平,次贷危机中部分国家甚至出现负增长,在主权债务危机爆发后的恢复速率也偏低。从出口贸易角度而言,常年存在的贸易逆差印证了欧洲国家出口不振的事实。最后,欧洲多国采用不利于刺激经济的紧缩型财政政策,这显然不是结束危机的正确选择。上述原因都是欧洲国家长期积累且由来已久的问题,多方因素致使欧洲主权债务危机将是一个中长期的问题。

(三)欧洲主权债务危机对中国的影响已显端倪

欧洲国家主权债务危机于金融危机复苏阶段爆发,这严重拖累了欧洲经济复苏的步伐。除了直接影响欧洲内部经济复苏进程外,其导致的

---

① 这是国际经济媒体对欧洲5个较弱经济体的贬称,经济不景气、出现债务危机的葡萄牙(Portugal)、意大利(Italy)、爱尔兰(Ireland)、希腊(Greece)、西班牙(Spain),这五个欧洲国家因其英文国名首字母组合"PIIGS"类似英文单词"pigs"(猪),故因此得名。

欧元区贸易需求下降对包括美国、中国、日本在内的欧盟贸易伙伴国的实体经济也造成了巨大冲击。在全球金融市场方面,欧债危机的影响最先体现在股票市场上,预期的不确定性导致了全球股市震荡,随后汇率市场出现动荡、欧元呈现持续走低态势,欧洲国家大多数银行流动性紧缺,随后国际金融体系受到冲击,全球资本流动格局在很大程度上被改变,显现出无序性。

欧洲主权债务危机对中国经济的影响也不容小觑。危机的恶化导致欧洲实体经济受到影响,消费者信心和实际消费能力双双下降直接导致对外需求减弱,通过实体经济途径影响中国对外贸易。随着欧洲主权债务危机日益深化,中国所购买的包括希腊政府债券在内的欧洲多国国债因欧元大幅贬值产生债务缩水。与此同时,巨额欧元外汇储备和所持欧元资产也面临相同风险,外汇储备管理难度加大。此外,人民币汇率"被走强"、国内金融市场因恐慌情绪的蔓延遭受冲击、货币政策走向需要调整,中国经济复苏的进程受阻。

二、欧美国家主权信用风险的研究意义

(一)理论意义

债务量的增加在经济增长初期带来的正向作用不容否认(Chenery,1966),外国资源的转移弥补了国内资源缺失的部分,有助于欠发达国家的经济实现稳定持续增长。但是,债务达到一定程度时,会出现反作用,Reinhart 和 Rogoff(2009)指出 90% 即为债务的临界点,认为债务率超过该临界值,经济增长率至少降低 1%,阻碍经济增长,甚至引发债务危机。欧洲主权债务危机的发展以及迅速蔓延,对世界与中国经济的影响都将是广泛和深远的,无论是企业部门、金融部门、家庭部门,还是政府部门和中国宏观经济,都面临着债务风险带来的全新挑战。国内外学者在研究欧洲主权债务危机对中国经济影响的问题上缺乏全面性和系统性,并且多以定性研究为主,实证研究该问题的更少,且多集中于

研究欧洲国家主权债务危机对中国出口贸易方面的影响。本章从实体经济途径和金融途径两种传导路径出发，深入分析了欧洲主权债务危机对中国宏观经济、人民币实际有效汇率、对外贸易以及银行业贷款总额所产生的影响，对于推动国家主权债务风险理论的完善有一定的理论意义。

(二)现实意义

研究欧洲主权债务危机对我国经济的影响，对我国短期应对策略的提出和长期战略的制定具有重要的现实指导意义。在全球经济联系日益紧密的今天，在国际金融危机与欧洲国家主权债务危机先后爆发的大环境之下，中国想在如此错综复杂的全球经济局势中谋求稳定与发展，必须居安思危、未雨绸缪。因此，中国需要加以警醒，从危机中吸取经验教训，借鉴发达国家和先进经济体的成功做法，防范产业空心化，扭转实体经济与虚拟经济的严重失衡。虽然目前而言中国金融体系开放程度较低，受到国际金融业的影响有限，但即便如此也并不能做到独善其身。因此，中国需要提升金融体系抵御内外冲击的能力，防范系统性金融风险。

研究欧洲主权债务危机对中国经济的影响，有利于我国就债务危机问题做出相应的短期应对策略，将危机对中国经济的影响减到最小。其次，要立足中国经济的长期发展，站在全球视角上制定可持续的长期发展战略。从政策利率机制改革、产业结构升级、财政收支结构调整、人民币国际化、完善市场机制等方面入手，考虑货币政策、财政政策、产业政策等相关政策的有效搭配。

第二节 文 献 综 述

目前，学术界对欧债危机爆发根源的看法主要有三种：一是政治体制上存在先天缺陷——"民主超载"，即参与选举的政党，无论是左派还是右派,都因为无法抵抗团体与选举的压力,在推行公共福利政策时表现出极强的过度供给冲动,以讨好选民。根据新右派理论家伯利坦(S. Brittan)的看法,这种无节制的民主的经济后果,就是政府举债所造成的高通货膨胀,以及拖垮企业或削弱其成长的赋税重担。二是欧元区的经济政策体系存在缺陷,即欧元区仅有统一的货币政策,而没有统一的财政政策,造成欧洲各国政府缺乏足够的财政赤字融资能力和危机应对能力。由于欧洲央行是唯一的货币发行者,且控制通货膨胀率是其唯一职责,因而欧洲货币实际是处在稀缺状态,这就意味着财政赤字货币化的机制无法运转(于冰、武岩,2011)。三是欧元区的实体经济存在缺陷,即欧洲的经济活力与国际竞争力在不断衰退,从而造成债务危机。随着欧洲老龄化程度加深,在高社会福利的制度约束下,欧洲企业税负、政府整体债务水平和财政赤字率一直居高不下。与新兴市场经济国家相比,其全要素劳动生产率的增长也已基本陷入停滞,而增税又在政治上不可行,因此发行国债成为中小国家债务融资的唯一手段,进而导致危机爆发(郑秉文,2011)。

对于美债危机的爆发,同样有三种看法:第一,美国的政治极化导致债务危机。民主和共和两党在是否提升债务上限的问题上持不同立场,是导致这次危机的直接原因。两党在政治理念上存在差异,导致在债务危机的处理上难以达成一致。第二,美国垄断资本主义的经济增长模式是导致美债危机发生的直接原因。在2008年金融危机过后美国采取的量化宽松的非常规货币政策导致了美国国债的超量发行,引发美债危机,且让全球共同为美国债务危机埋单;美国工业化以及举债消费的经济增长模式的脆弱和不可持续性导致了美债危机的爆发;美债危机是国家垄断资本主义向国际金融垄断资本主义过渡中断后,再次深入渗透美国经济体系、发挥重大经济调节作用的必然结果(戴金平、邓郁凡,2012)。第三,美国债务的供需关系不平衡,美国财政支出需求很大,但债务的购买方在缩水。美国社会福利、医疗保险、公共部门雇员薪水和福利、常年海外驻军的军费等支出使得美国国债总量迅猛增长;而与此同时，美国国债四大重要买家——政府社保账户历年盈余、外国政府在贸易顺差中得到的美元储备、美联储和金融市场主体在资产组合中所需的国债配置都在缩水，美国国债需求量下降(王艳，2011)。

尽管这些观点从不同角度解释了当前欧美债务危机爆发的原因，但这些观点并不能从根本上完全解释欧美债务危机爆发的原因。理论界普遍认为本轮债务危机是发源于私营部门的金融交易和金融创新的危机，而这场危机的影响是私营部门所无法承受的，因此必须由政府力量大举介入来克服危机，代表性的研究有 Blanchard(2009)、Klein(2008)和 Roubini(2009)等。Shleifer(2008)、周小川(2009)等对此次危机的本质进行了研究，他们的观点是，由于国家信用的不断扩张，信用风险在不断积累，资产泡沫积累到一定程度必然会破裂，而次级债风险的爆发，则是美国债务危机爆发的导火索。随着危机的深化，国家信用风险在危机中的核心地位已经得到了大部分学者的认同，GFSR(全球金融稳定报告)(IMF，2011a)等国际机构的研究报告，将债务问题上升至国家信用风险层面。

对于欧债危机的发展，学术界目前主流的观点比较乐观，认为欧债危机的确可能给世界经济带来一定困难，但将不会恶化，且对中国的冲击并不大。欧洲将借此机会建立财政和政治联盟，使欧元区涅槃重生。

同时从 GFSR(全球金融稳定报告)(IMF，2012a)对欧债危机的现状以及全球金融稳定性分析来看，报告认为虽然各方为遏制欧元区的债务危机和银行业问题采取了各项政策举措，但稳定面临的风险仍有增无减。如果欧元区危机进一步激化，将给美国和其他先进经济体造成溢出影响。从该报告来看，欧债危机发展趋势的决定因素是欧洲决策者的政策举措能否提振市场信心，但随着希腊债务重组计划的顺利实施，欧债危机好转的可能性加大。

对于美债危机的发展，目前有两种截然不同的看法。第一种看法认为美债无论问题多严重都不会发生美元的崩盘，历史上的美债问题都有惊无险，本次也不会例外，同样会强化美元的霸权地位(谭雅玲，

2011)。第二种观点认为,美国经济基本面状况不佳,导致美国中长期一定会出问题(余永定,2011),美国人"举债消费"和"债多不愁"的生活方式,以及用美国的地位绑架债权人利益的想法,导致美国信用总有垮台的一天(相蓝欣,2011)。

对于欧美债务危机对中国的影响,学术界的观点基本一致,主要有以下三点:第一,中国持有的巨额外汇储备购买力下降。第二,增加了中国输入型通胀压力。第三,增加了出口欧美的难度,抑制了中国实体经济的增长。相应地,中国应该加快转变经济增长模式,切实推行外汇储备投资的多元化,推进汇率制度和外汇管理体系改革,推进汇率制度和外汇管理体系改革。

第三节　欧美国家主权信用风险恶化的成因

一、欧洲国家主权信用风险的成因

(一)历史原因

1. 财政货币政策二元性的制度缺陷

作为经济一体化的货币联盟,欧元区由欧洲央行负责制定统一的货币政策。但货币政策需要同财政政策相互协调与配合才能有效调控经济运行,欧元区统一的货币政策与离散的财政政策这一制度缺陷使其在危机应对上处于被动地位。欧元区实行的统一货币政策在一定程度上可以看作德国货币政策的延续,这对于欧元区内经济发展水平处于第二梯队的国家而言并不适用。如希腊、西班牙等,加入欧元区实行统一货币政策后,利率较之前本国利率水平下降了很多,这为国际热钱流入提供了机会。欧元区各成员国因经济发展水平和经济结构上存在的巨大差异导致其面临不尽相同的财政状况,而此时丧失了自主货币政策的成员国只能依靠单一的财政政策进行调控,欧元区债务危机的爆发在所难免。欧元区成员国自主汇率调控能力受制于统一的货币政策，这使得其无法通过货币贬值达到促进出口缩小贸易赤字的目的。希腊此次也正因为无法通过货币贬值化解经常项目失衡的危机，而间接导致外债规模进一步扩大。欧元区成员国遵守统一货币政策的约束，加大了其通过财政政策刺激经济增长的压力。长期依赖赤字政策带动经济复苏必然导致本国乃至整个欧元区出现通胀，从而导致欧元长期内面临贬值风险。

2. 高福利制度加大政府财税压力

欧盟人口占全球总人口的9%，GDP占世界总额的1/4，而用于福利的开支却占到世界总福利开支的1/2，这组数字直观地体现了欧洲的高福利政策。在高福利政策的保障下，欧洲人养成了高消费、重享乐的生活方式，这种恶性循环给政府福利支出带来了巨大压力。与此同时，包括希腊在内的部分国家因征税制度不完善而导致的严重偷逃税现象进一步恶化了其财政状况。欧洲高福利制度与其经济发展水平不匹配。以希腊养老保险替代率为例，希腊该指标值为95%，是OECD国家的1.6倍，英国的3.17倍。老龄化削弱了欧洲国家的生产力水平，使得生产力发展速度无法跟上高福利的社保制度所要求的福利增长，政府财政赤字难以逆转。

(二) 现实原因

1. 金融危机引发主权债务危机

诸多学者将欧洲主权债务危机看作金融危机的延续和深化，认为2008年全球金融危机及其带来的市场预期转变是本次欧洲主权债务危机的现实诱因。Krugman(1988)的研究显示，金融危机必将引发货币危机，从而因财政赤字诱发债务危机。具体而言，当一国存在大量财政赤字时，通常会出现信贷扩张，但利率的下降会导致资本外逃，此时投资者因其产生货币贬值的预期而选择抛售本币，加持外币。在此情形下，央行为维持固定汇率就必须出手干预外汇市场，这将减少国家的外汇储备。公众因此对政府继续维持固定汇率的能力产生怀疑，这种预期加大了对本币的攻击力度，货币危机爆发将在所难免。货币危机的爆发直接降低了国家信用水平，最终演化成国家主权债务危机。Reinhart和Rogoff(2011)也得出了类似结论，他们认为金融危机和债务危机存在一种双向关系。一方面，激增的外部债务是金融危机的前提之一；另一方面，国内（国际）金融危机通常会诱发或伴随主权债务危机。Grammatikos和Vermeulen(2010)选取2007年至2010年欧盟成员国相关数据研究了金融危机向债务危机的演变，得出股票价格、CDS差价以及汇率是主要传导途径的结论。

2. 信用评级机构加速欧洲主权信用风险问题

目前，对欧洲主权债务危机开端的界定多倾向始于世界三大评级机构相继下调希腊主权信用评级，因此有部分学者研究了国际信用评级机构对危机爆发的影响。此次欧洲主权债务危机与20世纪拉美债务危机相比具有共性但仍然存在区别，主要表现在国际金融危机和国际信用评级机构来自外部的冲击。惠誉国际、标普和穆迪纷纷下调希腊、葡萄牙、西班牙等国家的主权信用评级导致公众预期下降，是此次危机的加速器。评级机构连续下调欧洲多国信用等级加剧了市场担忧，使原本在金融危机期间已经遭受重创的欧洲国家错失了经济复苏的机会。

(三) 根本原因

欧洲主权债务危机的原因包括上述历史原因和现实原因，欧盟国家的经济发展已经失去了"生产性"，经济发展方式和经济结构存在问题才是导致本次危机最根本的原因。欧元区内不乏经济结构单一的高负债成员国，其中具有代表性的是过度依赖农业、航运业以及旅游业的希腊，以及严重依赖房地产开发的爱尔兰和冰岛。脆弱的经济结构导致这些国家更易受到全球金融危机带来的冲击，原本的银行业危机演化为主权债务危机全面爆发。希腊长期以来存在实体经济薄弱的弊病，单一的经济结构削弱了希腊的竞争力。如果仅仅依靠借债弥合而不采取经济结构战略调整来改变这种困顿处境，希腊将陷入恶性循环，且一旦债务链条中的一环出现意外,整体经济也将随之坍塌。除了归根于经济结构失衡以外,欧洲主权债务危机的另一个根源是国家信用问题。本次欧洲主权债务危机的实质是国家信用风险不断扩张导致的信用风险积累,资产泡沫膨胀到一定程度必将破灭。

二、美国主权信用风险的成因

(一)历史原因

1. 政策原因

美国主权信用风险问题与美国长久以来的财政政策存在很大关系。长期以来,受凯恩斯主义的影响,美国主要依靠积极的财政政策刺激经济,这就导致了美国长期的赤字。为此,美国必须靠债务融资解决赤字问题,从而决定了美国债务依赖性的经济。同时,在过去的十年中,高昂的军费、维持高福利、挽救金融制度,都需要美国从国外大量举债。大规模的债务为美国主权信用风险问题埋下了伏笔。

2. 政治原因

一方面,债务问题与美国的两党制存在重要关联。民主党和共和党在是否提升债务上限的问题上持不同立场。民主党和共和党持有不同的政治理念,民主党认为,在适当减少政府支出的同时,可以增税,特别是提高高收入人群的边际税率,倾向于保护弱势群体不受损害;共和党则认为,必须进行根本性改革,减少政府开支,改革现有的医疗保障项目,以及减税。共和党的根本纲领是要求一个小政府,减少政府对经济活动的干预。两党将债务上限问题的解决与2012年的总统选举挂钩,这导致两党在选择处理债务危机的方法时,难以达成妥协。另一方面在于美国的选举制。债务问题并非没有解决办法,而在于解决办法得不到多数民众的支持。在美国选举制的政治体制下,为获得更多的选票,政客们倾向于在选举时向选民许诺降低税收、提高社会福利以及扩大财政支出等政策,这就导致美国的高负债率。

（二）现实原因

首先，主权信用风险是国际金融危机的延续和深化。受国际金融危机影响，包括美国在内的世界各国经济均受到影响。在经济衰退时期，政府的财政支出将会扩大，财政赤字问题也会引发美国进一步举债，加之美元的国际地位高，导致美国在急于恢复经济的情况下忽略了债务风险的防范。

其次，主权信用风险与消费过度存在关联。美国具有完善的金融市场，对国际资金具有很强的吸引力，形成了巨大的资产池，从而使美国得以维持高消费、低储蓄的发展模式。在国际金融危机爆发以后，美国欲继续依靠消费式的增长模式拉动经济，使财政赤字进一步扩大，为主权信用风险问题留下了隐患。

最后，标普下调美国主权信用评级是主权信用风险问题爆发的直接导火索。2011年8月5日，国际评级机构标准普尔公司下调美国主权信用评级，从顶级的AAA级下调至AA+级，这是美国国债的信用等级首次从顶级跌落，这意味着美国国债的信用水平已经低于英国、德国、法国、加拿大等国。此举引起了市场对美国国债的投资价值产生怀疑，美国股市大跌，并迅速传导至全球各国。

（三）根本原因

布雷顿森林体系解体后，美元与黄金脱钩，国家信用作为发行美元的唯一保障和约束，美国开始从债权国向第一大债务国转变。美国信用崩溃使得美国选择印发超额的货币稳住国内动荡的经济局势，并利用美元国际化的地位使其他国家为美国埋单。

一方面，美国向世界输出美元，使经济存在贸易赤字和财政赤字，面对赤字，美国多通过举债的方式来平衡财政收支，从而债台高筑；另一方面，由于美元世界货币的地位，其币值相对稳定，世界各国对美元的巨大需求，诱使美国通过增发美元的方式来稀释债务。当美国的财政赤字日趋严重，公共债务不断积累，市场对美元币值和国债价值产生怀疑时，债务危机便爆发了。

第四节 欧美国家主权信用风险恶化的影响

一、欧美国家主权信用风险恶化对欧洲内部的影响

欧美国家主权信用风险的恶化撼动了市场信心，欧洲国家原本就不振的消费和投资变得更加萎靡，欧洲经济增长失去了主要动力。虽然债务国纷纷出台相关政策进行自我救助，国际货币基金组织以及欧洲央行也伸出援手，但即便如此也未能切断危机根源。相反，央行开启印钞模式，以1%的超低利率向商业银行无上限放贷，欧洲金融稳定基金（EFSF）于二级市场购入成员国国债，这两种方案的实施对危机恢复而言并非药到病除，其产生通货膨胀的副作用反而是雪上加霜，欧洲主权信用风险问题对欧洲内部的影响进一步扩大。为了缓解巨额债务负担，希腊等危机国普遍采用削减政府开支、提高税赋的措施。但这种以抑制消费为代价的方式必将减缓国内经济增长，长此以往将面临失业率升高、居民收入降低等问题，欧元区宏观经济长期内将滞留在较低水平上。欧洲主权信用风险恶化影响投资环境，危机导致的欧元汇率波动提升了欧洲国家融资成本，此外公众已经对欧洲市场丧失了信心，这两者共同导致了欧元区国家投资环境恶化。欧洲主权信用风险恶化使危机国面临两难的政策决策，无论是扩张型还是紧缩型财政政策在实施效果上都各具利弊。同时，欧元区的一体化制度也因此次危机的爆发而首次面临前所未有的挑战。主权信用风险恶化撼动了欧元地位，欧洲货币联盟模式遭受严峻考验。危机国家为应对沉重的债务压力不得不开源节流，削减福利、提高税率，这引发了公众的不满，主权信用风险恶化在影响经济的同时还激起了一系列社会矛盾，欧洲政治稳定在一定程度上遭受挑战，危机开始向政治危机渗透。

二、欧美国家主权信用风险恶化对全球的影响

欧美国家主权信用风险的恶化之时正值全球金融危机复苏进程开启之际,恐慌情绪蔓延,全球经济复苏变得缓慢而艰难。与此同时,欧洲主权信用风险加大了银行业风险敞口、造成了外汇市场动荡、改变了全球资本流动格局。

(一)经济复苏进程延缓

欧美国家主权信用风险的恶化点燃了全球范围内的恐慌情绪,风险厌恶情绪高涨、市场预期下降。投资者对危机国的信誉和债务清偿力的信任度锐减,出于担忧而看空欧元、减持国债导致欧元疲软,连英镑也遭受波及,面临贬值压力。欧元被大规模抛售导致欧洲多国股市暴挫,其中不乏包括英、法、德等在内的经济基础牢固的大国。

欧洲经济联盟的经济总量约占世界总量的1/5,如此规模的经济体经济衰退对世界经济的影响力不容小觑。欧元区经济增长乏力导致对外需求骤降,欧元持续贬值导致欧元区贸易伙伴竞争力下降,在此双向作用之下,包括美国、中国以及日本在内的欧元区主要贸易伙伴国均受到欧洲主权信用风险恶化带来的负面影响。欧元贬值在短期内使美元相对升值,但其对美国经济的危害在中长期将逐渐显现,欧元贬值将消磨美国财政改革的动力,从而拖累美国经济增长的步伐。全球经济还未走出次贷危机的泥潭就又陷入了欧洲主权债务危机,欧洲经济呈现"W"形态,全球经济复苏速率也有所减缓。欧洲国家通过债务的货币化达到缓解财政状况的目的,美联储超发基础货币、推高资产价格泡沫,全球通货膨胀风险加大。

(二)全球金融市场动荡

欧元区国家大量的债务互持加大了其银行业的风险敞口,资金缺口已经出现,并且面临流动性风险。相比之下,大量运用证券化工具的银

行更容易受到危机的影响,从而出现因信贷供给条件恶化导致的风险敞口加大。一般情况下,主权债务是零风险的速动资产,银行为规避风险常选择持有一定比例的无风险主权债务。正因如此,银行业在欧洲主权信用风险恶化之际持有巨大的风险暴露。欧元疲软导致外汇市场动荡加剧、美元相对走强,大量资金撤离欧洲市场,转而流向美国市场避险。欧洲主权信用风险恶化加大了全球范围内的资本无序流动,在很大程度上改变了先进经济体和发展中国家的资本流动格局。欧洲奉行的超低利率和量化宽松导致大量热钱流入欧洲市场,并且在经济复苏之前还将有更多资金流向欧洲国家的高风险债券。银行自持的资产缩水以及融资成本的升高加大了银行业风险敞口,大面积的流动性紧缩导致部分银行出现囤积现金和惜贷的现象。如此一来,银行业的风险将向实体经济传导,全球经济或将面临二次衰退。

三、欧美国家主权信用风险恶化对中国经济的影响

欧美国家主权信用风险恶化加大了中国的出口压力,增加了外汇储备管理难度,降低了投资意愿,加剧了金融市场波动,暴露了金融政策风险。危机带来挑战的同时也带来机遇,欧元持续走低,从欧洲角度而言人民升值压力减轻,进口商品价格下跌在一定程度上缓解了国内价格上涨的趋势,对欧直接投资也迎来了契机。

(一)对中国出口贸易的影响

欧美国家主权信用风险恶化对中国出口创汇和外向型经济发展模式形成了挑战。为摆脱债务危机、尽早实现经济复苏,欧盟实行了激进对华贸易政策。欧盟为实现贸易利益最大化,明里实施所谓的"开放贸易"新战略,实则扩大出口、限制进口,作为欧盟主要贸易伙伴的中国受到的影响首当其冲。一方面,欧盟通过扩大出口规模应对债务危机带来的挑战;另一方面,欧盟成立自贸区,力图开拓对外贸易的疆土。中欧自贸区在短期内难以建立,而中国在出口产品类型上与已经或即将与

欧洲建立自贸区的韩国、印度、东盟、新加坡等国家或地区有雷同。正是由于存在这种竞争关系，导致贸易转移效应有出现的可能，中国对欧洲出口贸易面临潜在风险。欧美国家主权信用风险恶化对中国出口贸易产生负面影响的原因有两点，一是因为欧洲经济下滑导致的居民消费能力减弱，二是欧元汇率的频频下跌。前者导致欧洲国家外需乏力，是导致中国对欧出口下滑的外部原因；后者导致中国出口企业利润空间被压缩，主观降低出口意愿是内部原因。随着欧洲主权债务危机的发展与深化，欧盟贸易保护主义抬头，中国对外贸易面临更为严苛的贸易壁垒。海关公布的数据直观地反映了中国外贸受到的严重冲击，危机对中国出口贸易的负面影响显著。贸易壁垒在影响中国出口贸易的同时也影响了中国从欧洲的进口，特别是高科技产品与技术，进出口的双重限制间接影响了我国的贸易结构，更为严重的是这种失衡的贸易结构将作用于经济结构，长期以来会不可避免地阻碍中国经济发展。

(二)对中国金融部门的影响

欧美国家主权信用风险恶化削弱了人民币升值的外部压力，在一定程度上推动了人民币自由化和国际化。欧美国家主权信用风险恶化冲击了中国对外贸易，威胁了中国外汇储备安全，增加了热钱涌入的风险，形成了输入型通货膨胀压力，但同时为人民币提高国际影响力及其在国际储备货币中的份额提供了契机，从而加速了人民币的国际化进程。欧美国家主权信用风险恶化对中国金融体系的影响通过贸易渠道、资本流动渠道和商业银行资产负债表的变化这三种既相互独立又彼此联系的渠道实现。欧洲国家因经济增长乏力导致内需萎缩、进口减少，一方面企业对于信贷的需求减弱，另一方面企业业绩下滑导致的偿债能力降低，冲击了银行资产质量。外资流入的减少在一定程度上缓解了人民币升值压力，放缓了外汇占款增速，减少了商业银行资金来源，从而导致货币供给量减少。欧美国家主权信用风险恶化对银行业资产负债表的影响主要通过贷款、同业往来、外汇和债券几方面体现，资产质量的下降导致银行惜贷，增加了企业的融资成本，风险从银行业向实体经济传染。欧美国家主权信用风险恶化对中国金融业也存在正面影响：人民币只升不降的常态被扭转，趋于市场均衡水平；国际游资流入中国的趋势有所减弱，资本金融项目顺差的外部失衡状态得以改善。

（三）对中国经济政策的影响

欧美国家主权信用风险变化影响了中国货币政策走向。为应对危机带来的潜在负面影响，中国采取了一系列紧缩型货币政策，抵消了原来指望通过适度宽松的货币政策配合积极财政政策的救市效果。欧洲主权债务危机不明朗的外部形势或多或少影响了中国财政政策及货币政策的制定，加大了中国的金融政策风险。全球多轮量化宽松政策的实行以及欧美国家奉行超低利率的现状很可能将人民币推上避险以及套利工具的位置。危机始于银行部门，为应对危机，全球金融监管变得更加严苛，中国金融机构将面对更高标准的政策要求，生存环境愈发恶劣。

（四）危机为中国带来的历史机遇

欧美国家主权信用风险变化给中国经济带来挑战的同时也带来了历史机遇，中国企业迎来了对欧盟直接投资的机遇。欧洲主权债务危机爆发的第一年，中国对欧直接投资较上年上涨了10%。在宏观层面上，欧洲国家为刺激经济相对放宽了市场准入条件，提供了多项优惠政策和便利措施，为外国投资者提供了相对宽松的政治和经济环境，鼓励外国投资者对其企业实行并购，希望通过外资注入带动国内经济复苏。微观层面上，中国金融业跨境经营、高新技术的发展，以及开展能源合作都迎来了各自的机遇。为了控制银行业风险进一步扩大，欧洲各国开始严格监管金融机构的杠杆率，并要求其提高资本充足率。中国金融机构历来监管较为严苛，无需做任何调整就能够符合欧洲标准；另外，欧洲银行因杠杆率下调导致的业务规模萎缩为中国金融业跨境经营预留出了市场空间。欧洲的经济状况令多数企业陷入了资金短缺的窘境，高科技企业也不例外。国内高科技企业可以通过直接并购的方式，或通过对国外高新技术和人才的投资以及设立驻外研发机构等方式推进核心技术水平的提升，抓住此次发展契机。欧洲企业的资金短缺和人民币相对欧元升值，都为中国企业参股和并购欧洲企业提供了千载难逢的机遇。中国企业一改投资欠发达国家的常态，开始向具有先进技术和生产工艺的欧洲地区进军，这无疑能够促进中国经济结构的转型升级。

第五节 欧美国家主权信用风险对中国经济影响的实证研究

本节首先提出了实证思路，简明扼要地指出了本章实证预期目标，通过对现有相关问题的实证研究进行分析，明确实现本研究的技术难点，并提出"两步走"的解决方法。其次对模型变量进行选择，并给出各变量数据来源。随后进行模型选取，介绍模型方法和具体的数学表达式。最后按步骤进行实证，并给出结果分析。

一、实证研究思路

采用实证方法研究欧美国家主权信用风险对中国经济多方面的影响，难点在于对危机演进的刻画。纵观目前现有的研究，对于欧洲主权债务危机的实证多限于对某一个单一问题的影响或单个指标间的联动分析。例如对中国出口贸易的影响，中欧双方证券市场的联动分析，中欧经济景气指数的联动分析。本章预期要做到的是研究欧美国家主权信用风险对中国经济的影响，不仅仅是经济景气指数，也不仅仅有对外贸易，而是一个相对系统的问题。

为了解决这个问题，我们首先需要探究的是，为什么既有研究一次只能对单一问题进行分析，问题的关键在于选取何种指标代替主权信用风险的演变。从现有实证研究出发，研究危机对中国对外贸易的影响，有学者选取欧盟的 GDP 代替欧洲的购买力，用欧元区货币供应量的增

第五节 欧美国家主权信用风险对中国经济影响的实证研究

加代替出口的变化,用美元 3 个月期的 Libor 代替融资成本。但当研究扩展到包含多个子问题时,原有的衡量危机的指标可能无法运用在其他子问题的研究中。即需要研究欧洲主权信用风险对中国宏观经济的影响时,需要选择与中国景气经济指数相对应的欧盟景气指数,而与研究对外贸易相匹配的 GDP 指标、货币供应量指标等无法与中国景气指数相匹配。虽然其中 GDP 指标与景气指数存在关联,但也不是完全匹配。抽象而言,现有的实证研究方法无法在研究一系列子问题时找到相对统一的指标刻画和描述欧洲主权债务危机的演变进程。换言之,本章要想采取实证的方法研究欧洲主权信用风险对中国经济一系列影响,首要任务是找到一个可以替代欧洲主权信用风险的指标。

目前学界对于欧洲主权债务危机进程的描述都是定性描述,虽然有债务量、债务率等指标来衡量危机,但由于多个国家相继爆发危机,且这些指标无法简单加总,因此无法进入计量模型。本章需要通过一定的技术处理,量化学界对于主权信用风险变化的定性描述,使其可以进入计量模型。本章借鉴 Lunsdaine 和 Prasad(2003)成功量化金融危机演进的方法,结合本次危机的特点,提取其中的代表性指标,创建一个单一指标——共同因素(Common Factors)来刻画欧洲主权信用风险。生成的单一指标优于简单的债务量、债务率或债务结构等既有指标,这种处理方式可以避免各国指标简单加总带来的谬误,并且更能直观、真实、动态地反映主权风险的变化趋势。

综上所述,本章构造的进行实证的思路如下:第一步,根据欧洲主权信用风险的特点,选取代表性指标,通过技术处理,创建一个单一指标——共同因素来刻画欧洲主权信用风险的演进。第二步,按照上文提出的欧洲主权信用风险影响中国的传导途径选出代表中国经济的相应指标,将这些指标和第一步所得出的刻画危机演进的单一指标放入同一个结构向量自回归模型(SVAR),研究危机对中国经济的影响。

二、变量选取

(一)测度共同因素的指标

欧洲主权信用风险的主要影响层面是政府主权债务和市场流动性,国债收益率与债务危机的恶化与好转息息相关,而欧元隔夜拆借利率可以从数据层面反映欧元的流动性。国债收益率只有维持在足够高的水平上,才有投资者愿意承担高风险购买危机国国债;隔夜拆借利率反映了欧元流动性实时状况,其升高说明欧元流动性趋紧。欧洲主权债务危机涉及欧洲多国,且各国危机状况不尽相同,为了兼具代表性和普遍性,这里采用欧债危机重债国"欧猪五国"的政府十年期国债收益率与欧元隔夜拆借利率 Eonia Rate 来确定欧债危机的共同因素。葡萄牙、意大利、爱尔兰、希腊和西班牙各自的政府十年期国债收益率的数据来源于投资网(http://cn.investing.com/rates-bonds/),欧元隔夜拆借利率 Eonia Rate 数据来自欧洲中央银行(European Central Bank,ECB)网站。

(二)代表中国经济的指标

这里着重研究欧洲主权信用风险通过贸易途径和金融途径对中国经济产生的影响。选取与中国总体经济波动情况基本一致的中国宏观经济景气指数作为衡量宏观经济的指标;选取出口总额作为危机影响中国贸易的指标;选取人民币汇率、中国金融机构贷款总额作为欧债危机通过金融渠道影响中国经济的指标。此外,欧洲主权信用风险的演进由单一指标"共同因素"(cf)刻画。其中,中国宏观经济景气指数选取的是系列指标中反映国家总体经济变动情况的同步指标(一致指标),数据来源于中国宏观经济数据库;中国出口总额数据来源于国家统计局网站下设的国家数据网站;人民币汇率选取人民币实际有效汇率,数据来源于复旦大学金融研究院的复旦人民币汇率系列指数(http://ifsfd.fudan.edu.cn/fdurmb/indexchart1.jsp);中国金融机构贷款总额数据来源于中国人民银行调查统计司。通过以上描述，构造的 SVAR 模型一共含有 5 个变量，分别为：主权信用风险的共同因素，用缩写 cf 表示；中国宏观经济景气指数同步指标，用缩写 bi 表示；人民币实际有效汇率，用缩写 ex 表示；中国对外贸易出口总额，用缩写 exp 表示；金融机构贷款总额，用缩写 cr 表示。实证选取的时间序列始于欧洲主权债务危机爆发之时，即希腊爆发主权债务危机的时点。受制于部分变量数据的统计特点，日度数据不可得，因此将基于各变量月度数据进行分析。综上，选取 2010 年 1 月至 2014 年 9 月共 57 组月度数据。

三、模型描述

（一）欧债危机演进的测度

直观地说，危机就是对经济体一系列随机的负面冲击。假定这一系列随机冲击对经济体多个经济指数存在影响且影响可加总，同时假定每个指数所受的影响包括特异性冲击部分，以此作为单个市场或经济体自身的特性。但是，不同外生冲击影响经济的速度不同，且经济各方受冲击后的反应存在差异。为解决这一问题，这里借鉴 Lumsdaine 和 Prasad (2003)的方法，通过寻找一个时变的动态权重，准确反映某一经济指标对欧债危机的传导和反应过程中的不同步性。该方法旨在确定欧债危机冲击中的共同因素(Common Factors)，创建一个单一指标刻画危机的演进。

在本研究中，共同要素即为欧洲主权债务危机的要素冲击。当所有经济指标在危机演进中同时恶化的时候，此共同趋势由欧洲主权债务危机的冲击导致。站在可操作性和本研究既定研究目标的角度，略去了危机中各要素间的相互作用。时变的动态权重是模型的基本思想，用于反映主权信用风险共同因素对所选取每个指标的影响。

首先，对每个单项指标 i 构建广义自回归条件异方差(GARCH)

模型：

均值方程：
$$y_{it} = \mu_i + \varepsilon_t \tag{4.1}$$

方差方程：
$$h_t = \alpha_0 + \sum_{i=1}^{q} \alpha_t u_{t-1}^2 + \sum_{i=1}^{p} \beta_i h_{t-1} \tag{4.2}$$

时变动态权重为：
$$W_{it} = \frac{\dfrac{1}{\sqrt{h_{i,\,t+1}}}}{\sum_k \dfrac{1}{\sqrt{h_{k,\,t+1}}}} \tag{4.3}$$

欧债危机共同因素 cf_t 为：
$$cf_t = \sum w_{it} y_{it} \tag{4.4}$$

每个单项指标 i 在受到共同要素 cf 冲击的同时，也受到自身个体要素冲击。若个体要素冲击不存在，则各单项指标仅受到共同要素冲击，根据大数定理，(4.3)式能够对共同要素进行无偏的估计。但存在个体要素冲击时，单项指标条件方差相对于其他指标变大时，表明该指标所承受的个体要素冲击较大。因此，采取单项指标 i 条件方差的倒数占全部指标条件方差倒数总和的比重作为该指标的权重，以此方法适当调小该指标对共同因素的贡献度。

(二)欧洲主权信用风险对中国经济影响的测度

在得到刻画欧洲主权债务危机演进的共同因素指标后，运用结构向量自回归(Structural Vector Auto-Regression，SVAR)模型研究风险对中国经济的影响。SVAR 模型具有 VAR 模型对系统内生变量进行解释的能力，同时还有优于传统 VAR 模型的地方，具体体现为以下两点：第一，体现了系统内生变量的同期相关关系，同时也避免了传统 VAR 模型因 Choleski 分解带来的因内生变量排序对结果产生的影响。第二，当内生变量较多时,SVAR 模型的运用可以避免因施加错误的长期约束导致模型结果出现负面影响的情况。

P 阶 SVAR 模型的数学表达式如下式:

$$B_0 + \Gamma_1 y_{t-1} + \Gamma_2 y_{t-2} + \Gamma_3 y_{t-3} + \cdots + \Gamma_p y_{t-p} + C_{x_t} = \mu_t$$

$$B_0 = \begin{bmatrix} 1 & -b_{12} & \cdots & -b_{1k} \\ -b_{21} & 1 & \cdots & -b_{2k} \\ \vdots & \vdots & \vdots & \vdots \\ -b_{k1} & -b_{l2} & \cdots & 1 \end{bmatrix} \Gamma_i = \begin{bmatrix} \gamma_{11}^{(i)} & \gamma_{12}^{(i)} & \cdots & \gamma_{1k}^{(i)} \\ \gamma_{21}^{(i)} & \gamma_{22}^{(i)} & \cdots & -\gamma_{2k}^{(i)} \\ \vdots & \vdots & \vdots & \vdots \\ \gamma_{k1}^{(i)} & \gamma_{k2}^{(i)} & \cdots & \gamma_{kk}^{(i)} \end{bmatrix} \mu_t = \begin{bmatrix} \mu_{1t} \\ \mu_{2t} \\ \vdots \\ \mu_{kt} \end{bmatrix}$$

(4.5)

其中,B_0 是内生变量同期相关性矩阵;Γ_i 是内生变量滞后项的系数矩阵;μ_t 为模型的随机误差项(k 维),序列不相关。且满足 $E(\mu_t\mu_t')$ 为对角矩阵。SVAR 模型直接将同期相关关系放于等号左边,可以由模型参数解释,因此称(4.5)式为 VAR 模型的结构式,且结构式和简化式之间可以相互转换。

研究欧洲主权信用风险共同因素(cf)对中国宏观经济景气同步指数(bi)、人民币实际有效汇率(ex)、中国对外贸易出口总额(exp)以及中国金融机构贷款总额(cr)共同的冲击,建立基于上述 5 个变量的 SVAR 模型如下:

$$A_t = F(\text{cf}_t, \text{bi}_t, \text{ex}_t, \exp_t, \text{cr}_t) \tag{4.6}$$

由于欧洲主权信用风险是外生性最强的,因此共同因素 cf 将作为模型中第一个方程的变量。危机造成欧元贬值,导致人民币名义汇率同时变动,剔除通胀和自身价值变动影响后的实际有效汇率随之变动,因此人民币实际有效汇率外生性较强,作为第二个变量放入模型。危机导致外需下降,从外贸途径影响中国经济,中欧贸易在危机发生后很快受到影响,因此将对外贸易总额作为第三个变量放入模型。因为中国金融业开放程度欠缺,与全球金融市场联动性较差,危机对我国金融业的影响相对滞后,因此将金融机构贷款总额作为第四个变量放入模型。最后，中国宏观经济除了受到欧洲主权债务危机的外部冲击以及上述各变量影响外，还受到国内经济发展以及相关指标的影响，因此相比之下内生性最强，作为第五个变量放入模型。即变量进入 SVAR 模型的顺序是：cf→ex→exp→cr→bi。因此，构造的实证模型如下：

$$\text{cf}_t = E_{t-1}[\text{cf}_t] + \varepsilon_t^a \tag{4.7}$$

$$\text{ex}_t = E_{t-1}[\text{ex}_t] + c_1 \varepsilon_t^a + \varepsilon_t^b \tag{4.8}$$

$$\text{exp}_t = E_{t-1}[\text{exp}_t] + c_2 \varepsilon_t^a + c_3 \varepsilon_t^b + \varepsilon_t^c \tag{4.9}$$

$$\text{cr}_t = E_{t-1}[\text{cr}_t] + c_4 \varepsilon_t^a + c_5 \varepsilon_t^b + c_6 \varepsilon_t^c + e_t^d \tag{4.10}$$

$$\text{bi}_t = E_{t-1}[\text{bi}_t] + c_7 \varepsilon_t^a + c_8 \varepsilon_t^b + c_9 \varepsilon_t^c + c_{10} \varepsilon_t^d + \varepsilon_t^e \tag{4.11}$$

其中，ε_t^a 代表 cf 的冲击，ε_t^b 代表 ex 的冲击，ε_t^c 代表 exp 的冲击，e_t^d 代表 cr 的冲击，ε_t^e 代表 bi 的冲击。

四、实证结果分析

（一）共同因素的测度结果

根据"欧猪五国"政府十年期债券收益率及欧元隔夜拆借利率数据，计算得到刻画欧债危机的共同因素 cf。共同因素的数值变化刻画了欧债危机的发展趋势，数值为正表明欧债危机恶化，数值为负表明危机有所好转，相应数值大小对应危机恶化或好转的程度。如图 4.1 所示，2010 年前三季，cf 的值围绕 0 上下小幅波动，从第四季度起，cf 波幅开始放大，并在 11 月达到峰值。2011 年至 2012 年 4 月，cf 波幅较大，此后趋于平缓。希腊 2009 年年末被各评级机构下调主权信用评级标志着欧债危机的开端，但由于危机还未大肆蔓延，影响仍局限于政府层面，因此 cf 波动不明显。当危机从爆发阶段进入扩散、蔓延阶段，对银行业和实体经济的影响也逐渐显露，cf 值波动幅度明显加大。2011 年 10 月的峰值也与当月以意大利十年期国债收益率突破 7%关口为标志的意大利陷入政府主权债务危机相对应。cf 波动趋势在 2011 年 8 月与 2012 年 1 月出现向下的波动,表明此时欧债危机有所好转。这是由于希腊、爱尔兰、西班牙等国家在危机爆发后纷纷推进结构性改革、进行财政整顿、实行经济调整计划,这些自我救助开始产生成效。2011年12月,欧洲央行为避免欧元区陷入新一轮银行业危机,实施了自欧元区成立以来最大规模的信用注入。欧债危机通过危机国家自救、欧盟和欧洲央行三重救助,情况趋于稳定,欧洲央行行长德拉吉在2012年3月表示欧债危机最坏的阶段已经过去。

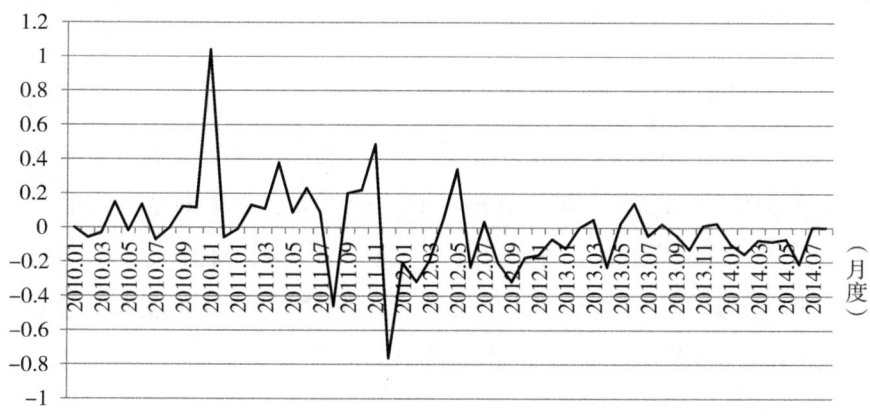

图 4.1 欧债危机共同因素

(二)SVAR 模型结果的分析

1. 单位根检验

SVAR 模型要求各时间序列平稳,因此对于原序列不平稳的变量,针对各变量自身特点,通过去季节性、取对数和做差分等方式将其变平稳。表 4.1 是采用 Eviews 计量分析软件对所选指标序列处理后进行单位根检验的结果。

表 4.1 的变量在 Eviews 软件中的处理表示如下:"_sa"表示去季节性,"ln"表示取对数,"Δ"表示一阶差分。以"Δlnbi"和"lnexp_sa"为例

表 4.1　　　　　　　　各变量单位根检验结果

变量	ADF 值	临界值		
		1%	5%	10%
cf	−6.674639	−3.560019	−2.917650	−2.596689
Δlnbi	−6.851765	−3.557472	−2.916566	−2.596116
Δlnex	−8.072858	−3.557472	−2.916566	−2.596116
lnexp_sa	−5.890407	−3.555023	−2.915522	−2.595565
Δlncr	−7.188342	−3.557472	−2.916566	−2.596116

资料来源：根据 Eviews 结果整理。

说明，"Δlnbi"表示先对 bi 指标取对数后进行一阶差分后的结果，"lnexp_sa"表示对变量 exp 取对数后去季节性的结果。从表 4.1 显示的各变量 ADF 值和临界值可以看出，共同因素 cf、先取对数随后去季节性的外贸出口总额 lnexp_sa 不存在单位根，原序列平稳；取对数后的中国宏观经济景气同步指数、人民币实际有效汇率以及金融机构贷款总额存在单位根，原序列不平稳，但一阶差分后平稳。

2. Johansen 协整检验

表 4.2 显示，无论是迹统计量还是最大特征值法，均证明系统内存在 4 个协整向量。当系统内各变量存在协整关系时，用水平值构建 SVAR 模型将不会有误。因此本章实证采用各变量的水平值，其中变量 bi、ex、cr 取对数后进行一阶差分，指标 exp 去季节性后进行一阶差分。

表 4.2　　　　　　各变量 Johansen 协整检验结果

变量	协整关系个数假设	迹统计量	5%临界值	P 值	最大特征值	5%临界值	P 值
cf	r=0	129.185	69.8189	0.0000	57.9224	33.87687	0.0000

续表

变量	协整关系个数假设	迹统计量	5%临界值	P值	最大特征值	5%临界值	P值
Δlnbi	$r \leq 1$	71.2629	47.8561	0.0001	26.2298	27.58434	0.0737
Δlnex	$r \leq 2$	45.9331	29.7871	0.0004	20.1190	21.13162	0.0688
lnexp_sa	$r \leq 3$	24.9141	15.4947	0.0014	16.6698	14.26460	0.0204
Δlncr	$r \leq 4$	8.24438	3.84147	0.1141	8.24738	3.841466	0.0041

资料来源：根据 Eviews 结果整理。

3. 脉冲响应分析

对上述已经处理为平稳序列的变量进行协整检验后，发现存在协整关系，即可进行脉冲响应等后续分析。对所构建的 SVAR 模型进行脉冲响应分析，研究当共同因素 cf 变动正负一个单位时，人民币实际有效汇率(ex)、中国外贸出口总额(exp)、中国金融机构贷款总额(cr)以及中国宏观经济景气同步指数(bi)的变动。本研究主要针对结构 VaR 模型中的"累积"脉冲响应结果进行分析。"累积"的脉冲响应与一般脉冲响应的区别在于，所显示的冲击是从 1 期至当期的累积加总结果。这种"累积"做法的优点在于可以清楚地看到欧洲主权信用风险对中国各经济指标影响的正负方向，可以更为直观地判断出影响的总体趋势。结果如图 4.2 所示。

从图 4.2(a)可看出，欧洲主权信用风险变化对人民币实际有效汇率指数的增量产生了正向影响，从第一期开始显现。结合人民币汇率指数原序列的趋势分析，可以得出人民币实际有效汇率因危机冲击得到提升的结论，即人民币购买力走强。中国经济地位在世界范围内得到提升的同时，人民币汇率走强背后存在风险。巨额外汇储备安全受到威胁、出口企业利润被压缩、经济增长放缓等风险均需要采取相应措施防范。

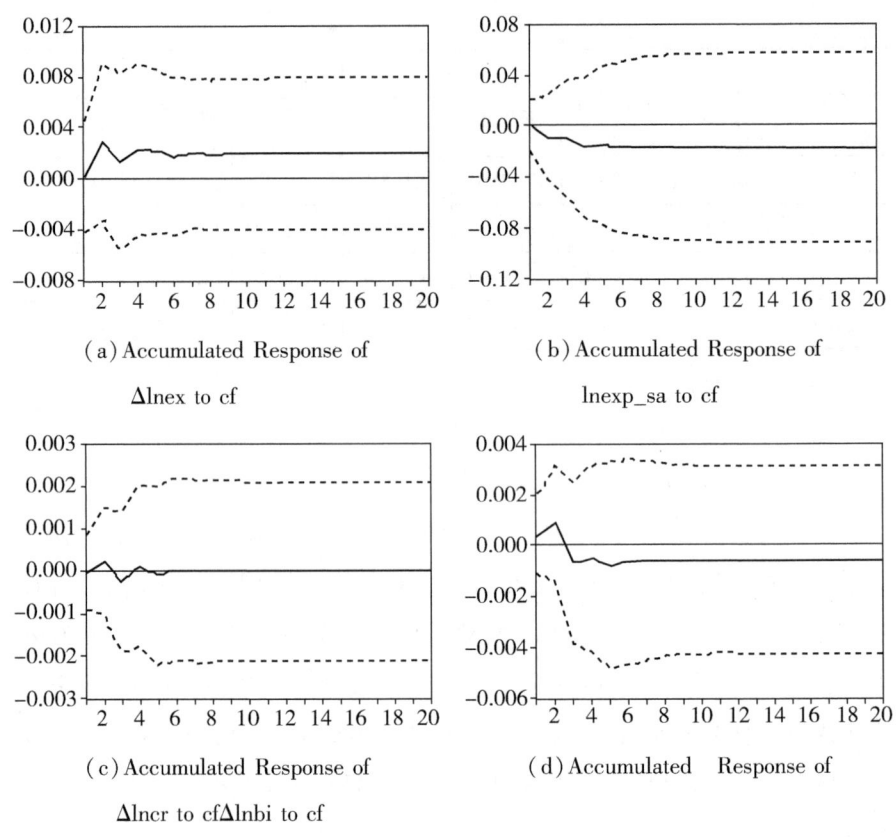

图4.2 脉冲响应函数图

资料来源：根据 Eviews 结果整理。

从图4.2(b)可看出，欧洲主权信用风险变化对中国出口的负向影响立竿见影。欧洲主权信用风险的恶化从需求路径、汇率路径和融资成本路径共三方面对中国出口造成影响。为了平衡政府收支，欧元区多国开始实行紧缩型财政政策，居民收入水平下降、投资减少、消费需求下降，从而导致进口需求降低；欧元持续贬值，降低了中国出口贸易的竞争力，同时增大了中国出口商面临的汇率风险，从而中国对欧出口减少；持有欧洲重债国政府债券的欧元区银行面临因流动性紧缩而导致的破产风险，该风险通过借贷行为向实体经济传导，融资成本的提高从另一方面削减了进口贸易需求。

从图4.2(c)可看出，中国金融机构贷款总额在均线附近上下波动，并没有明显的增减趋势，并于第六期起归零，即欧洲主权信用风险变化对我国金融机构贷款总额的影响不显著。这是由于中国的金融机构开放程度不高，与欧元区金融市场的关联度与融合度有限，因此欧债危机通过金融途径对中国产生的影响较小。

从图4.2(d)可看出，中国宏观经济景气同步指数与欧洲主权信用风险存在负相关性，并且存在两期的滞后。危机爆发导致的人民币汇率被迫升值、出口因外需减弱而放缓、市场预期恶化等作用于中国宏观经济，放缓了中国在后危机时代的经济复苏步伐。在经济加速一体化的时代背景下，世界范围内影响力较强的经济体一旦发生经济金融危机，在很大程度上会通过多种途径向与其在贸易和金融方面来往密切的国家传导。

第六节 欧美国家主权信用风险的应对策略

一、国家主权信用风险的救助策略

对于欧洲主权信用风险恶化的救助需要分时段考虑，短期内的任务是建立一个能为危机国提供融资帮助的紧急信贷机制，中期任务是在欧盟内部建立金融稳定机制，长期任务是强化金融稳定机制。欧盟及各危机国对本次主权债务危机的救助思路非常明确，首先采取急救措施在短期内稳定危机、防止危机进一步恶化，与此同时，着眼长期战略机制的建立与完善，从根源上消除主权债务危机。

应对欧洲主权信用风险恶化仅依靠危机爆发国的自救是远远不够的，欧元区成员国之间急需打破各自为政的现状，积极展开政治经济上的合作，在共同协商的前提下制定行之有效的救援措施，并且保证其尽快实施。危机国之外的成员国并没有强制义务对希腊进行救助，危机国需要积极主动地采取措施。同时，针对希腊因过度依赖外部救援而导致债务违约风险有增无减的结果，提出建立退出机制刻不容缓。必要时需要实行宽松的货币政策以提振经济，同时需要欧洲央行出面承担最后贷款人的职责，建立财政同盟、发行共同债券。

着眼于欧盟的长期应对战略，提出了针对危机根本的整治方案。第一，在欧元统一的货币政策基础上强调相对独立性。赋予欧洲央行制定欧元区各成员国普适性的货币政策的权力，同时也可针对某一成员国的具体情形与该国政府协商制定单独的货币政策。如此一来，当某成员国出现经济问题时，不至于因为丧失了独立的货币政策权而处于无能为力的被动地位。第二，多样化主导产业，重视实体经济发展，加快推进经济结构的转型升级。将欧洲经济增长拉出低速泥潭，改善就业状况，提高国家抗风险能力。第三，实施与经济增速相匹配的灵活福利政策，避免高福利政策加重财政负担。

二、国家主权信用风险实际救助措施

按救援主体来划分，对欧元区的实际救助实质上是一个包括本国自救、欧元区内部救援以及以国际货币基金组织为主的国际社会救援在内的多层次救援体系。重灾区希腊、西班牙、葡萄牙、爱尔兰、意大利以及经济基础较好的法国和英国都选择紧缩型财政政策进行自我救助。通过削减财政预算的方式使赤字率尽可能快地回落到《稳定与增长》公约限定的3%以下。从2010年4月起，欧元区国家达成协议，援助希腊共计610亿美元，此后两周又将金额提升至1590亿美元，距第一次救援未满一月之期，欧盟与国际货币基金组织又联合推出共计7500亿欧元的援助。但如此频繁和大规模的救援并没有达到预期效果，希腊债务违约风险不仅没有得以改善，反而有所上升，债务危机前景仍然不明朗。欧盟内部对危机国的救助也止于对希腊的救助，欧元区其他国家出于政治与经济利益的双重考虑并不愿救助其余重债国，从而免去了因施以援手而被拖下水的担忧。国际社会对欧洲主权债务危机的救助主要依靠国际货币基金组织,会员筹集资金用于救助,目的在于防止危机进一步传染导致全球经济的二次衰退。2011年起,私人部门也加入了对危机的救援,受援助对象主要是欧元区国家。非欧元区的欧盟国家的援助由EFSM(欧盟金融稳定机制)全权负责。

按救援持续时间划分,对欧洲主权信用风险恶化的救助可以分为短期救援措施和长期救助机制。短期救援措施包括以下三种:第一,紧急救助。欧盟及IMF对希腊、爱尔兰和葡萄牙提供短期贷款,并且降低了利率、延长了还款期限。第二,自我救助。"欧猪五国"通过实行财政紧缩计划,开源节流降低赤字率。第三,欧洲央行的救助。欧洲央行打破了连续11年的禁忌,开启了国债购买计划。通过向金融机构提供固定利息和低息贷款,以及联合美、日、英等国启动美元互换协议,向市场提供流动性。长期救助机制分为两步走,第一步要建立一揽子救助计划,第二步则要建立永久性救助机制。一揽子救助计划中总额高达7500亿欧元的救助机制由EFSF(金融稳定工具)、EFEM(金融稳定机制)以及IMF共同承担。永久性救助机制ESM(欧洲稳定机制)于2013年7月启动,取代EFSF和EFSM,对陷入危机的成员国进行金融救援,必要时通过贷款形式进行救助,保持救助国国债的可持续性,助其在国际市场上进行融资。

三、国家主权信用风险的救助风险

现行的救助体系存在市场风险、道德风险、政治风险和筹资风险。欧洲央行被迫无上限地收购风险资产是一种将原本分散存在于成员国的风险独揽到自己身上的行为。希腊是出现道德风险的典型案例,欧盟与国际货币基金组织对其的救助金额完全可以覆盖其资金敞口,导致希腊在财政整顿上未尽全力反而出现懈怠。欧盟出现债务危机的成员国数量较多,对危机救助的责任全部压在少数核心国家身上可能导致遭受德、法等国的政治阻碍。筹资风险是最为紧迫的风险,当较大经济体也申请救援时将导致救援资金的承诺无法兑现。除此之外,当现阶段的救援措施实施以后还未能从根本上提升危机国债务偿还能力时,则需要对债务重组风险加以警惕。

对于欧洲主权信用风险恶化的短期救助在一定程度上安抚了市场恐慌情绪,同时也带来了严重的副作用。这种短期救援并没有针对高福利和货币政策、财政政策二元性的制度缺陷,也没有调整失衡的经济结构,因此无法消除危机扩散的风险,反而对经济增长、社会稳定造成了不容小觑的负面影响。欧洲国家现阶段财政紧缩政策的施行对全球经济发展产生的副作用甚至包括引发全球第三次大萧条。

第七节 结论及政策建议

欧洲主权债务危机的影响依然在继续,财政政策与货币政策二元结构的制度缺陷,持续低速经济增长和高额支出的不平衡,以及世界经济局势前景不甚明朗,都可能导致危机持续存在。危机的延续导致其对中国经济的影响持续,针对本章的研究结果,提出以下建议。

一、调整出口拉动型经济结构,刺激消费扩大内需

出口导向型的经济增长模式,注定了中国经济容易受到世界经济局势变动的冲击。国际贸易之争成为不争的事实,中国劳动力成本上升已不可逆转,高科技产品出口的竞争力尚未完全形成。因此,我国经济发展模式的转变应瞄准拉动经济增长"三驾马车"中的消费一项。随着包括住房保险、养老金并轨等社保制度在深度、广度上的拓展,国民消费信心得以增强,依靠内需提振经济在制度上有了保障。在此基础上配合积极的财税政策,适当提薪、降税,促进国民转变消费观念。此外,仍需优化出口结构,提升高劳动附加值商品占出口产品的比重,拉大出口贸易的利润空间。

(一)提升自主创新能力,发展高新技术产业

中国的对外贸易先后经历了从资源密集型产品、劳动密集型产品到资本技术密集型产品为主导的转变,出口贸易结构在不断优化。但目前商务部的公开数据显示(见表4.3),中国出口商品中,高新技术产品金额同比增长率低于纺织品、箱包、服装及衣着附件等劳动密集型产品,同时更是远低于钢材等资源密集型产品,我国距离以高新技术产业为主导的出口模式还存在一段距离。

表4.3　　2011年中国部分主要出口产品金额同比增长率

商品名称	高新技术产品	机电产品	纺织品	箱包	服装及衣着附件	钢材
同比增长	13.5%	17.6%	25.2%	36.4%	21.4%	38.5%

资料来源:商务部网站。

就目前中国的出口情况来看,低技术含量、低附加值的加工贸易仍然在贸易结构中占比较大。这种出口加工型贸易一般与中小型出口企业对应,利润薄、核心竞争力不足导致企业极易受到外部经济环境变动的冲击。因此提升自主创新能力,研制高附加值、高技术含量的新产品,加快出口企业转型升级变得迫在眉睫。政府应进一步通过财税政策的出台,调整产业结构,引导企业依靠高新技术实现核心竞争力的提升,从而提升出口企业抵御外部风险的能力。

(二)完善社会保障制度,拉动内部需求

欧洲主权信用风险的恶化对中国出口贸易造成了相当大的影响,动荡和黯淡的全球经济局势以及步履维艰的复苏进程都要求中国加速转变出口导向型的经济增长方式。经济不景气的大背景下,投资和出口都遭受冲击,唯有降低经济发展的对外依存度,通过内需这架马车拉动经济

增长。

中国居民消费观念与欧美国家居民超前消费的观念截然不同，我国居民崇尚节俭和储蓄由来已久。除去这一历史原因，中国现行社会保障制度的不完善也是国人不敢消费的现实原因。社会保障水平低、标准低、普及率低、覆盖面窄；社保基金运作效率低、监管薄弱等，这些现阶段社会保障制度的缺陷间接导致了国民"存钱养老"的心理。因此，拉动国内需求带动经济发展需要在制度层面上提供保障，在与经济发展水平相匹配的前提下适度提高福利政策，转变国民"高储蓄、低消费"的消费观念，从而提振内需。

加快分配收入制度的优化，改善收入的两极分化，缩小城乡收入差距；努力实现社保标准的并轨，扩大福利覆盖面，提高低收入者和广大农民的消费能力。统筹规划并推进各项社会保障事业，尽量涵盖医疗、教育、住房、失业、养老等社会生活的各个方面，通过政府所提供的有力制度保障解决居民消费的后顾之忧。

(三)优化出口市场结构，推动自贸区的建设

自2004年以来，欧盟就稳居中国第一大出口市场的地位。但欧洲主权债务危机爆发以来，欧盟开始采取激进的对华贸易战略，贸易保护主义升温，中欧贸易环境面临恶化，中国对欧贸易顺差不断收窄。欧美市场是我国外贸的主要市场，出口额占到总额的六成以上。但近年来欧美金融危机和债务危机频发，对中国对外贸易发展造成了严重的冲击。因此，中国需要对现有的出口市场结构进行适当调整，在主要贸易伙伴国之间稍作平衡，一改过度依赖欧美市场的现状，形成贸易重点化与多元化兼顾的新格局。在维系传统市场的同时积极开拓新市场，将新兴市场国家、非洲国家等纳入发展对象。通过推动自由贸易区的建设、积极参与多边贸易谈判，在国际经贸格局重组中抢占有利地位。

二、推进人民币跨境结算,加速人民币国际化进程

随着中国国际地位和综合国力不断提升,人民币国际化的呼声再次高涨,但目前人民币并没有跻身国际储备货币行列。此次欧洲主权债务危机的爆发又一次推高了国际货币体系改革的呼声,人民币国际化迎来了新的战略机遇。

(一)依托国际金融中心和金融机构的影响力

国际金融中心所吸引的外资金融机构为人民币提供了海外使用者,促进了人民币作为交易媒介的国际化;金融中心的国际结算中心为人民币计价提供了政策引导和支持,不断增长的跨境交易额度也为人民币记账单位国际化奠定了基础;金融中心内的自贸区可以将人民币在国内的价值贮藏功能推广到其他国家或地区。因此,我国应依托国际金融中心的建设,在人民币兑换、流转和交易等方面为人民币国际化提供支撑。与此同时,提升金融机构国际影响力,从而扩大人民币跨境结算、融资服务等金融服务的份额。

(二)依托区域经贸合作,加强区域货币合作

人民币国际化的推动除了依靠国际金融途径,还可以通过国际贸易途径。对外贸易发展是一个长期而稳定的过程,因此依靠国际区域经贸合作是推进人民币国际化更优选的途径。通过进一步扩大贸易规模提升人民币的国际地位;通过改变贸易的地域结构和主体结构提升我国出口企业话语权、促进人民币计价和结算;通过从低附加值产品向高科技、高利润产品转变,提升中国出口产品的优势和我国在贸易链条中的地位;最终借助海外市场对中国产品的依赖,通过国际贸易渠道推进人民币国际化。

在通过区域货币合作推进人民币国际化进程中,中国现阶段已经小有成就。目前我国已经与越南、蒙古、俄罗斯等邻国签订了双边结算与

合作协议,人民币也已经成为中国与东盟外贸结算的主要币种,与新加坡、韩国等国的外贸也可以直接用人民币支付和结算,周边国家和地区已经开始广泛接受和使用人民币。此外,中国与包括英国、澳大利亚、俄罗斯在内的共25个国家(地区)签订了总规模近3万亿元人民币的货币互换协议;我国香港地区人民币离岸金融中心人民币资金池已经超过10000亿元,规模自2010年起步时就迅速扩大,人民币国际化正依托区域贸易与货币合作稳步推进。

三、创新外储管理方法,保障巨额外储安全

过于单一的外汇储备结构无疑是将鸡蛋放在同一个篮子里,风险隐患不言而喻。应坚持外汇储备的多元化投资,将结构单一的外汇储备通过投资的方式实现多元化,以此增强中国抵御金融风险的能力。

(一)调整外储币种结构,实现外储币种多元化

虽然中国外汇储备构成并没有对外公布,但中国学者翁雪琴(2006)根据美国公布的相关数据进行推算,得出中国外汇币种构成中美元资产占比超过五成,约为60%,其次是欧元和日元,比重分别为25%和15%。这种以美元资产为主的币种结构过于单一,在欧美国家危机频发的大背景下格外值得注意。目前中国外汇储备币种结构面临单一货币比例过高可能带来的汇率风险、因期限错配导致的流动性风险以及资产配置单一造成的收益偏低现象。因此,我国应在满足经济实力原则、币值稳定原则和交易匹配原则的前提条件下,循序渐进地适当调整外储币种结构,适当增加黄金储备份额,达到分散风险、保障巨额外汇储备安全的目的。

(二)构建外汇投资组合,增强风险抵御能力

与外汇储备币种结构存在的问题相同,我国外汇储备资产结构也存在单一的问题。主要投资于美国长期债券的现状导致我国外汇储备安全

与欧美局势关联度密切，欧美局势的不稳定性给我国外汇储备安全带来了威胁。若将外储机会成本、通胀风险以及汇率等因素考虑在内，我国外汇储备资产中美元资产一项可能出现收益为负的极端情况。

因此中国急需建立同时满足交易性需求、干预性需求、盈利性需求以及发展性需求在内的多层次外汇储备体系，通过构建不同的投资组合满足不同的需求动机。例如，投资国外土地和矿产等可变现资产，进行海外投资、进口原材料和设备等，实现外币储蓄的灵活运用。在树立外汇资产概念、多元化外汇投资组合的同时，需要通过藏汇于民的方式，依靠民间对外投资等形式实现外汇储备的分流，通过适当降低我国外汇储备规模起到缩小外储风险的目的。

四、着力加强金融市场建设，健全银行业监管机制

欧洲主权信用风险变化通过金融途径对中国的影响较小，说明我国金融业开放程度欠缺，与全球金融体系关联度低。虽然因此使我国金融业在欧债危机带来的负面影响中得以幸免，但从长远角度来看，无论是对金融业自身发展还是对经济发展贡献而言，"闭关锁国"都是作茧自缚。因此，要不断加强金融创新，开展海外并购，同时配以适度监管，推进金融业的国际化。

（一）建立风险预警机制，推进综合金融监管

无论是此次的欧洲主权债务危机还是早前由次贷危机引发的全球金融危机，都与金融业潜在风险有着密不可分的联系。因此，中国应建立风险预警机制，实时监控国内金融业风险动向，对未来潜在风险进行预判。进一步完善现有的监管模式，并针对金融控股公司这种混业经营模式采取综合监管，从而有效防范和化解金融机构存在的潜在风险。

（二）把握中国金融机构海外扩张的历史机遇

欧洲主权债务危机爆发以来，为了控制银行业风险，银行业被要求

提高资本充足率，同时进行去杆杆化。对资本充足率的高要求和因杠杆率下调导致的业务规模缩水为中国金融机构的海外扩张提供了市场。通过直接在海外开设分支机构、收购股权等有效途径，银行、券商、保险公司等金融机构开启了海外扩张之路。金融机构发展海外业务可以很好地服务于中国在境外的企业，为其提供优质金融服务的同时也可以帮助国内制造业在海外赢得一席之地，为人民币国际化奠定坚实基础。

(三)发展国内债券市场，提升资源配置效率

实证部分的结果表明欧洲主权信用风险的变化对中国金融部门的冲击较小，这从侧面反映出中国金融业欠发达。单就债券市场发展情况而言，我国债券市场对外开放程度欠缺，与国际债券市场的联动性差。可以通过放宽境外投资者的额度，拓宽我国债券市场资金来源渠道，进一步开放境外机构在我国债市发行债券，丰富债券品种，从而提升我国债券市场的对外开放程度。国内债券市场的进一步发展可以更好地发挥其直接融资的功能，投资品种的丰富和境外机构参与度提高可以提供更多的融资渠道，更好地服务于实体经济，提高国内金融资源的配置效率。

第五章 欧洲主权信用风险与银行业信用风险相互溢出效应研究

本章在前一章对欧美国家主权信用风险的成因、演化及影响研究的基础上,开始研究主权信用风险的传导问题,根据第二章提出的理论分析框架,首先对主权信用风险传导所涉及的经济部门进行梳理,主要包括风险在欧洲政府部门与金融部门之间的传导,风险在美国、欧洲以及中国相关经济部门之间的传导。本章主要研究风险在欧洲政府部门与金融部门之间的传导,美国次贷危机传导到欧洲后,造成了风险在欧洲政府部门和金融部门之间的传导,风险呈现出循环放大的态势,欧洲国家政府以及一些国际金融组织对欧洲政府部门和金融部门进行了救助,本章重点研究救助前后欧洲政府部门和金融部门之间的风险传导效应的变化。首先对相关背景问题进行梳理,接着从理论上梳理了传导路径,然后建立计量经济学模型刻画救助前后风险传导效应的变化,最后提出结论和政策建议。

第一节 引 言

2008 年,发端于美国的次贷危机引发了欧洲一些国家的主权债务危机。主权债务危机指主权国家政府不能及时履行对外偿付债务的风险,即主权信用风险的恶化。历史上爆发的主权债务危机包括:拉美国家主权危机(20 世纪 80 年代)、墨西哥经济危机(1994)、俄罗斯金融危机(1998)、阿根廷债务重建(2002)、欧元区债务主权危机(2010)等。主权债务危机的原因和形式虽不尽相同,但其在风险的传导方面却有着相似的规律。就欧元区而言,主权债务危机和银行业危机同步出现,并且形成一种"双向反馈强化机制",使一些国家政府和银行部门的风险迅速恶化。

2008年9月,雷曼兄弟倒闭给全世界银行业带来了较大的冲击,由于欧元区缺乏统一的应对银行业危机的监管框架,银行业自身的应对机制也欠缺,一些政府不得不通过注资、重整银行等渠道向总部位于本国的银行实施救助,尤其是拥有大银行的小国。这些措施增加了政府的债务负担,导致政府财政状况恶化,同时也加强了政府和银行间的金融关联度,并且这种关联度随着欧洲主权信用风险的恶化进一步强化。一般而言,在银行业面临金融危机时,政府的流动性注入会使银行风险转移成主权信用风险,而主权信用风险又通过资产持有渠道、抵押品渠道、信用评级渠道、政府担保渠道向银行传导,银行主权债务敞口和政府担保的价值下降。风险的进一步加深,又导致政府进一步采取救济措施,银行风险又向主权国家政府传导,从而形成一种双向反馈机制。

欧洲主权债务危机爆发后,希腊、葡萄牙、爱尔兰等国家在欧洲委员会、欧洲中央银行和国际货币基金组织的监督下接受了两次大规模外部救助,主要形式有:(1)欧盟及国际货币基金组织的短期救助措施;(2)欧盟成员国各自出资共同成立的欧洲金融稳定基金(European Financial Stability Facility, EFSF)对欧盟国家提供的贷款;(3)主要由欧元区发达经济体承担的欧洲稳定机制(European Stability Mechanism, ESM)对债务危机国家的长期贷款等。① 在第一轮援助希腊方案出台后,欧洲经济金融事务特别会议在2010年5月10日通过了总规模高达7500亿欧元的救援方案,其中出资规模最高的EFSF是7500亿欧元救援方

---

① 由于ESM直到2012年10月8日才正式启动,主要是继续接替EFSF和EFSM的职能,因此本书主要关注欧盟及国际货币基金组织的短期救助措施。

案的核心。此次救助机制包括三个部分：一是由欧元区各国设立的金额为 4400 亿欧元、为期 3 年的欧洲金融稳定基金(EFSF)；二是总额为 600 亿欧元的欧洲金融稳定机制(EFSM)；三是由国际货币基金组织(IMF)提供总额达 2500 亿欧元的贷款；同时欧洲央行重启购买发生危机国家国债的计划。各国获得援助的情况如表 5.1 所示。

表 5.1　　　　　　　部分债务危机国家获得援助情况

受援国	时间	资金总额	资金来源
希腊	2010 年 5 月 2 日	1100 亿欧元	欧元区国家出资总额为 800 亿欧元，IMF 出资总额为 300 亿欧元
	2010 年 5 月 10 日	7500 亿欧元	IMF 可能提供 2500 亿欧元资金救助希腊
	2012 年 2 月 21 日	1300 亿欧元	
葡萄牙	2010 年 5 月 16 日	680 亿欧元	
爱尔兰	2010 年 11 月 28 日	850 亿欧元	175 亿欧元为爱尔兰自筹，还将有 225 亿欧元来自 IMF，其余来自欧元区成员国及英国、瑞典和丹麦等国

本章侧重点是在欧盟对主权国家进行的救助对两个部门之间风险传导机制的影响。外部救助本质上会影响银行风险和主权国家政府风险之间的传导效应，Gray(2009)指出，监管者、政府、中央银行对金融部门风险敞口和主权风险敞口之间的相互关系、潜在的相互传导机制以及其对整个经济或国家之间的影响缺乏足够的重视，导致政府债务敞口和银行债务敞口的相互关系不明确，增加了政府干预的不确定性。因此，对外部救助下主权国家政府和银行之间的风险传导机制的研究有利于理解救助的实际效果，更好地识别和管理风险敞口，完善政府的干预机制。具体地，本章以葡萄牙、西班牙、意大利、希腊、爱尔兰这五个债务危机最严重的国家为实证研究对象，利用向量自回归模型(VaR)分阶

段检验银行和主权国家政府信用风险两者之间的关系。阶段的划分依据是欧盟第一轮救助措施出台时间,主要分析欧盟的外部救助行为对主权债务危机和银行危机之间传导机制的影响,并将这种影响与内部救助措施进行对比,分析外部救助产生作用的原因。

第二节　主权风险与银行业风险相互溢出的理论研究

2008年,美国次贷危机引发了欧洲主权债务危机后,学者们逐渐认识到银行业危机往往伴随着主权债务的问题(Laeven和Valencia,2008)。一些学者运用统计数据分析了历史上银行危机与主权债务危机发生的关系。Borensztein和Panizza(2009)以149个国家在1975—2000年期间发生的银行业危机和主权违约事件为样本,对银行业危机是否引发主权违约事件(或者反之)进行研究,发现在主权违约事件发生的前提下银行业危机发生的概率为14.1%,在银行业危机发生的前提下主权违约事件发生的概率为4.5%。Reinhart和Rogoff(2011)对银行业危机进行分类以识别那些与主权债务违约同时发生的危机,其所记录的82次银行业危机中有72次是与主权违约危机相伴而生的。Padilla(2013)对1970年以后与违约事件同时或者相近时间发生的银行业危机进行统计发现,二者同时发生的次数为13次,银行业危机先于违约事件发生的次数为14次,违约事件先于银行业危机发生的次数为12次。

一些学者通过建立理论模型分析银行风险与主权信用风险之间的相关性。Gray等(2007)采用或有权益分析法分析得出,银行业与政府部门之间通过多种渠道相连,并受显性担保和隐性担保影响。其中银行向政府部门提供贷款,持有政府部门发行的债券,并获得政府部门提供的隐性担保。[①] Reinhart和Rogoff(2009)建模发现,主权债务危机与银行

[①] 隐性担保是因为"大而不倒"的现象存在,金融机构因规模、可替代性与系统关联性等因素,具有系统重要性而不能任其倒闭,否则会引发系统性风险,各国政府对系统重要性金融机构实施救助的根本目的在于防范或遏制系统性风险。

第二节 主权风险与银行业风险相互溢出的理论研究

危机存在互连性,均衡状态决定的银行救助能够阻止债务危机的传染。Gennaioli 等(2012)的模型显示,政府违约将会弱化持有政府债券的银行资产负债表,导致私人信用下降。Sandleris(2010)的模型认为,政府违约会通过释放未来经济基本面的负面信号,引致私人部门信用崩溃。Broner 等(2010)假定主权债务由本国国民与外国国民在二级市场上进行交易,防止针对外国债券人的选择性违约,得出两个重要结论:一是政府违约通常伴随着私人信用的大幅收缩;二是这种信用收缩在持有较多政府债券的国家中更加严重。Acharya 等(2014)构建理论模型模拟了银行救助与主权信用风险之间的关系,用"双向反馈"(two-way feedback)来描述二者之间的传导机制:银行业系统性危机导致整体经济收缩,恶化公共财政状况,并将危机转移给政府。当存在政府对金融部门担保时,这种危机传染效应会大大增强;作为反馈效应,危机进一步转移到主权债务的持有者,主权债务的成本增加将会导致政府债务贬值,从而损害持有这些债务的银行资产负债表。Bruyckere 等(2013)研究发现政府和银行之间的风险通过资产持有渠道、政府担保渠道、信用评级渠道、抵押品渠道传导,Acharya、Drechsler 和 Schnabl(2014)的研究也表明金融机构的主权债务敞口和政府担保会导致主权风险向银行风险传导。

在实证研究方面,学者们主要通过实证分析检验金融危机大背景下政府部门风险与银行风险之间的动态相关性。Gerlach 等(2010)研究发现,希腊和爱尔兰的主权债券或信用违约互换息差(CDS)猛增很可能源于银行部门的突变,而且一旦政府为银行债务提供担保,银行系统风险与主权风险之间的互动将变得更加错综复杂。Ejsing 和 Lemke(2011)发现在 2008 年 10 月初政府对金融机构实施救济后,风险从金融部门向政府转移,导致银行的 CDS 下降而主权国家的 CDS 上升,Dieckmann 和 Plank(2012)提供的实证结果表明,在雷曼兄弟公司破产以后,那些政府采取措施稳定金融体系的国家,私人债务有向公共部门转移的迹象。Alter 和 Beyer(2012)的实证结果表明,在实施救助前银行风险会传导到主权国家政府,而在实施救助后,银行风险对主权债务风险的影响短期比长期更显著,同时主权债务风险也对银行风险有显著的影响。Alter和Schüler(2012)实证分析指出,在政府干预之前,银行信用风险向主权政府债券 CDS 市场扩散,在政府干预之后,由于银行和政府的资产负债表都有所变化,政府 CDS 在银行 CDS 价格发现机制中的重要性增加。Gross 和 Kok(2013)基于 23 个国家和 41 家大型国际银行数据,测度了主权风险和银行风险之间的传染效应,发现 2008 年风险主要是从银行部门向主权转移,2011—2012 年则出现反方向传染。Alter 和 Beyer(2014)使用向量自回归模型对欧元区国家的主权信用风险和银行风险之间的溢出效应进行定量分析,结果显示欧洲债务危机期间二者存在风险双向传染现象。

通过以上理论和实证研究文献的梳理,银行风险与主权风险的相互传导机制如图 5.1 所示,外部救助前,政府部门对银行业的救助导致政府对银行的或有负债增加,政府部门的风险加大。同时,银行部门持有大量政府债券,这些债券的价格由于政府部门风险的加大而下降,从而恶化银行业的资产负债表,银行业的风险加大。

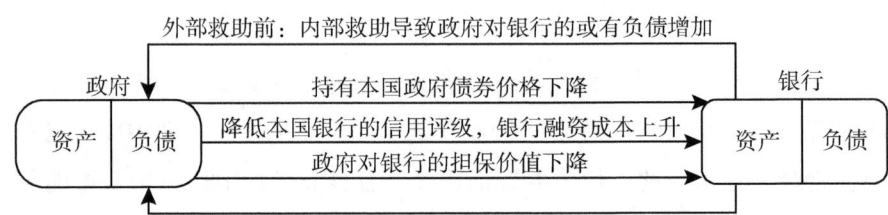

图 5.1 外部救助背景下的风险传导机制

1. 银行风险向主权国家的传导

内部救助渠道。金融危机爆发后,在政府的干预下,政府对银行的隐性担保增加,或有负债增加,导致政府风险对银行风险的敏感度提升。然而，欧盟和国际货币基金组织的外部救助导致政府自身对本国银行的救助压力减小，因为政府可利用这部分资金对银行进行救助，而不需动用财政资金，从而减小了因内部救助所扩大的银行主权债务敞口。

2. 主权风险向银行风险的传导

一是资产持有渠道。由于银行持有主权债务敞口，主权风险会直接影响银行资产负债表的资产端。二是政府担保渠道。由于具有系统性、重要性的银行对本国经济的影响较大，政府一般会对本国银行有所担保，而一旦主权信用风险上升，政府担保的价值则会下降，金融机构变得"大而不能救"。三是抵押品渠道。主权债务被银行用作从央行和私人回购协议市场取得批发融资的抵押品，主权风险的上升会降低抵押品的价值，增大银行批发融资的难度。四是信用评级渠道。作为一国信用的"天花板"，主权信用评级的下降会使金融机构的信用评级下降，这会提高金融机构的融资成本，使金融机构从货币市场融资变得更加困难。

参考上述文献，并结合理论归纳，运用向量自回归模型分析外部救助对"欧猪五国"主权风险和银行风险相互传导机制的影响。具体的边际贡献主要体现在以下几个方面：

（1）侧重分析外部救助措施对主权债务危机和银行危机相互之间传导效应的影响。以往的文献主要关注主权国家对银行的内部救助措施对两种风险之间传导效应的影响，对于欧盟、欧洲央行、国际货币基金组织的外部救助对风险之间传导效应的影响缺少研究，本章着眼于外部救助措施，探讨其在两部门间风险传导过程中所起的作用。

（2）分外部救助前后两个阶段对每组国家和银行进行分析，探讨外部救助对不同国家的主权债务危机和银行危机传导效应的影响，并结合不同国家银行和主权债务的具体情况分析产生这一影响的原因。同时，将内部救助和外部救助的效果进行对比分析，探讨不同形式的救助对风险传导机制的影响。

第三节 主权风险与银行业风险相互溢出的实证研究

一、模型设定与数据选择

在阶段划分上，以2008年10月8日金融危机全面爆发并且主权国家纷纷出台对本国银行的救助措施后到欧盟第一轮大规模救助方案出台前一天为第一阶段，这一阶段的特征主要是银行风险向主权国家传导，之后主权国家的信用状况恶化，也加速了主权债务危机向银行的传导，总体上两种风险都呈现不断上升的趋势。本章以欧盟第一轮大规模救助方案出台到2012年10月18日ESM启动为第二阶段，主要探讨在外部救助实施后两者风险的变化情况。

在数据选择上，本章采用"欧猪五国"（希腊、爱尔兰、意大利、葡萄牙、西班牙）2008年10月到2012年10月的国债和银行债券信用违约互换溢价（CDS）日数据，同时每个国家选择1家代表性银行，选择同样时间区间的CDS（Credit Default Swaps）日数据，分析接受外部救助前后各个国家及其对应银行的风险传导关系。CDS溢价可以用来衡量银行和主权国家债务风险。CDS是债权人对债券或贷款违约风险购买的保险，CDS的购买者定期支付给CDS的发行人保险费，CDS的发行人在债券违约时需要以实物结算或现金结算的方式赔偿买方，因此CDS能够将信用风险从保险的买方转移向保险的卖方，CDS溢价则代表合约到期或违约发生前需要定期支付的保险费。CDS溢价代表了标的物的信用风险，其价格对市场预期很敏感，反映的是即时的市场定价，被广泛作为信用风险的代理变量。本章选择5年期优先债务合约的CDS溢价，因为这是被认为交易最活跃从而也是流动性最好的合约。数据来源全部为Datastream数据库。在实证方法上，建立VaR模型，结合格兰杰因果检验、脉冲响应、方差分解进行实证分析。

第三节　主权风险与银行业风险相互溢出的实证研究

建立的向量自回归模型，表示如下：

$$Sov_t = a_1 Sov_{t-1} + a_2 Sov_{t-2} + \cdots + a_p Sov_{t-p} + b_1 Bk_{t-1}$$
$$+ b_2 Bk_{t-2} + \cdots + b_p Bk_{t-p} + \varepsilon_{1t} \qquad (5.1)$$

$$Bk_t = c_1 Bk_{t-1} + c_2 Bk_{t-2} + \cdots + c_p Bk_{t-p} + d_1 Sov_{t-1}$$
$$+ d_2 Sov_{t-2} + \cdots + d_p Sov_{t-p} + \varepsilon_{2t} \qquad (5.2)$$

其中，Bk 表示银行债券的 CDS 溢价，Sov 表示主权国家债券的 CDS 溢价，下标 t 表示第 t 期。

二、实证分析

实证分析分为三部分，一是描述性统计，二是整体分析，三是阶段性分析。

（一）描述性统计

总体上看（见图 5.2），各国主权债务信用风险溢价水平和银行变化较为一致，其中葡萄牙和爱尔兰主权风险低于银行风险，尤其是 2010 年以后，希腊在 2010 年 6 月后主权风险高于银行风险，意大利和西班牙主权风险和银行风险的水平及变动趋势较为一致。

（二）整体分析

从格兰杰因果检验可以看出（见表 5.2），对于葡萄牙和意大利而言，主要是主权风险引起了银行风险，而对于爱尔兰而言则主要是银行风险引起了主权风险。葡萄牙和意大利主要是主权债务危机导致银行业危机，而爱尔兰主要是银行业危机导致主权债务危机，这与国家的实情相一致。脉冲响应的结果显示，意大利和西班牙主权风险债务的冲击对银行业的影响幅度比相反方向的幅度大，希腊反之，葡萄牙和爱尔兰主权风险债务的冲击对银行业的影响幅度和相反方向的幅度都较小。方差分解的结果显示，对于意大利和西班牙而言，主权风险在很大程度上能解释银行风险的变动，而对于希腊而言，银行风险对主权风险的解释力度较强。

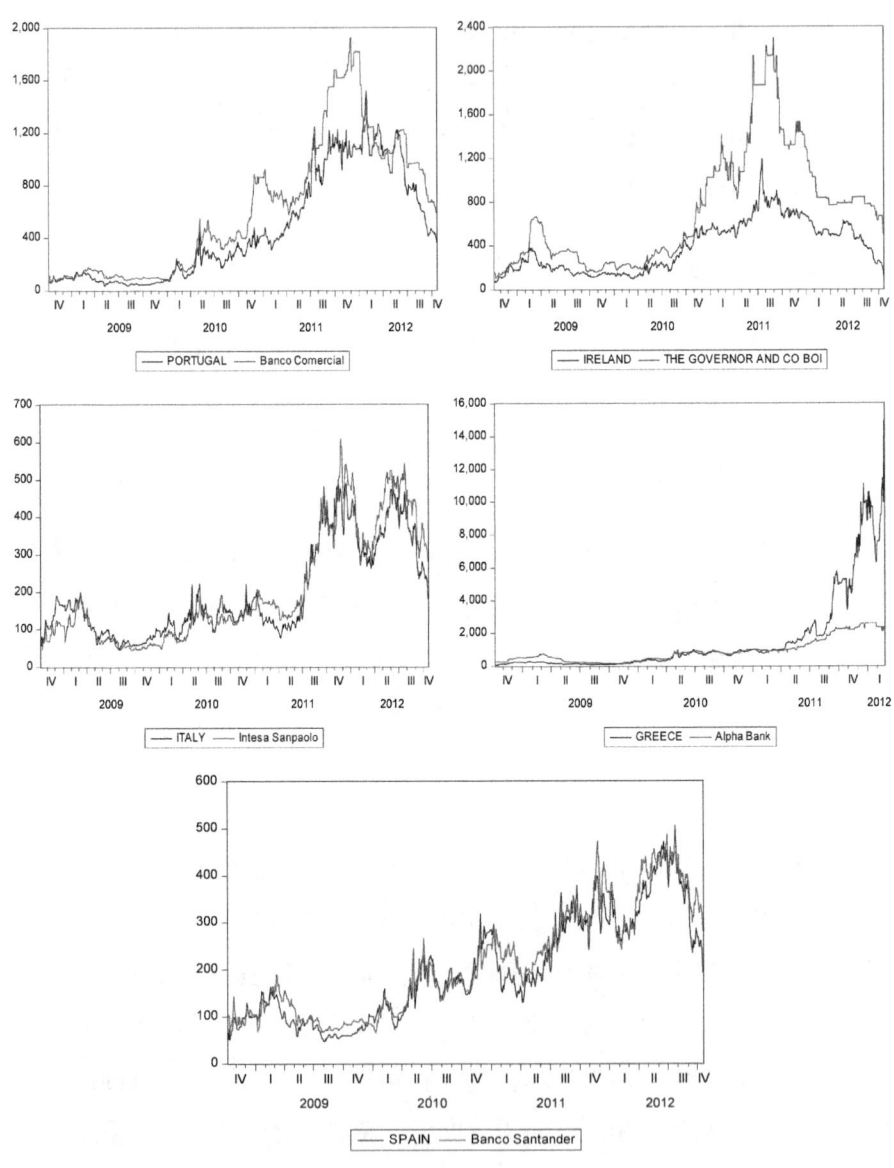

图 5.2　CDS 数据描述性统计

表 5.2　主权信用风险与银行信用风险相关性整体实证分析

		葡萄牙政府,葡萄牙商业银行	爱尔兰政府,The Governor And CO BOI	意大利政府,意大利联合圣保罗银行	希腊政府,希腊阿尔法银行	西班牙政府,西班牙桑坦德银行
平稳性检验	国家	一阶平稳	一阶平稳	一阶平稳	一阶平稳	一阶平稳
	银行	一阶平稳	一阶平稳	一阶平稳	一阶平稳	一阶平稳
最优滞后阶数		2	8	7	6	3
VaR系数及显著性	国家	葡萄牙滞后1阶对自身显著,滞后1阶对葡萄牙商业银行显著	爱尔兰滞后1阶、5阶、7阶对自身显著	意大利滞后1阶、3阶、6阶对自身显著,滞后1阶、5阶、6阶、7阶对联合圣保罗显著	希腊滞后1阶、5阶对自身显著,滞后3阶、5阶、6阶对阿尔法银行显著	西班牙滞后1阶对自身显著,滞后1阶、2阶对西班牙桑坦德银行显著
	银行	葡萄牙商业银行滞后1阶对自身显著	The Governor And CO BOI滞后3阶、7阶、8阶对爱尔兰显著,滞后1阶、4阶、6阶、7阶对自身显著	联合圣保罗滞后7阶对自身显著	阿尔法银行滞后1阶、2阶、4阶、5阶、6阶对希腊显著,滞后1阶、3阶对自身显著	西班牙桑坦德银行滞后3阶对西班牙显著,滞后2阶对自身显著
格兰杰因果检验	银行是/否国家的格兰杰原因	否	是	否	是	是
	国家是/否银行的格兰杰原因	是	否	是	是	是

续表

		葡萄牙政府，葡萄牙商业银行	爱尔兰政府，The Governor And CO BOI	意大利政府，意大利联合圣保罗银行	希腊政府，希腊阿尔法银行	西班牙政府，西班牙桑坦德银行
脉冲响应	给银行一单位冲击	第5期之前银行冲击会给国家带来负向冲击，第5期之后带来的冲击消失	第5期之前银行冲击会给国家带来负向冲击，第5期到第10期给国家带来正向冲击，第10期后冲击消失	第9期之前银行冲击给国家带来正负交替冲击，第9期之后银行冲击给国家带来的冲击消失	第30期前银行冲击给国家带来负正交替冲击，第30期后冲击逐渐消失	第9期之前银行冲击给国家带来负正交替冲击，第9期之后银行冲击给国家带来的冲击消失
	给国家一单位冲击	第5期之前国家冲击给银行带来正向冲击，第5期之后冲击消失	第8期前国家冲击给银行带来正向冲击（冲击幅度波动减小），第8期到第10期带来负向冲击，第10期后冲击消失	第11期之前国家冲击给银行带来正负交替冲击，第11期之后国家给银行带来的冲击消失	第20期前国家冲击给银行带来正负交替冲击，第20期后国家给银行带来的冲击消失	第10期之前国家冲击给银行带来正负交替冲击（且开始的正冲击大），第10期后带来的冲击消失
方差分解	银行对国家方差的贡献率	最高达0.181545（第7期）	最高达2.408004（第30期）	最高达0.983191（第28期）	最高达15.17683（第30期）	最高达1.012562（第15期）
	国家对银行方差的贡献率	最高达12.31209（第7期）	最高达2.806111（第24期）	最高达50.70837（第6期）	最高达9.497112（第28期）	最高达53.73824（第13期）

(三)阶段分析

表5.3 主权信用风险与银行信用风险相关性分救助阶段的实证分析

		葡萄牙,葡萄牙商业银行	爱尔兰,The Governor And CO BOI	意大利,意大利联合圣保罗银行	希腊,希腊阿尔法银行	西班牙,西班牙桑坦德银行
第一阶段(外部救助前):2008年10月8日到2010年5月9日						
平稳性检验	国家	二阶平稳	一阶平稳	一阶平稳	二阶平稳	一阶平稳
	银行	一阶平稳	一阶平稳	一阶平稳	一阶平稳	一阶平稳
最优滞后阶数		8	5	1	8	7
VaR系数及显著性	国家	葡萄牙滞后1到8阶对自身显著,滞后1到4阶对葡萄牙商业银行显著	爱尔兰滞后1阶对自身显著,滞后4阶对The Governor And CO BOI显著	意大利滞后1阶对自身显著	希腊滞后1到8阶对自身影响显著,滞后1到3阶、滞后8阶对阿尔法银行显著	西班牙滞后1阶、3阶、4阶、6阶对自身显著,滞后1阶、2阶、7阶对西班牙桑坦德银行显著
	银行	葡萄牙商业银行滞后5到8阶对葡萄牙显著,滞后3到5阶、滞后7阶对自身显著	The Governor And CO BOI滞后2阶、3阶、4阶对爱尔兰显著,滞后1阶、2阶、5阶对自身显著	联合圣保罗银行滞后1阶对意大利显著,滞后1阶对自身显著	阿尔法银行滞后8阶对希腊影响显著,滞后3阶、5阶、7阶对自身显著	西班牙桑坦德银行滞后7阶对西班牙显著,滞后2阶、6阶对自身显著
格兰杰因果检验	银行是/否国家的格兰杰原因	是	是	是	是	是
	国家是/否银行的格兰杰原因	是	是	是	是	是

续表

		葡萄牙,葡萄牙商业银行	爱尔兰,The Governor And CO BOI	意大利,意大利联合圣保罗银行	希腊,希腊阿尔法银行	西班牙,西班牙桑坦德银行
脉冲响应	给银行一单位冲击	银行冲击给国家带来的冲击正负交替	银行冲击给国家带来负正交替冲击,在第10期以后冲击逐渐衰弱	第5期前银行冲击给国家带来负向冲击,第5期后冲击消失	第30期前银行冲击给国家带来正负交替冲击(短期影响小)	第20期前银行冲击给国家带来正负交替冲击,20期以后银行冲击对国家的冲击消失
	给国家一单位冲击	国家冲击给银行带来的冲击正负交替	在第15期之前国家冲击给银行带来正向冲击(冲击力度逐渐减弱),第15期后冲击消失	第5期前国家冲击给银行带来正向冲击,第5期后冲击消失	第30期前国家冲击给银行带来正负交替冲击(前期影响大)	第20期以前国家冲击给银行带来正负交替冲击,20期以后国家冲击对银行的冲击消失
方差分解	银行对国家方差的贡献率	最高达15.89716(第30期)	最高达3.682406(第30期)	最高达2.220567(第8期)	最高达7.097297(第30期)	最高达5.264286(第28期)
	国家对银行方差的贡献率	最高达45.34803(第3期)	最高达15.11944(第18期)	最高达34.66365(第7期)	最高达32.41354(第30期)	最高达39.93724(第6期)

第二阶段(外部救助后):2010年5月10日到2012年10月18日(爱尔兰到2011年4月21日,希腊到2012年2月23日)

续表

		葡萄牙,葡萄牙商业银行	爱尔兰,The Governor And CO BOI	意大利,意大利联合圣保罗银行	希腊,希腊阿尔法银行	西班牙,西班牙桑坦德银行
平稳性检验	国家	一阶平稳	一阶平稳	一阶平稳	一阶平稳	一阶平稳
	银行	一阶平稳	一阶平稳	一阶平稳	一阶平稳	一阶平稳
最优滞后阶数		5	1	3	6	3
VaR系数及显著性	国家	葡萄牙滞后1阶、3阶对自身显著,滞后1阶对葡萄牙商业银行显著	爱尔兰滞后1阶对自身显著	意大利滞后1阶对自身显著,滞后1阶对联合圣保罗银行显著	希腊滞后1阶、5阶、6阶对自身显著,滞后3阶、5阶、6阶对阿尔法银行显著	西班牙滞后1阶、3阶对自身显著,滞后1阶对西班牙桑坦德银行显著
	银行	葡萄牙商业银行滞后5阶对葡萄牙显著,滞后1阶、滞后4阶对自身显著	The Governor And CO BOI 滞后1阶对爱尔兰和自身都不显著	联合圣保罗银行的滞后阶数对意大利的影响不显著	阿尔法银行滞后1阶、2阶、5阶、6阶对希腊显著,滞后1阶、3阶对自身显著	西班牙桑坦德银行滞后1阶对自身显著
格兰杰因果检验	银行是/否国家的格兰杰原因	否	否	否	是	是
	国家是/否银行的格兰杰原因	否	否(10%的显著性水平上是)	是	是	是

续表

		葡萄牙,葡萄牙商业银行	爱尔兰,The Governor And CO BOI	意大利,意大利联合圣保罗银行	希腊,希腊阿尔法银行	西班牙,西班牙桑坦德银行
脉冲响应	给银行一单位冲击	12期之前银行冲击会给国家带来正负交替冲击,12期之后带来的冲击消失	第4期之前银行冲击给国家带来正向冲击(冲击波动力度微弱),第4期之后带来的冲击消失	第5期以前银行冲击给国家带来负向冲击,第5期以后银行冲击给国家带来的冲击消失	银行冲击给国家带来负正交替冲击	第5期之前银行冲击给国家带来正向冲击,第5期之后银行冲击给国家带来的冲击消失
	给国家一单位冲击	12期之前国家冲击给银行带来正向冲击,12期之后带来的冲击消失	第5期之前国家冲击给银行带来正向冲击(冲击波动力度减弱),第5期之后带来的冲击消失	第4期以前国家冲击给银行带来正向冲击,第4期到第7期给银行带来负向冲击,第10期以后给银行带来的冲击消失	第13期前国家冲击主要给银行带来正向冲击,第13期后冲击逐渐消失	第4期以前国家冲击给银行带来正向冲击,第4期到第7期给银行带来负向冲击,第7期以后给银行带来的冲击消失
方差分解	银行对国家方差的贡献率	最高达 1.240504 (第13期)	最高达 0.115549 (第6期)	最高达 0.505137 (第14期)	最高达 17.19534 (第30期)	最高达 1.493659 (第15期)
	国家对银行方差的贡献率	最高达 10.29043 (第14期)	最高达 2.173364 (第7期)	最高达 54.39961 (第13期)	最高达 9.469293 (第28期)	最高达 54.86420 (第13期)

(四)实证研究结论

1. 葡萄牙

如图 5.3 所示,在实施外部救助前,主权国家和银行的滞后变量对

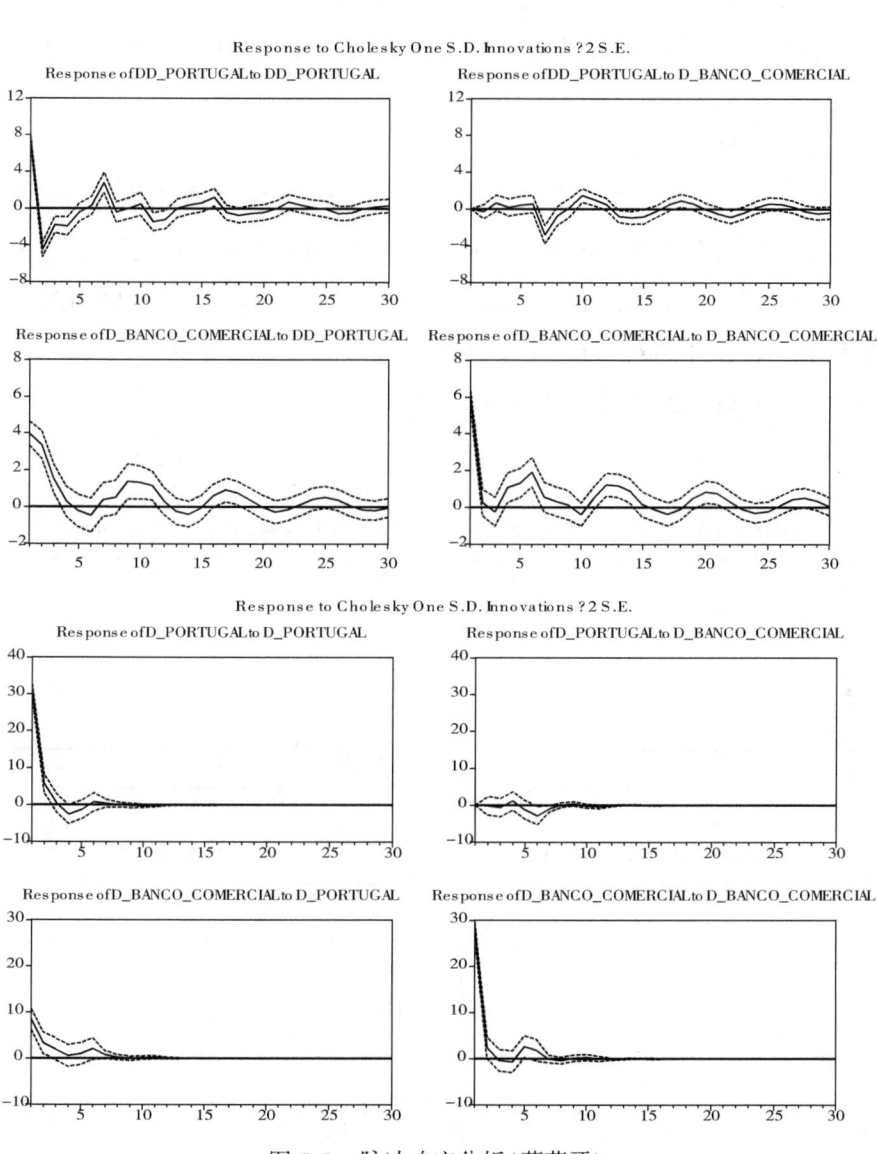

图 5.3 脉冲响应分析(葡萄牙)

对方当期值的影响更显著；在外部救助前，主权国家和银行都是对方的格兰杰原因，而在外部救助后都不是；在外部救助前给银行或主权国家一个单位的冲击，对方都会持续受到正负交替的冲击，而在外部救助后，这种影响会逐渐消失，且在外部救助前，银行和主权国家对对方波动性产生的影响均显著大于外部救助之后。这说明外部救助的实施改变了银行和主权国家之间的风险传导机制，也弱化了两者之间的相互传导机制。

2. 爱尔兰

如图5.4所示，在外部救助前，主权国家和银行都是对方的格兰杰原因，而在外部救助后都不是，从爱尔兰的脉冲响应图可以看出，在外部救助后银行冲击对国家的影响明显减弱，国家冲击对银行的影响也有所减弱，且在外部救助前，银行和主权国家对对方波动性产生的影响均显著大于外部救助之后，这与葡萄牙类似。

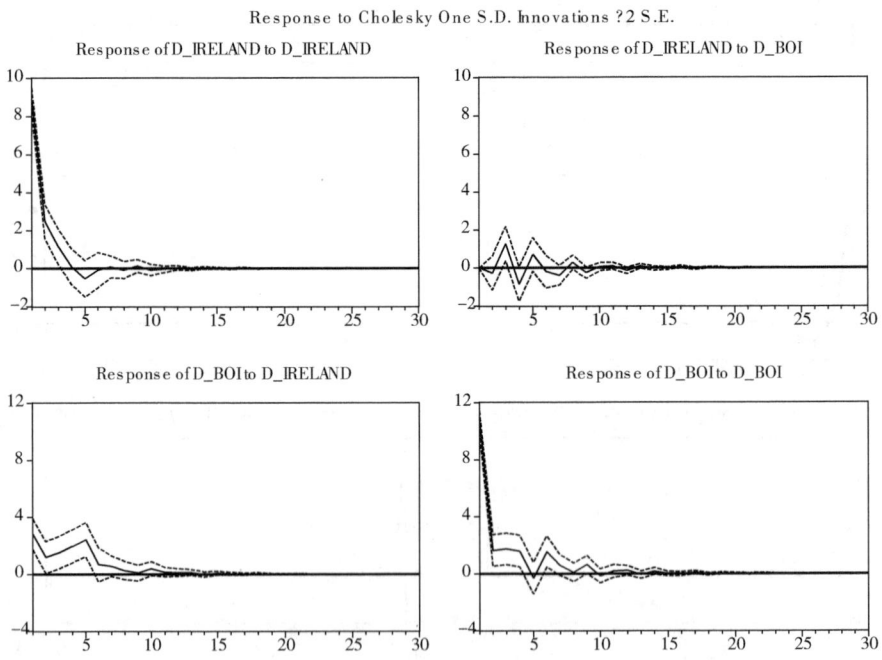

第三节 主权风险与银行业风险相互溢出的实证研究

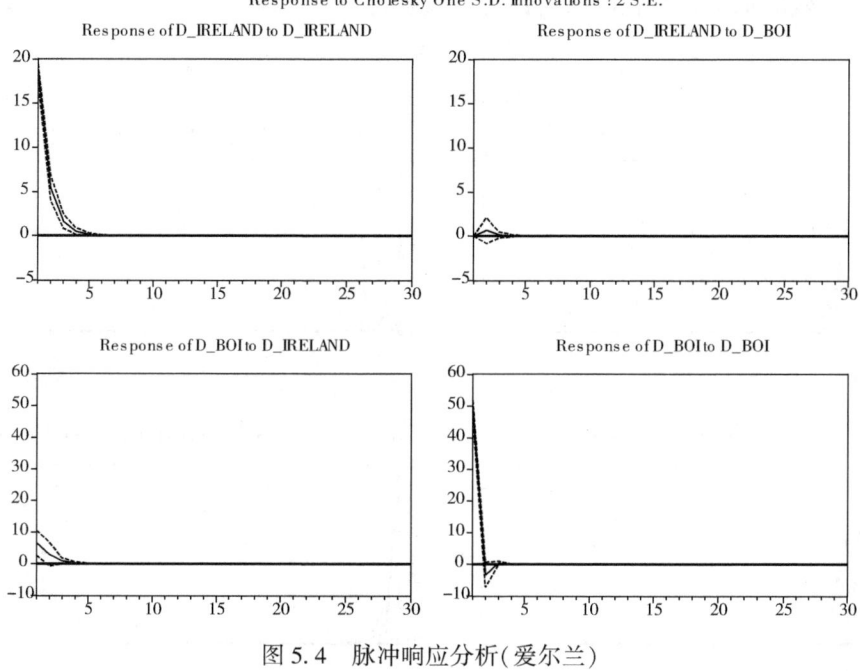

图 5.4 脉冲响应分析(爱尔兰)

3. 意大利

如图 5.5 所示，主权国家的滞后变量在外部救助前后均比银行的滞后变量更显著，在外部救助前给定主权国家或银行一个单位的冲击，对方受到的影响都是正向的，而在外部救助之后，对方受到的影响在一定期数是负向的，且在救助后银行风险不再是主权风险的格兰杰原因，而主权风险对银行的影响在救助后进一步加大。这说明外部救助在一定程度上改变了风险的传导机制，主权信用风险对银行信用风险的影响更大了，而银行信用风险对主权信用风险的影响更小了。

4. 希腊

如图 5.6 所示，银行的滞后变量对主权国家的影响在外部救助后更显著，而主权国家滞后变量对银行的影响没有外部救助前显著，银行风险在主权风险波动中所占比重在外部救助后明显增大，而主权风险在银行风险中所占比重明显减小。这表明外部救助使银行对主权国家的风险

145

传导效应加强,主权国家对银行的风险传导效应减弱。

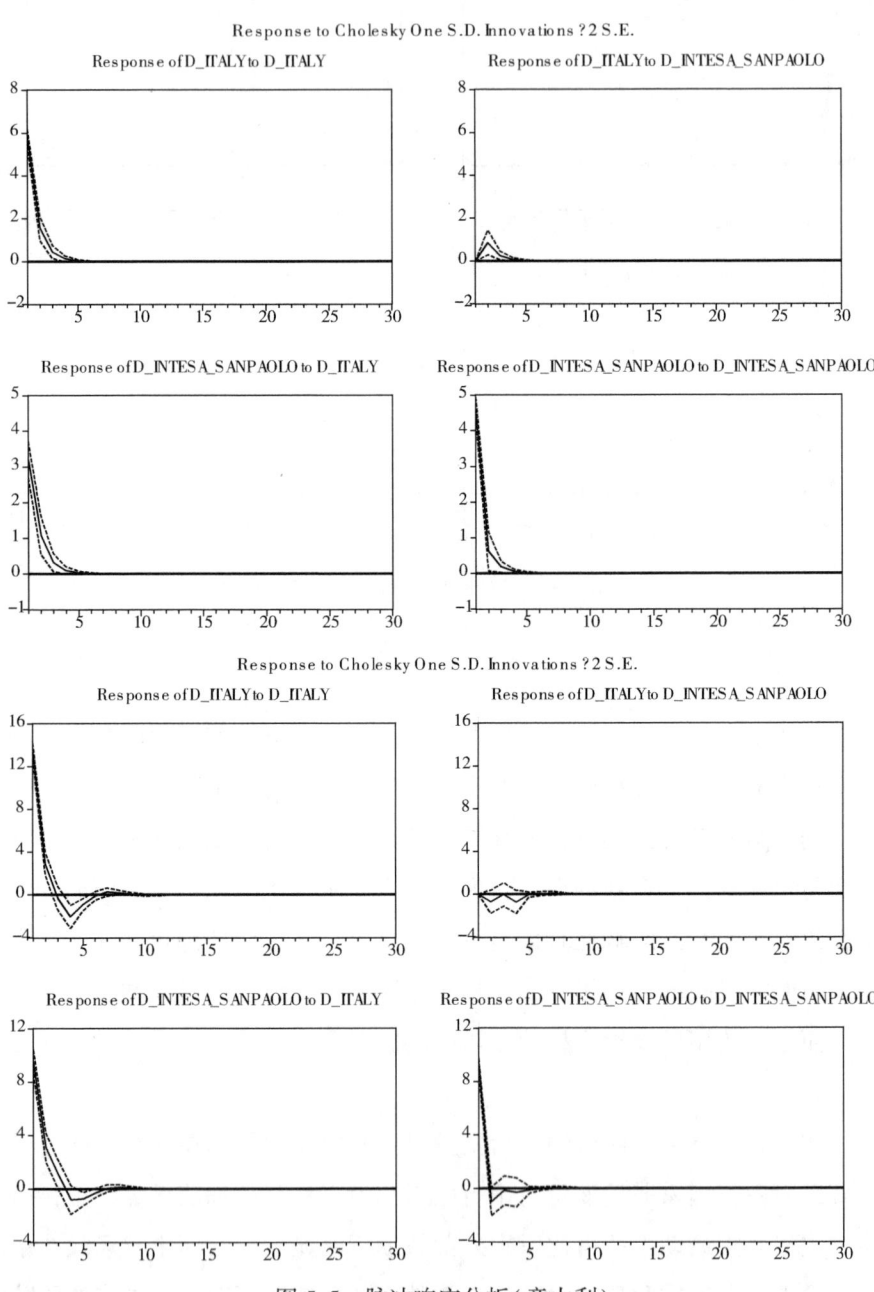

图 5.5 脉冲响应分析(意大利)

第三节 主权风险与银行业风险相互溢出的实证研究

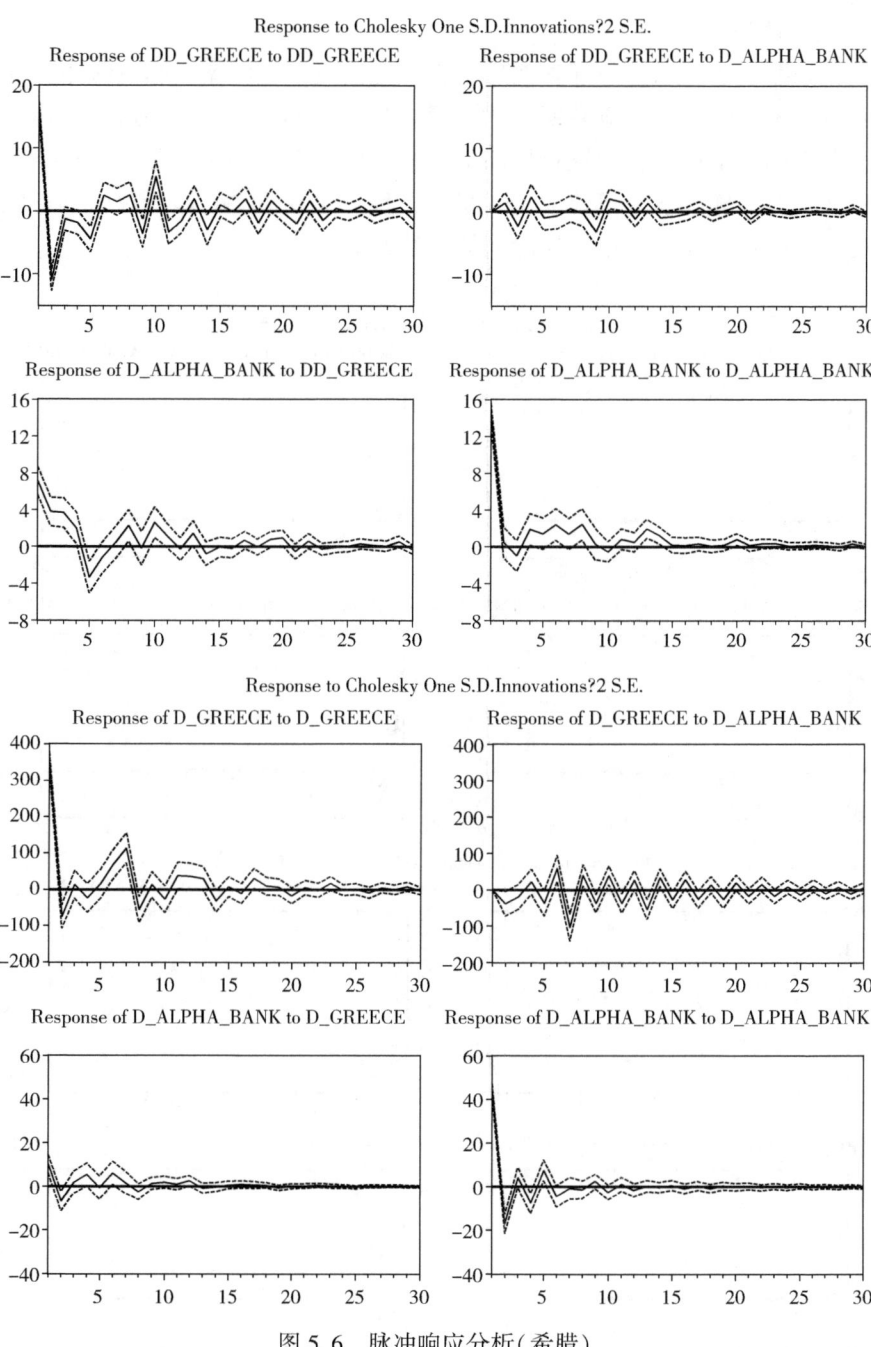

图 5.6 脉冲响应分析(希腊)

5. 西班牙

如图 5.7 所示，外部救助后，银行冲击对主权国家的影响减小，而主权冲击对银行的影响有所增大，且在外部救助后主权风险对银行风险波动率的贡献更大，而银行风险对主权风险波动率的贡献更小。这表明外部救助同样改变了风险的传导机制，使得主权风险对银行风险的影响变大，而银行风险对主权风险的影响变小。

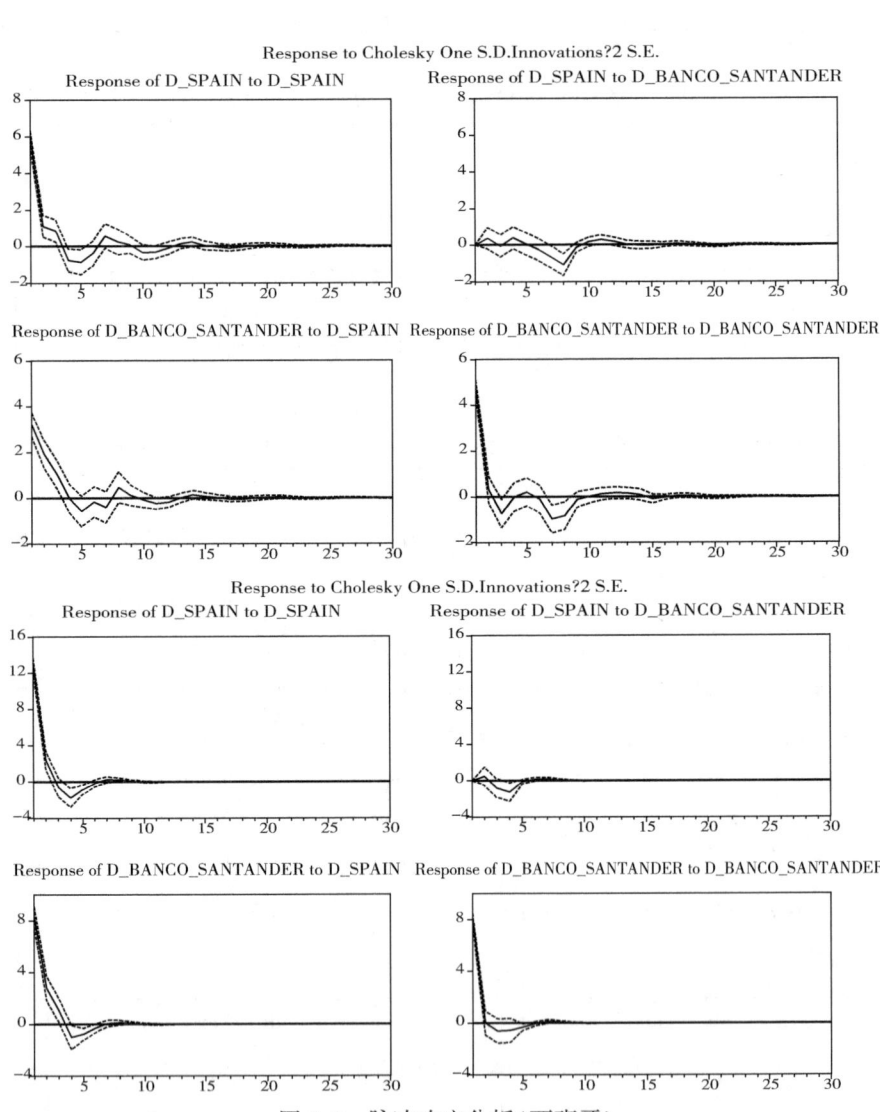

图 5.7 脉冲响应分析（西班牙）

表 5.4　　　　　主权信用风险与银行信用风险的关系

组别	结　果
葡萄牙政府，葡萄牙商业银行	外部救助后银行信用风险对主权信用风险的影响明显减弱，主权信用风险对银行信用风险的影响也有所减弱
爱尔兰政府，The Governor And CO BOI	外部救助后银行信用风险对主权信用风险的影响明显减弱，主权信用风险对银行信用风险的影响也有所减弱
意大利政府，意大利联合圣保罗银行	外部救助后银行信用风险对主权信用风险的影响减弱，主权信用风险对银行信用风险的影响增大
希腊政府，希腊阿尔法银行	外部救助后银行信用风险对主权信用风险的影响增大，主权信用风险对银行信用风险的影响减弱
西班牙政府，西班牙桑坦德银行	外部救助后银行信用风险对主权信用风险的影响减弱，主权信用风险对银行信用风险的影响增大

三、实证结论与政策建议

救助影响的是主权信用风险和银行信用风险的传递机制，银行风险对主权风险的影响源于主权国家对银行的救助，具体的渠道可能有资产购买、债务担保、资本注入等，这些途径会导致银行的风险传导到主权国家；主权风险对银行风险的影响主要源于银行持有的主权债务敞口，主权债务整体的信用状况也会对银行造成一定影响。

从以上分析可以看出，大多数国家(希腊除外)在欧盟宣布救助方案后银行风险对主权信用风险的影响都有所减弱。在对银行实施救助前，一方面银行信用风险会在金融机构之间传导，形成系统性的金融危机，导致经济收缩，政府的财政状况恶化；另一方面由于银行的状况影响国民经济，主权国家为防止银行破产，在"大而不倒"的压力下会进行干预，这都导致银行风险向主权国家传导。欧盟通过购买主权国家的债券等途径对债务危机国实施外部救助，主权国家用外部救助的资金救助本国银行，政府在其中只是起中介和担保作用。在接受了欧盟的外部救助后，外部救助代替了内部救助，减轻了内部救助的压力，从而也减缓了银行风险向主权风险的传导。

然而，不同国家的政府对银行的影响在救助前后表现不同，意大利和西班牙在外部救助后主权信用风险对银行信用风险的影响增强，这可以从银行持有的主权债务敞口增大解释（截至2011年12月，意大利的Intesa Sanpaolo和西班牙的Banco Santander分别是对PIIGS主权债务敞口第一和第四大的银行），葡萄牙和爱尔兰在外部救助后主权信用风险对银行信用风险的影响减弱，这是由于内部救助使银行和政府之间的风险相互传导，而外部救助可以减轻主权国家的救助压力，相当于在银行（企业）和政府部门建立了风险传导的防火墙。

希腊是一个比较特殊的国家，在外部救助后主权信用风险对银行信用风险的影响减弱，而银行信用风险对主权信用风险的影响增强。由于希腊产业结构不合理，经济发展水平在欧盟国家中较弱，同时又实施高福利政策，自身造血功能弱，财力恢复慢。在希腊接受的贷款中，仅有不到10%由政府掌控，用于提振经济，发展改革项目，而绝大部分则被用于还债和救助银行，外部救助只是将希腊的债权人由私人部门变为公共部门，即便在接受外部救助后，希腊仍牺牲自身财力保全银行，不断对银行进行救助，导致银行对主权的影响依旧较强。

在政策建议上，我们提出以下两点：

（1）从上述分析可知，银行对主权风险的影响主要是通过主权国家对银行的救助产生的，而欧盟对债务危机国家的外部救助有利于减缓本国自身的救助压力，减少银行风险向主权风险的传导，因此外部救助在短期内有一定的积极作用，欧盟在对债务危机国家的及时救助是必要的。

（2）外部救助的实际效果与本国自身的情况息息相关，经济实力和财政状况相对较好的国家外部救助后恢复较快，公共部门对私人部门的救助随之减少；而财政状况较差的国家（如希腊），在外部救助后仍无法摆脱经济困境，反而需不断动用本国资源偿还外部债务，本国自身的财政状况并没有实际改善，当银行业状况糟糕时，政府仍需不断对银行进行救助，银行危机对主权危机的影响反而加大。因此欧盟在进行外部救助的同时还要考虑主权国家自身的财政状况，不仅要在资金上给予"量"的救助，还要从经济增长等方面给予"质"的救助。

第六章 中美欧三方国家债务头寸表、宏观资产负债表、国际投资头寸表和国际收支平衡表研究

上一章就欧洲主权信用风险与银行风险的相互传导效应进行了研究，这是分析主权信用风险传导的第一步，由于一国或一个经济体政府部门和银行部门资产和负债头寸对应的是其他国家的政府部门和银行部门，因此形成了主权信用风险的跨国或跨区域传导，即一国主权信用风险状况恶化会使其他国家的主权信用风险发生恶化。分析这种现象的前提是对全球主要经济体相关部门之间的资产负债关系进行刻画和梳理，因此，本章主要研究美国、欧洲和中国三大经济体相关经济部门之间的资产负债关系及其变化，涉及国家债务头寸表、宏观资产负债表、国际投资头寸表和国际收支平衡表。

第一节 引 言

美国次贷危机引发的全球金融危机使世界经济陷入低迷，一些国家政府资产负债表严重恶化，形成主权债务危机，使得金融危机的影响进一步扩大。冰岛、迪拜政府相继出现债务危机，希腊政府主权信用评级连续下调，爱尔兰、西班牙、葡萄牙、意大利等国家纷纷出现主权债务危机，欧洲主权债务危机全面爆发引发了全球其他国家如美国、日本、

第一节 引 言

英国主权信用风险增大。为了应对这种情况，欧洲大部分国家相继推出紧缩性的财政政策，欧洲央行也开始实施一系列超宽松货币政策，但由于债务危机的深层原因在于国家资产负债结构所带来的信用脆弱性，欧洲主权债务危机的恶化趋势并没有得到根本性的改变。欧美债务危机愈演愈烈，对于全球经济复苏造成了较为严重的阻碍。

主权债务危机是主权信用风险恶化的极端形式，也是金融危机的一种表现形式，其在国际金融发展的历史中频繁发生，并于20世纪80年代、20世纪90年代、21世纪初较为集中地凸显。新一轮主权债务危机中，由迪拜以及冰岛、希腊等欧洲国家信用危机所带来的影响，通过金融渠道向各国传导，全球经济金融的紧密联系使得本轮欧洲债务危机对国际市场的影响进一步扩大。如何在全球化背景下，对本轮欧洲债务危机的发生、传导、影响以及对策进行研究，是目前极为紧迫的问题。

国内外学者从不同角度对欧美债务危机进行了一系列研究，Candelon 和 Palm(2010)运用标准资产负债表的方法对银行危机和政府债务危机间的潜在联系进行了研究，从财务角度说明了政府债务危机是美国金融危机的延续和深化；[1] 姚玲(2011)认为欧债危机在短期内对中欧双边贸易具有负面影响，但在长期仍具有进一步发展经贸合作的空间；[2] 秦焕梅、陈学彬(2012)认为政府财政赤字和国债余额急剧上升是美国发生债务危机的主要原因，而欧元区国家发生债务危机的深层次原因在于其国家经济结构和产业发展比例严重失衡；[3] 霍建国(2011)在分析了欧美债务危机的演变及趋势的基础上，认为其会加剧我国外需减弱问题、减少我国对欧盟的进出口贸易、使我国与美国双边贸易发生结构

---

[1] Bertrand Candelon, Franz C. Palm. Banking and Debt Crises in Europe: The Dangerous Liaisons. CESifo Working Paper, 2010(3001).

[2] 姚铃：《2010年中欧经贸关系回顾及对策建议》，《国际经济合作》2011年第3期。

[3] 秦焕梅、陈学彬：《欧美债务危机对中国经济的影响》，《国际经济合作》2012年第4期。

性变化;① 吴金光(2012)分析了欧美债务危机的演化过程及产生原因,并以欧元区和美国债务危机为例,分别运用计量模型以及脉冲响应函数进行了检验,认为欧美债务危机从需求和汇率两个方面对中国的出口产生了不利影响。② 国内外学者对于欧美债务危机以及其对中国经济影响的研究所运用的方法有较大不同,在结论上也有差异。为了更客观真实地得到主权信用风险在危机中的传导路径和机制,本章通过对全球主要经济体相关部门之间的资产负债关系进行刻画和梳理,涉及三张宏观经济报表:国家债务头寸表、宏观资产负债表、国际流量表,运用存量分析与流量分析相结合的方法,对欧美债务危机中及主权信用风险的传导进行研究。

第二节 相关文献综述

一、国家债务头寸表研究综述

(一)国外研究综述

国外学者对于一国债务和其经济增长的正负效应有所研究,结论是同其所在的经济环境有密切联系。凯恩斯首先对古典经济学中的国家债务无用论提出了自己的批判。凯恩斯认为,一国能够通过利用外债促进国民经济增长,即外债对国民经济的发展具有正效应。Walt W. Rostow (1958)提出起飞理论,认为一国的国外贷款是社会资本的重要部分,同时也是发展中国家实现资本积累的重要方法。Hollis B. Chenery 和 M. Bruno(1962)在前者理论基础上提出了"双缺口"理论,认为一国能够

---

① 霍建国:《欧美债务危机对中国对外贸易的影响及对策》,《国际贸易》2011年第8期。

② 吴金光:《欧美主权债务危机及其对中国出口影响的实证检验》,《广东金融学院学报》2012年第1期。

通过外资的引进及利用弥补国内投资储蓄、进口出口的缺口，促进本国国民经济增长。Hollis B. Chenery 和 Alan M. Strout(1966)正式提出"双缺口"模型，对外资及经济增长的关系进行了计量建模，成为20世纪六七十年代发展中国家利用外资发展本国经济的重要理论基础。Hirschman(1985)将技术缺口纳入"双缺口"理论中，将其扩展为"三缺口"理论。Romer(1986)以长期增长率作为内生变量，研究了主权债务在长期内对一国经济增长的影响，研究结果表明一国的外部资本能够在一定程度上促进其长期经济的增长。Cohen 和 Sachs(1986)将债务国违约情况引入模型中，认为债务国的借债成本会随着其债务规模的扩大而提高，进而提高其债务负担从而导致违约可能，在提高债务利率的同时减少投资，对经济发展产生负面影响。S. Khan 和 U. Haque(1985)从国内的角度对债务与一国经济间的关系进行研究，认为一国债务风险的增加会减少国内投资，进而影响经济健康发展。Lucas(1988)提出一国经济的长期增长率会因外部资本的借入而降低。Pattillo 等(2002)以1963年至1998年共93个国家的数据为研究基础，通过分析得出当一国外债占其 GDP 的比重高于35%时，其债务的增长会减少其人均 GDP。Clements(2003)和 Checherita(2010)等通过实证分析认为一国债务和其人均 GDP 之间的关系存在转折点，在转折点前后，一国债务和经济增长分别呈正相关与负相关关系。Reinhart 和 Rogoff(2010)以1884—2009年的数据为样本分析，结果表明当一国债务占其 GDP 的比重超过90%时，其长期经济增长率将下降2.3个百分点。

在国外学者对一国债务适度规模的讨论中，凯恩斯主义认为"国债非债"，即一国可以通过借新债的方式还旧债，从而不存在债务适度规模的问题。Robert Heilboner 和 Peter Bernstein(1993)认为当一国债务和其国民经济增长保持同步时，债务赤字不会成为未来的负担，即不会发生债务危机。Elbadawi 等(1997)和 Pattillo 等(2002)提出一国的债务和其经济增长呈倒 U 形关系，Cordella(2005)提出一国的债务和其经济增长呈钟形关系，用以描述一国对外举债规模同其自身经济发展间的数量关系变化。这些理论的提出推动了债务适度理论的发展，为研究债务适度规模奠定了理论基础。

(二)国内研究综述

中国学者对于一国债务的研究同国外相比起步较晚，在20世纪80年代之前，债务理论和外债实证方面还缺少系统性的研究。国内学者对一国债务头寸的研究基本上可以分为三类：第一类是研究一国债务对其经济是否存在促进作用；第二类是研究一国债务对其宏观经济是否存在负面影响；第三类是研究一国债务和其经济增长之间是否存在最优规模。

李中义(2006)对欧美国家及我国的债务经济关系分别进行了研究，认为在20世纪30年代以前，欧美国家的债务规模逐渐增长，债务参与经济的程度逐渐加深；而30年代以后，欧美国家的债务对于各国经济增长仍然具有重要影响，但债务政策的不合理将对经济的稳定增长造成干扰。另一方面，我国经济自1998年开始保持高速增长，通过举债施行扩张性财政政策促进了我国经济的增长。马拴友、于红霞和陈启清(2006)在余永定(2000)的研究基础上，建立向量自回归模型对我国国债规模对利率和通货膨胀的影响进行研究，结果表明我国债务规模可持续且国家财政处于稳定状态。同时，也有学者认为由于挤出效应和通货膨胀等因素，一国债务对于其经济发展存在负面影响。童振源(2001)从财政的角度进行分析，认为我国财政的不可持续性是由日益增大的财政赤字和债务所引起。郭庆旺等(2002)认为，我国财政恶化趋势比目前财政赤字规模更应引起注意。尹恒(2006)以1970年至2002年208个国家或地区的数据为研究样本，通过横截面数据实证认为政府债务对于其经济增长存在负面影响。钱箭星(2012)从债务供给需求角度，对发达国家高负债刺激经济增长的模式进行了分析，认为这种债务型经济增长方式使经济存在潜在的风险，具有不可持续性。此外，还有学者对债务和经济增长之间的最优适度规模进行了研究。贾康和赵全厚(2000)

从一国债务规模对其经济影响的角度出发进行研究,认为一国的债务规模和其经济增长之间存在倒 U 形关系。许召元(2011)对一国外债及其经济增长间的关系进行了理论和实证上的研究,认为大国的负债和经济增长之间存在倒 U 形关系,而小国的负债和经济增长之间则只存在单调的正向或负向关系。我国学者对债务适度规模的研究,多数是从我国的债务规模出发,解决我国债务规模是偏大还是偏小的争论,但这对研究其他国家的债务规模情况同样有借鉴意义。

二、宏观资产负债表研究综述

传统资产负债表一般用于对企业的历史财务及经营分析中,通过描述企业在某一时点的资产、负债、权益等结构,反映企业在当前时点的资产负债风险状态。随着近年来金融危机爆发所显示出的新特性,传统资产负债表由于自身局限性,难以对全球性的金融危机进行系统性的研究。在此背景下,宏观资产负债表开始显现出自身具有的独特优势。

Bernanke 和 Gertler(1989)首次提出了资产负债表效应,即受市场上信息不对称影响,企业融资所得贷款总量与企业所能提供的抵押物正相关。资产负债表效应在东南亚金融危机中引起了足够重视。同时,资产负债表效应也是宏观资产负债表分析宏观金融风险的基础。宏观资产负债表由 Allen 和 Rosenberg 等(2002)首次提出,其核心思想是构造分部门的资产负债表分析框架,即公共部门、金融部门及企业部门资产负债表,并在此基础上对各部门的期限错配、货币错配、资本结构以及清偿能力等问题进行研究,以此揭示在各部门存量结构中所表现的宏观金融风险问题,并通过资产负债表矩阵分析不同部门间资产、负债、权益间的关系,研究各部门间的金融风险传递问题,在结合存量和流量分析的基础上,对金融危机影响各资产负债表的表现和程度进行了研究。Roubini 和 Setser(2004)在以上宏观资产负债表的研究上进行了深化,对资产负债表中期限错配、货币错配、结构错配以及清偿力能力指标等进行了细化,并将存量错配指标和流量错配指标相结合,认为企业部门、家庭部门的错配同金融部门错配间存在对应关系。Mathisen 和 Pellechio(2006)研究了宏观资产负债表中对于部门的划分、金融工具归类以及数据来源等问题,认为应以职能和行为方式对部门进行划分。IMF(2004)构建了包括巴西、乌拉圭、阿根廷等新兴国家的宏观资产负债表,并在此基础上对其公共部门、金融部门及企业部门的金融风险进行了研究。Lima 和 Montes 等(2006)对哥伦比亚的宏观金融风险进行了分析,通过构建中央银行、国有银行、私有银行、非金融公共部门等九大部门,研究其净金融头寸、净外币头寸以及净短期头寸等指标,识别并度量哥伦比亚所面临的宏观金融风险。陈珍珍(1997)从考察角度、项目分类标志、计算标准、计价基础等方面,对宏观与微观资产负债的核算方式进行了比较分析,认为我国从微观到宏观资产负债核算的转换过程中还需要解决项目分类标准化、核算项目计价标准调整、无形资产核算等问题,并对企业设立资产负债统计核算表进行了构想。张占茹(2000)对微观资产负债表和宏观资产负债表进行了区别分析,认为两者在核算范围及目的、表式分类及格式、资产负债分类标准、估价价格以及引起期初期末资产负债存量变化的原因方面存在不同。罗春婵(2007)用资产负债表方法分析了企业、银行、政府以及宏观层面的资产负债表货币错配效应,并从微观和宏观两个层面对货币错配风险的防范和控制提出了可行性建议。刘锡良(2010)回顾了资产负债表方法下货币危机研究的新进展,并在已有文献基础上,扼要分析了部门以及国家资产负债表的基本构成、内涵,阐述了国家资本结构陷阱和资产负债表错配等现象与一国货币危机和金融稳定性之间的内在联系,归纳了已有研究的主要发现,认为建立稳定的部门资产负债表,并在此基础上建立稳定的国家资产负债表是一国抵御金融危机和货币危机的最优措施。林忠华(2014)对我国编制国家和政府资产负债表的问题进行了研究,对我国和国外的国家资产负债表及政府资产负债表研究情况进行了简要概述,认为编制国家资产负债表有利于提高国家财富及地方财政的透明度,并将中短期经济政策及结构性因素变化的长期成本显性化,但目前还存在国有资产庞大、隐性债务计量困难、权责发生制会计准备尚未建立、数据技术性不准确、财政管理难度大等难题。

三、国际流量表研究综述

(一) 国际投资头寸表研究综述

受国际经济一体化的影响，世界各个地区之间经济、贸易与金融的联系不断加深，为防御世界经济发展过程中的相关风险，不同国家对于国际收支的平衡以及对外资产的保值与增值十分重视，国际投资头寸的研究也得到相应重视。国外学者对于国际投资头寸的研究，主要集中于国际货币基金组织、发达国家统计机构以及银行部门等，研究内容主要集中在以下两个方向。

一个方向是对于国际投资头寸表现状的描述与分析，主要是由各个国家的统计局或银行机构等进行研究。2006年，纽约联邦储蓄银行在工作报告中对美国自1985年开始的国际投资头寸进行了研究，结果表明美国资本净流入及对外净负债上升幅度较大，美国国际投资地位呈现持续下降态势，同时，美国次贷危机又进一步加剧了美国债务负担，极大地提高了美元贬值可能性。IMF 在2005年的工作报告中通过证券投资的新角度，对美国国际投资头寸的相关指标进行了分析，认为20世纪90年代美国本土对投资的偏好下降，加之美国金融深化加速，造成全球资产持有总量的大幅度增长。英国国家统计局在2010年工作报告中指出，在过去的25年中英国一直处于经常账户逆差状态，但同时，因为英国其他项的显著变化对于国际投资头寸的增长起到了明显作用，最终造成英国在2009年初的对外净资产基本处于平衡状态，同时报告对英国过去40年中国际投资头寸与累积经常账户之间的关系进行了验证，以此说明其他变化量导致了二者之间的主要偏差。加拿大统计局在2010年第一季度的国际投资头寸报告中，对加拿大国际投资头寸现状及特点进行了描述，认为加元的增值造成了加拿大对外资产总量下降和对外负债总量上升,加拿大持有外国股票总市值的上涨对对外净负债的增长造成了抑制作用。同时,加拿大还存在涉外直接投资净值大幅度下降以及证券投资净负债小幅度上涨等现象。从世界各发达国家国际投资头寸的变化中可以发现,多数发达国家国际投资状况及地位均呈现出逐步退化的趋势。

在另一个方向,国外学者还试图对国际投资头寸的估算与计量方法进行研究及改良,以此对国际投资头寸的研究做出努力与贡献。Masson、Kremers 和 Horne(1994)以净对外资产、人口因素及政府债务等变量间的关系为研究基础,实证研究表明以上变量之间存在着相互影响。Lane 和 Milesi Ferretti(2001)在研究净对外资产时,从经常项目的角度出发,认为净对外资产的主要来源为一国经常项目的顺差。Dane Doctor(2004)对两种估算国际投资头寸的方法进行了描述,其一是调整的累积经常账户方法(ACUMCA),其二则是调整的累积流量方法(ACUMFL),通过数据分析,认为牙买加在 1970 年至 2003 年期间一直保持净国际投资头寸为负的状态,其主要原因在于国家证券投资负债存量作为对外总负债的主要部分。Michel Binder 等(2007)对美国国际投资头寸与真实汇率的数据进行了实证研究,运用面板数据的计量方法对两者之间的长期动态均衡关系进行实证,结果表明购买力平价因素对国际投资头寸的影响较为显著。Branimir Gruic(2005)对欧盟成员国的国际投资头寸进行了实证研究,运用最小二乘法对各国国际投资头寸状况进行了计量模型分析,结果表明对外直接投资是影响欧盟成员国国际投资头寸的最主要因素,其他主要影响因素还包括经济发展水平、资本市场开放和资本账户管理制度。

此外,随着近几年对外经济的快速发展,我国金融市场对外开放程度逐渐增大,我国学者也开始对国际投资头寸研究进行尝试,从而为我国未来国际收支理论发展的理论和实践作出贡献。我国学者对国际投资头寸的研究也可分为两个方向。一个方向是对美国国际投资头寸表或者中美国际投资头寸表的对比研究。由于对国际经济发展的巨大影响,美国作为国际经济中心出现连续多年的国际收支双赤字对国际经济发展及理论研究都具有重要价值。许承明(2000)在运用格兰杰检验方法的基础上,认为导致美国成为净债务国的主要原因在于全球经济对美元的储备需求以及其他各国对美国的直接投资,并以此建立了动态回归模型,利用模型分析得到了美国国际投资头寸逐步恶化的传导机制。刘照龙、王学武(2010)对美国财政赤字、国际投资头寸、美元汇率的历史数据建立了 VAR 模型,以此对其中的关系进行实证分析,认为美国财政赤字是引起美国国际投资净债务头寸的主要原因,同时,国际投资头寸是美元汇率的格兰杰原因,但国际投资头寸对美元汇率的影响并不显著。牛微微、李林杰(2010)对中美两国国际投资头寸的变化进行了比较分析,认为中美两国国际投资收益差异存在特殊原因,并就如何提高我国国际投资收益水平提出了可行性建议。另一个方向是对各国国际投资头寸表现状的解读。这一方向的研究是以各国国际投资头寸表为基础,通过进行对比研究,分析各国国际投资头寸差异的原因,从而为我国国际投资头寸的健康发展提供参考。许承明(2000,2003)对国际投资头寸相关问题进行了简要阐述,在此基础之上对国际投资头寸与国际收支平衡之间的数量关系进行了探讨分析,最后对美国及意大利两国国际投资头寸进行了实证研究,结果表明两国的经常账户净额对其净国际投资头寸都有显著影响,同时,资本账户净额对净国际投资头寸的影响并不显著。钟伟、贾林果(2006)阐述了国际投资头寸与国际收支之间的关系,并对国际投资头寸表的编制原则进行了简要说明,在此基础上对美国、日本以及英国等国家的国际投资头寸表状况进行了简要分析,认为我国国际投资头寸表目前表现出资产项以国家资产为主,负债项以银企等私人部门对外负债为主的主要特征。任大川(2006)对我国国际投资头寸表进行了研究分析,认为中国国际投资头寸表与其他国家相比存在两点不同,第一是属于公共部门资产范畴的央行资产占比相对较高,第二是金融部门资产的比例过高导致风险更为集中,同时,通过比较国际投资头寸表与国际收支平衡表的差异,提出我国国内的资金存在从不同渠道大规模外流的问题。潘成夫(2010)以中国、日本、德国以及美国的国际投资头寸表作为研究样本,通过对比分析研究中外国际投资头寸存在较大差异的主要原因,并认为对外资产负债结构的失衡是造成中外经济失衡的主要因素,提出应该以调整对外资产结构的方式使我国国际投资状况得到改善。张军(2011)研究了我国国际投资头寸表状况并进行了统计描述分析,在此基础上通过计量方法进行了实证分析,结果表明我国国际投资头寸表整体状态相对良好,但同时仍存在对外直接投资不足、外汇储备规模过大等问题。

同国外学者对于国际投资头寸的研究相比,我国学者对于国际投资头寸表的研究还相对匮乏,同时在研究的深度上还相对不足,这主要是由以下两个原因造成的:一方面,我国国家外汇管理局从2004年开始对外公布我国的国际投资头寸表,目前尚没有对期初期末间价格变化、汇率调整以及其他调整所引起的变化进行统计记录。同时,国际投资头寸表的统计还是以一国为单位而不是像其他国家分部门进行统计核算,我国国际投资头寸表数据的统计核算起步较晚为我国同其他国家国际投资头寸表之间的比较研究带来了阻碍。另一方面,受我国研究习惯所限制,我国学者在研究国际收支问题时更多注重基于国际收支平衡表的流量分析,对于国际投资头寸的认识程度、重视程度还相对不足。

(二)国际收支平衡表研究综述

随着世界经济的迅速发展,不同国家间经济贸易活动愈加频繁,资金在不同国家间大量流动,因此,一国同其他各个国家的贸易和资金的往来能够通过国际收支平衡表得到更为全面的反映,而关于国际收支平衡表的研究也得到越来越多的重视。

我国学者对于近年来我国国际收支平衡表的各项差额进行了分析。许宪春(2001)以我国国际收支平衡表1982年到1999年的数据为研究样本,分析表明,除1995年、1998年两年外,我国经常项目差额变动趋势基本同贸易差额变动趋势相同,认为我国贸易差额在很大程度上决定了我国经常项目差额。王月溪(2003)认为我国国际收支平衡表呈现出以下几点趋势：第一，除1998年外，我国经常账户和资本与金融账户持续双顺差，从而使得我国国际收支总体保持顺差状态；第二，我国资本与金融账户总体规模呈扩大趋势，资本与金融账户的大量顺差是影响我国国际收支总体顺差的最重要因素；第三，我国贸易账户下货物顺差是造成经常账户持续顺差的主要因素；第四，我国收入逆差呈逐年扩大趋势，贸易顺差的巨大规模在一定程度上弥补了收入逆差，造成我国经常账户顺差大幅下降；第五，我国外商直接投资从1992年开始保持快速增长态势，并造成我国资本与金融账户的巨额顺差；第六，我国对外直接投资同外国在华直接投资相比处于失衡状态；第七，我国国际收支结构自1991年后呈向债权国转型趋势；第八，我国外汇储备呈大幅度增加趋势。丁剑平、曾芳琴、徐滋芳(2005)认为我国国际收支平衡中存在投机现象，即我国经常项目中投资收益逆差递减，而在金融项目中，证券投资增速高于直接投资增速。孟晓宏(2004)以我国国际收支中经常项目和资本项目数据为研究样本，利用格兰杰因果检验以及脉冲反映函数方法对两者间的动态关系进行了实证检验，结果表明我国国际收支中经常项目和资本项目间存在双向因果关系，而经常项目和资本项目的正向冲击会在一段时间内改善另一项目状况。

在我国国际收支失衡对我国的经济产生的影响方面，黄瑞玲和黄忠平(2004)认为，我国国际收支平衡表所持续出现的顺差状态表明我国国际收支的严重失衡，造成我国储备资产大幅增加，尽管利用外汇缓冲政策对国际收支进行调节，能够在一定程度上避免人民币汇率受到短期失衡带来的影响，但其经济成本相对较高，同时存在风险隐患。周大研(2005)以我国1982年至2004年的国际收支平衡表为研究样本，分析了我国国际收支状况，并对我国国际收支平衡对宏观经济运行的影响进行了总结，其中正面影响包括进出口规模增长、外汇储备增长以及人民币国际地位的提升，而负面影响包括资本外逃、外汇资源闲置、国际依存度较高以及人民币汇率形成机制僵化等。刘柏(2005)在我国经济对外开放程度不断深化的背景下，提出国内经济变量已经不能完全决定货币政策传导机制，因而对外部经济因素的研究具有重要价值，并通过格兰杰因果检验以及向量自回归模型冲击反应和方差分解进行了实证分析，认为在开放经济条件下，我国国内生产总值以及通货膨胀是由国际收支状况影响而变动，继而认为外部冲击对于我国货币政策的独立性具有影响。

在我国国际收支不平衡的形成原因方面，顾喜贞（2006）认为我国经济转型期所具有的特征是我国内外部经济矛盾的主要原因，而我国国际收支严重失衡的局面主要是因为内部经济结构调整、产权制度变迁以及人民币汇率间的不协调，调整国际收支失衡应从国内经济入手。陈道富（2007）认为实体经济结构的失衡和内外政策差异所引起的套利是引起国际收支不平衡的两个主要原因，提出我国调节国际收支失衡应以解决内部结构性失衡为基础，同时减少非必要外汇流入，使经济在风险可控前提下实现稳定的增长。朱庆（2007）认为近年来我国国际收支平衡表所表现出来的经常账户和资本账户双顺差现象同一般发展中国家不同，并通过理论及实证分析认为我国的国际收支结构同目前的人口年龄结构关系密切，即我国未成年人口比重下降和老年人口比重相对较低，兼具发达国家及发展中国家的特点。杨波、岳意定（2007）认为我国国际收支由于出口退税政策鼓励、企业对外贸易竞争力提高、外商在华投资快速增长、经济结构不合理等原因，存在外资流入与外贸顺差并存、外汇储备规模增长迅速、经常项目结构失衡等问题。

第三节　宏观金融工程框架下的存流量分析

一、宏观资产负债表方法

宏观资产负债表，是在宏观金融工程思想下，通过将一个经济体（区域、国家、经济联盟等）分为公共部门、金融部门、企业部门以及家庭部门共四大部门,并在此基础上对各部门的资产及负债情况进行加总,从而得到关于该经济体在某一时刻四大部门的资产负债指标的报表。

宏观资产负债表在我国研究中并非一个新的概念。2013年上半年,我国已经有部分学者提出编制地方资产负债表的要求;2013年年末,党的十八届三中全会通过了《中共中央关于全面深化改革若干重大问题的决定》,明确提出要"加快建立国家统一的经济核算制度,编制全国和地方资产负债表,建立全社会房产、信用等基础数据统一平台,推进部门信息共享"。2017年6月26日,中央全面深化改革领导小组第三十六次会议审议通过了《全国和地方资产负债表编制工作方案》,标志着官方层面将加快推进全国和地方资产负债表编制工作。2018年7月19日,第四次全国经济普查电视电话会议明确了要摸清最新"家底",这也意味着全国及地方资产负债表的编制已经正式开始。国外对于宏观资产负债表的研究则相对较早,在20世纪七八十年代,加拿大、澳大利亚、英国、瑞典等国的经济学家已经着手本国资产负债表的研究工作。

宏观资产负债表的编制必须遵循一定的国际统计标准和会计体系,包括《国际收支手册》(1993)、SNA(1993)、《货币与金融统计手册》(2000)以及《政府财政统计手册》(2001)等,其中,SNA(1993)在官方统计中处于核心地位。SNA(1993)将机构单位界定为"能够以自己的名义拥有资产、发生负债、从事经济活动并与其他实体进行交易的经济实体",并将整个国民经济划分为5个机构部门——非金融公司部门、金融公司部门、广义政府部门、为住户服务的非营利机构部门及家户部门等。将SNA(1993)编制的各部门资产负债表集成到一张以债权人和债务人为维度的表格中,即可得到部门间的资产负债表矩阵,其中,对于部门资产负债的分类主要包括本币或外币以及短期或长期两个维度。宏观资产负债表在为宏观金融风险分析提供理论基础的同时,还为分析部门间隐含风险及研究金融风险在不同部门间的传导机制提供了工具。结合宏观金融工程的思想，本章对于宏观资产负债表的研究主要从公共部门、金融部门、企业部门以及家庭部门四个方面着手。在研究各部门范围的界定上，不同学者对各部门的划分方式有所不同。在本章主要采取以下界定方法：公共部门包括地方政府及中央银行。公共部门资产负债表中的资产项目包括中央银行资产及政府资产，其中中央银行资产包括国外资产（外汇、黄金、其他国外资产）、对存款货币银行债券、对非货币金融机构债券、对非金融部门债券、其他资产，政府资产包括国有净资产（经营性资产、非经营性资产）、土地；公共部门资产负债表包括中央银行负债及政府负债，其中中央银行负债包括储备货币、发行货币、对金融机构负债、准备金存款、非金融机构存款、债券、国外负债、自有资金及其他，政府负债包括外债及内债。金融部门主要包括非央行的各类金融机构。金融部门资产负债表的资产项目[①]主要包括：政府贷款、其他金融机构贷款、企业贷款、居民贷款、国债、其他金融资产；金融部门资产负债表的负债项目主要包括：政府存款、其他金融机构存款、企业存款、居民存款、金融债券、其他负债等。企业部门主要包括非金融机构的企业。企业部门的资产负债表的资产项目主要包括：固定资产、存货、无形资产等非金融资产，金融资产包括现金、应收款项、预付款项及其他金融资产等；企业部门资产负债表的负债项目主要包括：短期借款、应付款项、预收款项、长期借款及其他负债等。家庭部门资产负债表主要反映居民的资产负债情况，其中资产项目主要包括金融资产与非金融资产，金融资产主要包括现金、储蓄存款、股票、债券以及基金、保险等其他金融资产，非金融资产主要包括房产、生产性固定资产、耐用消费品、其他非金融资产；负债项目主要包括个人住房贷款、其他消费贷款、其他贷款等。

---

① 由于金融机构的金融属性及轻实物资产属性，在此不考虑金融机构的实物资产。

二、宏观资产负债表的存流量分析

（一）宏观资产负债表的存量分析

资产负债表是反映企业某一特定日期资产、负债、所有者权益等财务状况的会计报表，在宏观金融经济学的研究框架中，我们定义宏观资产负债表是反映一个地区、一个国家或一个经济体在某一特定日期资产、负债、所有者权益等财务状况的会计报表。从上述定义能够发现，资产负债表不管是在微观层面还是宏观层面，反映的都是经济主体在某一特定日期的资产、负债以及所有者权益的存量。例如，公共部门包括政府和中央银行，其资产负债表中资产方的存量指标包括国际储备、税收和收入的现值及其他公共资产（公共股权、土地、矿产资源、货币发行垄断的价值），权益方的存量指标包括政府支出现值（包括担保和社会保险等）、本币债务、外币债务、金融担保、基础货币，对公共部门资产负债表的存量分析主要是针对其国际储备和外债之间的关系，识别出公共部门与债务相关的脆弱性；金融部门资产负债表中资产方的存量指标包括贷款、其他金融资产和公共部门提供的金融担保，权益方的存量指标包括存款负债、其他负债和所有者权益，对金融部门资产负债表的存量分析主要是使用各种违约概率模型来估计金融部门的违约概率；企业部门资产负债表中资产方的存量指标包括企业资产，权益方的存量指标包括债务和股权；家户部门资产负债表中资产方的存量指标包括实物资产和金融资产，实物资产主要以房产为主，金融资产包括现金、储蓄存款、股票、债券等，权益方的存量指标包括贷款和净资产。

（二）宏观资产负债表的流量分析

宏观资产负债表所体现的流量分析主要体现为两张宏观资产负债表之差，即两个不同时点间宏观资产负债表之差。通过编制不同时间的宏观资产负债表，能够将不同时间的资产负债存量转化为流量，从而利用宏观资产负债表对经济主体进行流量分析。例如,公共部门国际储备的增量、税收和收入的现值的增量,金融部门贷款的增量、存款负债的增量,企业部门各项资产负债的变化,家庭部门金融资产、非金融资产、消费贷款等增量,都能够在一定程度上表明各部门资产负债的变化;此外,利用账面资产负债表进一步编制的或有权益资产负债表,能够表明在同一时点上账面价值的资产负债表和市场价值的资产负债表之差,由于账面价值的资产负债表只反映资产、负债的历史状况,而市场价值的资产负债表能够将每天的市场信息反映到资产负债表中,进而体现出对于特定价格损益的预测。宏观资产负债表方法的流量分析反映了对资产负债价格变动的预期,从而将存量的静态方法动态化。

第四节　欧美主权信用风险对我国影响的实证分析

一、中国债务头寸表

外债总额数据包括按债务人类型和债务类型分类的外债。其中,债务人类型有:国务院部委、中资金融机构、外资金融机构、外商投资企业、中资企业、其他单位,以及贸易信贷。债务类型有:外国政府贷款,国际金融组织贷款,国外银行及其他金融机构贷款,买方信贷,向国外出口商、国外企业或私人借款,对外发行债券,银行贸易融资,非居民存款,国际金融租赁,补偿贸易中用现汇偿还的债务,企业间贸易信贷,以及其他债务(见表6.1)。所有类型的外债余额只包括已经实际提款的债务,不包括已经签约但尚未提款使用的协议债务额。

表6.1　　　　　2007—2013年中国债务头寸表　　　(单位:亿元)

	2007年	2008年	2009年	2010年	2011年	2012年	2013年
外国政府贷款	2195.526	2219.377	2384.614	2124.826	2098.146	1951.319	1616.601

续表

	2007年	2008年	2009年	2010年	2011年	2012年	2013年
国际金融组织贷款	2072.405	1849.007	2278.939	2354.131	2205.314	2143.251	2029.025
国外银行及其他金融机构贷款	3989.125	3653.684	3205.303	3729.613	4445.04	4321.58	8141.961
买方信贷	548.8894	418.6618	329.1392	229.3903	198.4794	158.007	167.9009
向国外出口商、国外企业或私人借款	4346.054	5288.75	5193.958	5915.085	6612.271	7966.993	6803.185
对外发行债券	1193.432	956.6822	739.3154	677.507	583.7197	577.765	483.0838
银行贸易融资	1850.835	2034.148	2611.225	5630.585	7716.373	6295.901	8832.12
非居民存款	834.0775	863.5695	996.1776	1132.44	3637.924	3855.664	3374.366
国际金融租赁	490.9387	483.5596	449.7991	436.8873	495.8348	646.9535	593.5642
补偿贸易中用现汇偿还的债务	6.791598	6.386524	6.713486	107.5207	91.40243	83.59979	68.53202
企业间贸易信贷	10861.94	8857.642	11041.2	13987.14	15701.84	18322.23	20516.07
其他	40.81036	34.47666	32.4728	29.3775	4.738403	0	0
总计	28430.82	26665.94	29268.86	36354.5	43791.09	46323.27	52626.41

资料来源：中华人民共和国国家外汇管理局《全国所欠外债简表2007—2013年》。

二、中国宏观资产负债表

中国四部门数据编制结果及数据来源说明如表6.2至表6.5所示。

表6.2　　　2007—2012年中国公共部门资产负债表　　（单位：亿元）

	2007年	2008年	2009年	2010年	2011年	2012年
中央银行资产						
国外资产	124825.2	162543.5	185333	215419.6	237898.1	241417

续表

	2007 年	2008 年	2009 年	2010 年	2011 年	2012 年
外汇	115168.7	149624.3	166460.9	206766.7	232388.7	236670
黄金	337.24	337.24	669.84	669.84	669.8	670
其他国外资产	9319.23	12582.02	9508.57	7983.06	4839.5	4077
对存款货币银行债权	7862.8	8432.5	7161.92	9485.7	10247.5	16701
对非货币金融机构债权	12972.34	11852.66	11530.15	11325.81	10644	10039
对非金融部门债权	63.59	44.12	43.96	24.99	25	25
其他资产	7098.18	8027.2	7799.46	7597.67	6763.3	11042
政府						
国有净资产	200585.4	227495.6	267916.5	311794.6	360589.1	415760.4
经营性资产	144595.6	166210.8	198720.3	234171.1	272991	319754.7
非经营性资产	55989.83	61284.82	69196.18	77623.51	87598.14	96005.68
土地	373426.9	386870.3	407761.3	483197.1	515232.3	533919.4
公共部门资产合计	726834.4	805265.9	887546.2	1038845	1141399	1228904
中央银行负债						
储备货币	101545.4	129222.3	143985	185311.1	224641.8	252345.2
发行货币	32971.58	37115.76	41555.8	48646.02	55850.1	60645.97
对金融机构负债	68415.86	92106.57	102429.2	136665.06	168792	191699.2
准备金存款	68094.84	91894.72	102280.7	136480.9	168791.7	191699.2
非金融机构存款	157.96	591.2	625	657	908.37	1348.85
债券	34469.13	45779.83	42064.21	40497.23	23336.7	13880
国外负债	947.28	732.59	761.72	720.08	2699.4	1464.24

第四节 欧美主权信用风险对我国影响的实证分析

续表

	2007年	2008年	2009年	2010年	2011年	2012年
自有资金	219.75	219.75	219.75	219.75	219.8	219.75
其他(净)	14837.14	13586.45	18648.64	7592.23	6438	4525.91
政府						
外债(Y)	607.26	472.22	500.73	560.14	633.71	817.79
内债(Y)	51467.39	52799.32	59736.95	66987.97	71410.8	76747.91
公共部门负债合计	204093.4	242812.5	265917	301888.5	329380.2	350000.8
公共部门所有者权益合计	522741.1	562453.4	621629.2	736957	812019.1	878903

资料来源：中国人民银行网站、中国国家外汇管理局网站、中国地价网、2008—2013年《中国会计年鉴》、2008—2013年《中国统计年鉴》。

表6.3　　2007—2013年中国上市金融部门资产负债简表　（单位：亿元）

	2007年	2008年	2009年	2010年	2011年	2012年	2013年
总资产	320851.5	372151.9271	471718.5	677320.8	800760.1054	927657.4114	1030174.655
流动资产	76907.29	93494.87718	110598.7	173397.3	232342.2307	277350.6203	290828.4587
非流动资产	243944.2	278657.0499	361119.8	503923.5	568417.8746	650306.7911	739346.1959
总负债	297312.4	346950.3288	441147.6	632627.8	747266.6035	864034.7361	958087.2504
流动负债	289231.6	338536.9746	430640.3	618563.3	727303.3511	836204.2722	922841.5116
长期负债	8080.739	8413.354201	10507.37	14064.48	19963.25236	27830.46391	35245.73877
总权益	23539.11	25201.59828	30570.86	44693.08	53493.50189	63622.67528	72087.4042

资料来源：国泰安数据库(CSMAR中国上市公司财务报表数据库)。

表6.4　　　2007—2013年中国上市企业部门资产负债简表　（单位：亿元）

	2007年	2008年	2009年	2010年	2011年	2012年	2013年
总资产	91012.14	112103.8537	143331.4	180441.2	222476.2942	259077.6161	293357.8443
流动资产	37626.7	45588.95993	62365.37	84831.86	109066.8869	125772.0991	143242.2981
非流动资产	53385.43	66514.89372	80966.05	95609.39	113409.4073	133305.517	150115.5462
总负债	47525.83	61000.76821	82532.49	104638.3	132649.4063	157129.8413	180056.5836
流动负债	35043.14	44016.94753	57751.66	74009.21	95796.40766	112346.8603	129082.8876
长期负债	12482.7	16983.82068	24780.83	30629.12	36852.99865	44782.98099	50973.69592
总权益	43486.3	51103.08544	60798.93	75802.92	89826.88789	101947.7748	113301.2607

资料来源：国泰安数据库（CSMAR 中国上市公司财务报表数据库）。

表6.5　　　2007—2011年中国家户部门资产负债简表　（单位：亿元）

	2007年	2008年	2009年	2010年	2011年
总资产	940958	965053	1202375	1366683	1622450
非金融资产	605463	622183	791506	871851	1044416
金融资产	335495	342870	410869	494832	578034
总负债	50652	57058	81787	112542	136012
净资产	890306	907995	1120588	1254141	1486438

资料来源：Wind 资讯金融终端。

三、中国国际投资头寸表

如同企业的资产负债表一样，国际投资头寸表是国家的对外资产负债表，是一国对外金融资产和负债状况的整体反映，也是国家宏观经济

第四节 欧美主权信用风险对我国影响的实证分析

决策和市场涉外风险防范的重要信息参考。其中，对外金融资产包括对外直接投资、证券投资、其他投资（主要是进口预付款、出口应收款、贷款、货币和存款等）和储备资产四部分；对外金融负债包括来华直接投资、证券投资和其他投资（主要是进口应付款、出口预收款、贷款、货币和存款等）三部分。

国际投资头寸表所反映的是资产和负债的存量，也就是截至某一时点的余额。国际投资头寸的变动由特定时期内的国际收支交易、价格变化、汇率变化等引起。对外金融资产和负债相抵后的差额就是净头寸，如果对外资产大于对外负债，即表现为净资产，则该国或地区是对外净债权国；反之，则为净债务国。

2007—2013年中国国际投资头寸表如表6.6所示。

表6.6　　　　2007—2013年中国国际投资头寸表　　（单位：亿元）

	2007年	2008年	2009年	2010年	2011年	2012年	2013年
净资产	86787.08	102096.4	101775.4	111793.3	106385.4	117317.8	120206.9
资产	176494.1	202078	234678.5	272779.7	298316.1	327673.3	361962.7
我国对外直接投资	8470.425	12691.44	16780.3	21007.87	26764.96	33435.28	37135.93
证券投资	20790.37	17258	16577.11	17027.76	12879.95	15123.46	15762.11
股本证券	1434.813	1461.863	3726.505	4172.586	5445.885	8160.626	9330.423
债务证券	19355.55	15796.14	12850.6	12855.17	7434.062	6962.832	6431.688
其他投资	34207.84	37746.63	33813.24	41746.36	53527.41	66170.45	72481.6
贸易信贷	8475.712	7529.377	9862.393	13640.85	17449.02	21289.73	24325.3
贷款	6483.185	7321.904	6649.856	7777.706	14064.42	17459.63	18834.89
货币和存款	10078.18	10451.02	8945.194	13585.91	18538.02	24550.94	22994.64
其他资产	9170.763	12444.34	8355.792	6741.886	3475.944	2870.149	6326.767
储备资产	113025.4	134381.9	167507.8	192997.7	205143.8	212944.1	236583.1
货币黄金	1244.479	1157.814	2535.534	3185.86	3339.299	3566.605	2489.695

续表

	2007年	2008年	2009年	2010年	2011年	2012年	2013年
特别提款权	87.07995	81.96318	854.1806	817.5389	747.0086	713.7772	681.2212
在基金组织中的储备头寸	61.38733	138.7907	299.2258	423.6312	616.54	513.831	430.4124
外汇	111632.5	133003.4	163818.9	188570.7	200441	208149.9	232981.8
负债	89706.98	99981.65	132903.1	160986.4	191930.7	210355.5	241755.9
外国来华直接投资	51400.08	62572.43	89775.18	103950.1	120152.4	129985.8	143123
证券投资	10712.05	11465.01	12972.54	14826.84	15657.8	21125.49	23584.68
股本证券	9423.856	10288.12	11933.33	13650.88	13322.05	16459.88	18166.94
债务证券	1288.192	1176.886	1039.21	1175.961	2335.75	4665.607	5417.747
其他投资	27594.85	25944.21	30155.35	42209.39	56120.52	59244.18	75048.23
贸易信贷	10858.68	8858.071	11038.75	13985.75	15702.22	18323.78	20513.78
贷款	7549.234	7039.273	11170.5	15820.99	23463.53	23129.67	34397.12
货币和存款	5776.716	6276.104	6396.984	10929.13	15609.24	15377.15	18603.43
其他负债	3410.223	3770.76	1549.12	1473.516	1345.528	2413.58	1533.895

资料来源：中华人民共和国国家外汇管理局《中国国际投资头寸表(2007—2013年)》。

四、中国国际收支平衡表

国际收支平衡表是反映一定时期一国同外国的全部经济往来的收支流量表。国际收支平衡表是对一个国家与其他国家进行经济技术交流过程中所发生的贸易、非贸易、资本往来以及储备资产的实际动态所作的系统记录，是国际收支核算的重要工具。通过国际收支平衡表，可综合反映一国的国际收支平衡状况、收支结构及储备资产的增减变动情况，为制定对外经济政策，分析影响国际收支平衡的基本经济因素，采取相应的调控措施提供依据，并为其他核算表中有关国外部分提供基础性资料。

2007—2013 年中国国际收支平衡表如表 6.7 所示。

表 6.7　　　　2007—2013 年中国国际收支平衡表　　　（单位：亿元）

	2007 年	2008 年	2009 年	2010 年	2011 年	2012 年	2013 年
经常账户差额	25798.58	28744.18	16610.04	15749.47	8575.321	13538.45	11145.57
货物和服务差额	22500.8	23841.31	15030.94	14770.2	11461.57	14572.61	14350.86
货物差额	23078.58	24648.73	17037.08	16833.57	15345.77	20213.84	21942.13
服务差额	-577.779	-807.426	-2006.13	-2063.37	-3884.2	-5641.23	-7591.27
收益差额	587.6085	1953.331	-582.622	-1715.24	-4430.64	-1249.99	-2672.81
职工报酬差额	317.0249	437.4251	488.7512	806.6836	941.9987	960.2713	980.1317
投资收益差额	270.5836	1515.906	-1071.37	-2521.92	-5372.64	-2210.26	-3652.94
经常转移差额	2710.174	2949.537	2161.723	2694.502	1544.388	215.8253	-532.472
各级政府差额	-88.7539	-63.8034	-119.997	-97.8851	-210.297	-194.707	-189.78
其他部门差额	2798.927	3013.34	2281.719	2792.387	1754.684	410.5323	-342.692
资本和金融账户差额	6883.237	2742.465	13551.94	18998.18	16727.03	-1996.64	19888.28
资本账户差额	226.375	208.5542	268.9833	306.6609	343.1652	268.534	186.0781
金融账户差额	6656.862	2533.911	13282.95	18691.52	16383.86	-2265.17	19702.2

续表

	2007 年	2008 年	2009 年	2010 年	2011 年	2012 年	2013 年
直接投资差额	10160.3	7845.6	5951.942	12301.65	14596.13	11078.22	11277.55
证券投资差额	1201.093	2382.022	1849.579	1591.994	1237.443	3003.166	3691.461
其他投资差额	-4704.53	-7693.71	5481.433	4797.874	550.2844	-16346.6	4733.191
储备资产变动额	-33652.6	-32774.6	-27336.3	-31241.9	-24435	-6068.75	-26300.8
货币黄金差额	0	0	-332.918	0	0	0	0
特别提款权差额	-5.76105	-0.48621	-757.412	-7.09312	29.31066	31.76365	12.37201
在基金组织的储备头寸差额	17.51398	-81.3532	-158.711	-137.46	-217.321	101.5694	67.90118
外汇储备差额	-33664.4	-32692.7	-26087.2	-31097.3	-24247	-6202.08	-26381
其他债权差额	0	0	0	0	0	0	0
净误差与遗漏	970.7806	1287.938	-2825.7	-3505.79	-867.366	-5473.06	-4733.08

资料来源：中华人民共和国国家外汇管理局《中国国际收支平衡表(2007—2013 年)》。

五、实证结果分析

本章通过编制中国近年来的宏观资产负债表，同时结合债务头寸、投资头寸、国际收支平衡表，以存量分析与流量分析相结合的方式，研

第四节 欧美主权信用风险对我国影响的实证分析

究了我国在欧美债务危机发生期间所受的影响。从实证结果来看，虽然家庭部门资产负债规模在我国四部门中处于较高水平，但由于我国金融产品发展的程度同欧美国家相比尚不发达，居民利用金融产品的意识和程度还不高，因此家庭部门受欧美债务危机的影响并不显著。下面主要从公共部门、金融部门及企业部门分析我国受欧美债务危机的影响：

（1）从公共部门资产负债来看，欧美国家主权信用风险恶化减缓了我国外汇储备一直保持的高增长趋势，并使得我国国际收支的"双顺差"逐步向"一顺一逆"进行调整。图6.1所示为我国公共部门资产中所持外汇储备规模的变动情况，我国2001年加入世贸组织后，每年在国际贸易中均保持了高额的贸易盈余，而受人民币升值预期所影响而大量进入我国的投机"热钱"也进一步推动了我国外汇储备的高速增长。2006年1月，我国外汇储备为8451.8亿美元，到2014年9月时达到38877亿美元，增长速度远远超过国家生产总值。应注意到，图6.1中外汇储备增长的趋势分别在2008年与2012年出现明显放缓。

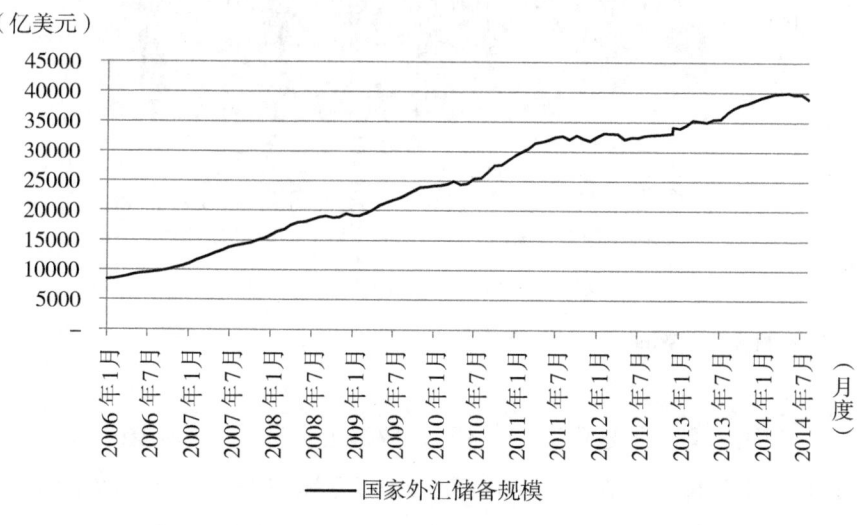

图6.1 中国国家外汇储备规模

资料来源：中国国家外汇管理局网站。

随着欧美债务危机对于我国实体经济影响程度逐渐加深，我国外汇储备规模的增长速度也出现明显下降，这主要是受欧美债务危机冲击我国外贸出口影响。美国和欧盟是我国在国际贸易活动中最重要的贸易伙伴，同时也是我国最大的进出口市场，欧美债务危机在使美国和欧盟本国经济陷入低迷的同时，也通过贸易传导渠道，对全球经济发展造成了冲击。图6.2、图6.3所示为2006—2014年中国对美国及欧盟的出口总额及增速变化，除去周期性变动外，可以看到在2006年至2007年、2010年至2011年两个阶段，我国出口额均保持了较高的增长趋势，其月平均增长幅度高于2%，而2008年和2011年，我国对美国及欧盟的出口额增速出现明显下降，月平均增长幅度低于1%。

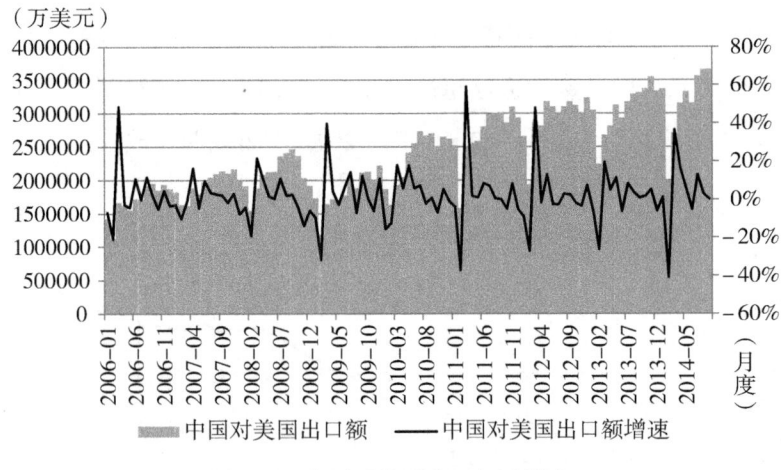

图6.2　中国对美国出口额及增速

资料来源：Wind资讯金融终端。

从中国国际收支平衡表中的账户数据更容易看出我国国际贸易中的变化，图6.4为2007年至2013年我国经常账户差额、资本和金融账户差额，其中经常账户差额自2007年以来呈现出整体下降趋势，而资本和金融账户差额则仅在欧美债务危机发生期间出现明显下滑，出现1999年以来首次经常账户顺差、资本和金融账户逆差的状态。

第四节 欧美主权信用风险对我国影响的实证分析

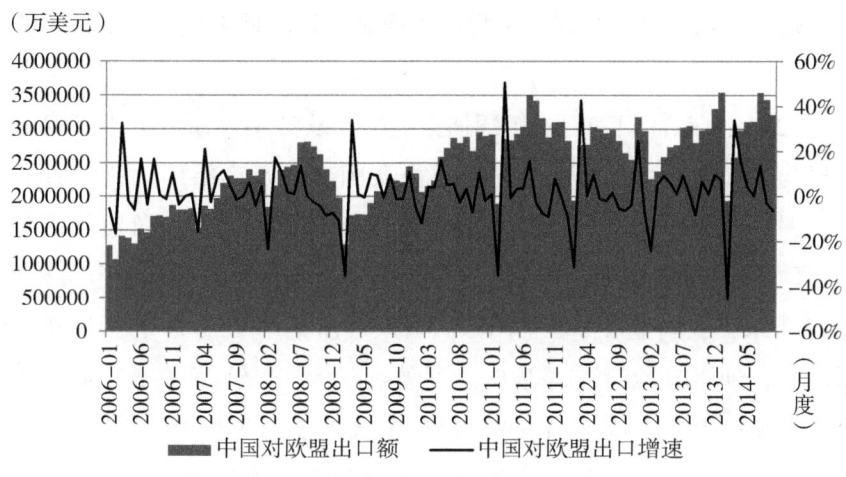

图 6.3　中国对欧盟出口额及增速

资料来源：Wind 资讯金融终端。

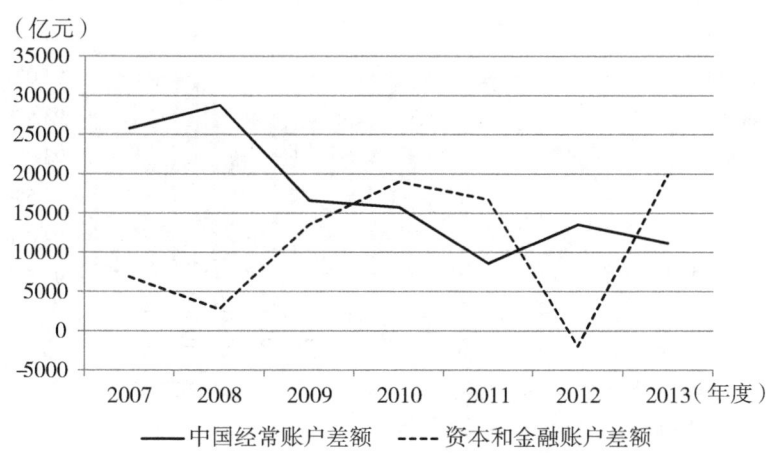

图 6.4　中国经常账户及资本和金融账户差额

资料来源：中国国家外汇管理局网站。

受欧美债务危机影响，世界主要国家经济发展速度有所放缓，其进口规模及对外投资规模出现不同程度下滑，我国作为全球重要的进出口和投资大国,所受影响表现在国际收支平衡表中经常账户差额、资本和金融账户差额的减少,在一定程度上遏制了我国近年来高速增长的外汇储备规模。

(2)从金融部门来看,美国债务危机与欧洲主权债务危机对我国金融机构的影响有所差异,这主要是由我国金融资产结构的特点所决定的。图6.5、图6.6反映的是我国上市金融部门账面资产负债及或有资产负债状况,所选取的研究对象为在我国深沪上市的46家金融机构。2007年末,我国上市金融部门账面资产负债率达92.66%,为近几年最低水平,到2010年第二季度时达到最高点94.08%,而在此期间,或有资产负债率也从2008年第一季度的78.23%上升至2010年第二季度的89.99%;而在欧债危机发生期间,我国上市金融部门账面资产负债率呈现缓慢下降趋势,其或有资产负债率也仅出现小幅度上升。

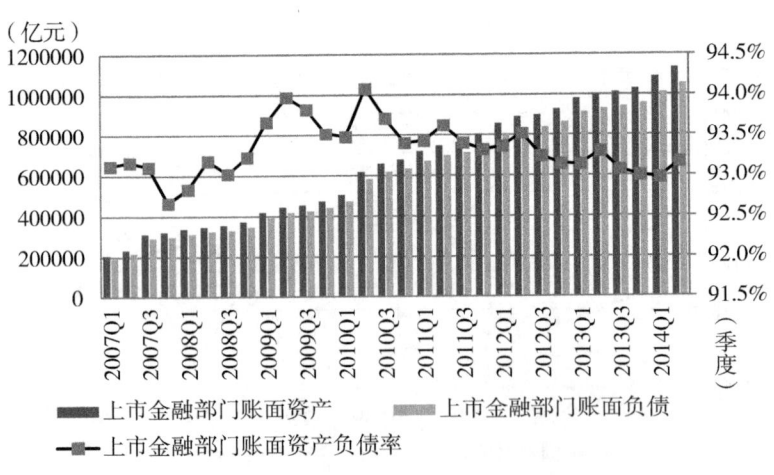

图6.5 中国上市金融部门账面资产负债

资料来源:国泰安数据库(CSMAR 中国上市公司财务报表数据库)。

欧美国家主权信用风险对我国上市金融部门影响的差异在于我国的外汇储备中美元资产所占比例相对较高。图6.7所示为2000年以来我国所持有的美国国债规模及其占外汇储备比率,尽管从2010年来,我

第四节　欧美主权信用风险对我国影响的实证分析

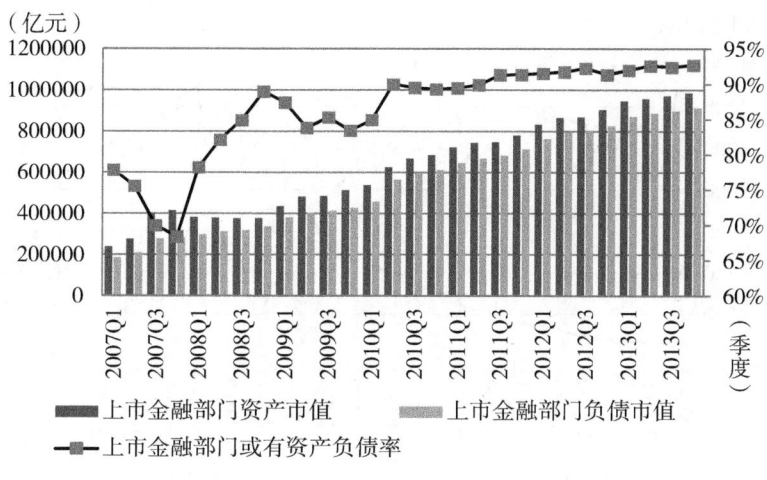

图 6.6　中国上市金融部门或有资产负债

资料来源：国泰安数据库（CSMAR 中国上市公司财务报表数据库）。

国持有美国国债的增长速度有明显放缓，但其占我国外汇储备的比例仍然保持在30%以上的水平，这也是美元在全球贸易结算中一直处于统治地位造成的。此外，作为全球债券中最主要的固定收益产品之一，美国金融机构的次级抵押债券在我国金融机构资产投资组合中广泛存在，以雷曼兄弟公司债券为例，截至 2008 年 9 月 20 日，我国共有中国银行、工商银行、建设银行、招商银行、中信银行、兴业银行以及交通银行 7 家中资银行对雷曼兄弟进行贷款或持有其债券，总债务规模达 7.22 亿美元，随着雷曼兄弟公司破产，其资产处理过程将对我国金融机构造成长远影响。

（3）从企业部门来看，欧美国家主权信用风险主要是通过国际贸易渠道进行风险传递，即受债务危机影响而使全球经济发展放缓，从而对我国出口产业造成影响。

我国正处于贸易结构转型的关键时期，出口在我国 GDP 中仍占有较大比重，随着欧美债务危机在全球范围内传递，西方国家普遍出现高

图 6.7　中国持有美国国债总量及其占外汇储备比率

资料来源：Wind 资讯金融终端，中国国家外汇管理局网站。

通胀和高失业率的"双高"现象，内需低迷，造成我国外需下降，出口受到较大程度的抑制，削弱了我国企业部门的盈利能力。此外，受欧美债务危机影响，汇率市场对美元及欧元普遍持看空态度，随着欧盟、美国及日本纷纷出台量化宽松的货币政策，人民币在国际外汇市场中的升值压力不断加大。如图 6.8 所示，人民币兑美元及人民币兑欧元的汇率从 2007 年以来一直保持下降趋势，一方面抬高了我国出口产品的相对价格，削弱了我国产品的国际竞争力，同时还容易吸引国际热钱的大量涌入，不利于我国汇率市场的稳定。

外需下降和人民币升值压力对于我国出口产品造成了较大影响，图 6.9 所示为我国上市金融部门净利润率，所选取的研究对象为在深沪上市的 2064 家企业。2007 年第四季度，我国上市企业净利润率达到高峰 8.21%，随着美国次贷危机的爆发，该指标在 2008 年第四季度降低至 4.99%，并在短暂的回升后，从 2010 年开始又呈现出持续下降趋势，最终保持在 5% 的水平上下波动。

第四节 欧美主权信用风险对我国影响的实证分析

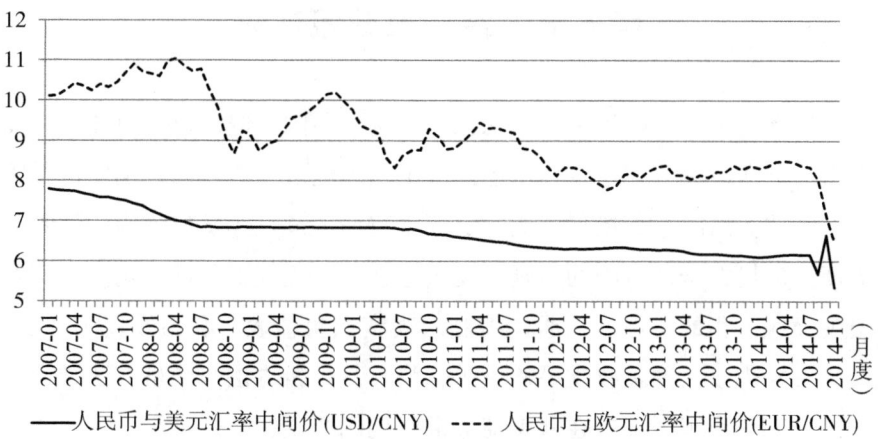

图6.8 人民币与美元、欧元汇率中间价

资料来源：中国国家外汇管理局网站。

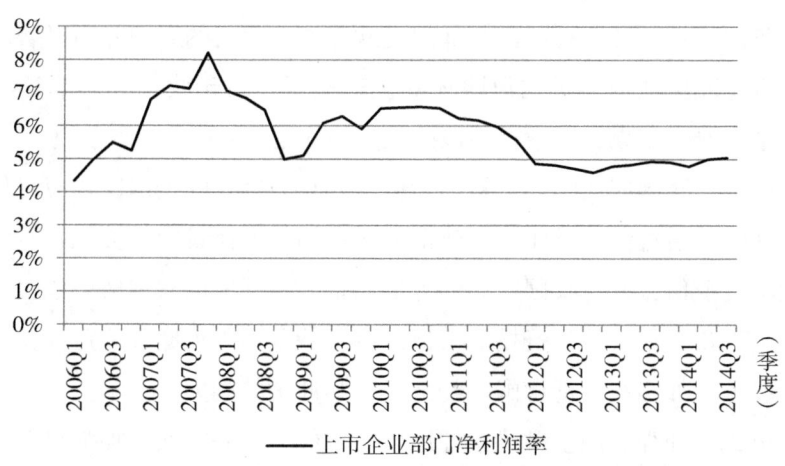

图6.9 中国上市企业部门净利润率

资料来源：国泰安数据库（CSMAR 中国上市公司财务报表数据库）。

第五节　结论及政策建议

受欧美国家主权信用风险恶化的影响，各国普遍采取货币和财政双宽松的刺激政策，在一定程度上减缓了全球经济下滑，同时也使得各国政府的债务风险显著提高，成为欧洲主权债务危机爆发的诱因。随着欧美债务危机在全球范围的蔓延，我国也在不同程度上受其影响。本章在宏观金融工程的思想下，通过编制宏观资产负债表，联系投资头寸表、债务头寸表以及国际收支平衡表等，将存量分析方法与流量方法结合起来，研究了我国各部门在欧美债务危机期间所受影响。

从实证结果上看，欧美国家主权信用风险恶化，导致外需下降，我国外汇储备及出口产业均受到冲击而出现不同程度的增速下滑，我国公共部门资产及企业部门盈利能力有所下降；而由于美元在全球金融范围内的主导地位，我国金融部门在美国次贷危机中所受影响要大于欧洲主权债务危机；此外，我国家庭部门受欧美债务危机的影响并不显著。总体而言，欧美债务危机的风险还在全球蔓延，对于我国的影响还将持续，结合研究结果，本章提出以下几点应对建议：

第一，我国应加大推进外汇储备多元化力度。欧美国家在应对债务危机期间，通过多次量化宽松政策造成我国外汇储备中的美元、欧元资产大幅度贬值，针对我国巨额的外汇储备，我国应以欧美债务危机为契机，进一步开拓其他外资投资渠道，在维持我国外汇储备一定收益能力的情况下，加强我国抵御国际经济波动和冲击的能力。

第二，加强我国金融机构的风险防范能力。一方面，加强对于我国金融机构，特别是银行业的监管力度，增强银行风险管理的内生机制，严格控制不良贷款；另一方面，加快我国金融机构改革，在提高银行业金融创新能力，鼓励我国金融机构抓住契机并购海外资产的同时，在控制风险的前提下，逐步减少存贷收入在银行收入中的比例，拓展银行表外理财业务。

第三，我国应加快经济增长方式，加强经济结构调整。目前我国出口产品还主要以劳动密集型为主，产业附加值较低，对于低端的加工贸易有较强依赖，随着国际市场外需降低，我国应增强市场对于资源配置的主导作用，引导企业提高自主创新能力与产业机构调整，增强我国出口产品的技术含量与竞争力；此外，在注重外需的同时，还应以扩大内需为核心，增强国内消费对于工业增长的拉动作用。

第七章 中美欧主权信用风险传导机制研究

上一章主要研究美国、欧洲和中国三大经济体相关经济部门之间的资产负债关系及其变化,涉及国家债务头寸表、宏观资产负债表、国际投资头寸表和国际收支平衡表,在此基础上,本章重点研究中美欧三方主权信用风险的传导问题,本章的传导路径和传导机制的研究建立在之前的宏观经济报表的分析基础上,首先分析中美欧内部的风险传导机制,然后研究双边和多边的风险传导机制,接着进行实证研究,最后是结论和政策建议。

第一节 引 言

2009年欧洲债务危机引发了全球范围内的主权债务危机。2009年12月,全球三大信用评级公司下调希腊主权评级,由希腊主权债务危机引发的欧洲主权债务危机。2010年2月4日,西班牙财政部公布2010年整体公共预算赤字占GDP的9.8%,2010年2月5日,债务危机引发市场惶恐,西班牙股市当天急跌6%,创下15个月以来最大跌幅。同一天,德国政府公布2010年政府赤字预计占GDP的5.5%,整个欧洲陷入债务危机的困扰,欧债危机纵深发展。2010年4月23日,希腊正式向欧盟和IMF申请援助,2010年5月10日凌晨,欧盟成员国财长达成了一项总额达7500亿欧元的援助计划,避免危机蔓延、升级。除此之外,美国也因债务压力难以缓解而面临债务上限调整的问题，2011年8月5日，标普将美国长期主权信用评级由"AAA"调至"AA+"，这是自1917年以来美国政府信用评级首次被下调，惠誉和穆迪虽然维持"AAA"评级，但仍将美国的前景展望定为"负面"，2011年11月4日，美国一地方政府破产，破产规模达41亿美元，使得债务风险问题波及全美。欧美两大经济体作为我国重要的贸易伙伴与金融合作对象，其经济走向与我国经济发展密切相关，而我国受地方债问题困扰，据审计署审计，截至2010年底，我国地方政府债务余额107174.91亿元。在此背景下，研究欧美主权信用风险传导路径和机制对于完善债务危机传导理论框架和体系，维护我国宏观经济稳定，推进金融体制改革具有重大现实意义。

本章将在美中欧三国债务头寸表、宏观资产负债表、国际流量表的基础上对中美欧主权信用风险传导进行理论研究，并就境内各部门间传导、跨国双边传导和三边传导做出理论分析和实证分析，揭示主权信用风险在国内和国家间的风险传导路径。最后，得出结论并提出政策建议。本章采取定性、定量结合的分析方法，对于国内传导，我们通过资产负债表的存量变化来分析信用风险在境内各部门间的传导路径；对于双边传导，我们基于宏观资产负债表和国际流量表，研究跨境八部门的双边传导机制，并采用GVAR模型对其影响进行量化研究；对于三边传导，我们将网络模型与CCA结合，研究跨国风险传导问题。

第二节 相关文献综述

关于债务危机传导路径研究的文献大致分为三类，第一类是关于国内债务危机传导机制研究的文献，第二类是关于国家间债务危机传导机制研究的文献，第三类是关于多国债务危机传导机制研究的文献。

一、国内债务危机传导机制的文献综述

国家主权债务危机是指一国政府以国家信用为担保借取债务，但又

不能如期偿还所引发的信用危机。国家主权债务危机与金融危机紧密相连，2007年次贷危机爆发之后，欧洲和美国相继在2009年、2011年显现出主权债务危机。金融危机和货币危机之间存在一定联系，货币危机可以诱发金融危机，而金融危机也可以导致货币危机的发生。沈中华（2000）基于对53个国家的相关数据的研究，通过Panel Cointegration检验的方法认定银行危机与货币危机之间存在共生性。我们可以认为对主权债务危机的研究起源于对货币危机的研究。

Frogman（1979）提出在固定汇率制度下，一国若试图防止其货币贬值，则会消耗其外汇储备；而一国若试图防止其货币升值，则会在国内引发通货膨胀。Flood和Garber（1984）在此基础上采用了线性形式对固定汇率制度的崩溃时间进行了研究，这就是第一代货币危机模型。Obstfeld（1994）提出了第二代货币危机模型，即将政府对市场的反应考虑在内，并认为市场参与者的预期会引发自我实现的货币危机。第三代货币危机理论是指1998年亚洲金融危机后涌现的一系列解释危机原理的理论，这些理论主要从微观经济的扭曲和货币错配的角度出发。其中基于资产负债表的分析较好地解释了危机爆发的原因。Dornbusch（2001）以资产负债表为核心，对新兴市场的金融危机进行了探讨，而Allen、Rosenberg、Keller、Setser和Roubini（2002）则通过分析期限错配、货币错配和资产结构错配来研究危机在资产负债表之间的传导。Gray、Merton和Bodie（2006）用或有权益分析的方法研究了部门和国家的风险暴露。叶永刚、宋凌峰、张培（2011）则通过对或有权益资产负债表的研究，对七条宏观金融风险的传导路径进行了分析。在实证研究方面，Reinhart、Rogoff（2008）基于历史上多次金融危机的数据得出在经历金融危机的三年后，政府债务平均上涨86%，且银行业危机通常在房地产泡沫达到顶峰之后的一到两年内发生。Borensztein和Panizza（2009）则对这种效应的反向传导进行了实证研究，据他们研究，一国在经历了主权债务危机后，银行发生危机的可能性提高了11%。

自欧美债务危机爆发以来，国内外均有学者对危机在国内部门间的传导机制进行了研究。IMF在2010年全球金融稳定报告中分析道,公共部门的债务危机会导致评级机构对信用评级的下调,从而使金融部门持有的国债贬值,进而导致股价下降,使得原有的问题重新暴露。而政府部门为了加强对金融部门的担保,使得自身或有负债水平进一步提高。李俊(2011)通过对2000—2010年的相关数据进行分析,得出欧元区银行业与政府主权债务高度关联,进而在此基础上讨论债务危机向国内金融部门传导的机制。叶永刚、宋凌峰和张培等(2011)基于部门资产负债表对企业部门向公共部门的风险传导和金融部门向公共部门的风险传导进行了研究,在一定程度上预测了美债危机的爆发。由于中国还处在"隐形债务防范"这一阶段,且部分学者如管涛(2009)认为无论是从流动性还是从债务结构上来分析,中国近期均无发生债务危机的风险,所以国内还暂无对债务危机在中国境内的传导机制的系统性分析。

二、国家间债务危机传导机制的文献综述

当今世界全球化使国家之间的联系越来越紧密,金融危机除了在国内的传导,也可能蔓延至其他国家,甚至引发全球性金融危机。因此研究危机的跨境传导对研究、解决和预测危机来说越来越重要。

外部风险、危机对国家整体冲击主要是通过贸易渠道和金融渠道,直接或间接恶化国家资产负债表,从而实现国与国之间的传导。刘锡良、刘晓辉(2010)认为资产负债表中的货币错配、期限错配和/或资本结构错配及部门间资产负债表之间的内在联系,揭示了危机在不同部门乃至国家之间的传导途径;欧美债务危机就是通过贸易和金融双渠道在不同国家间市场进行传递,对国家的四大经济部门造成冲击,并基于部门资产负债表渠道进行传导。

范恒森、李连三(2001)指出在国际经济交往中,贸易和依附于贸易的资金流动是紧密相关的,因此,传染通过贸易途径是显而易见的。对于贸易渠道传导机制的具体分类有很多种:石红莲(2010)认为金融危机的贸易传导机制是通过改变贸易量、贸易条件产生传导效应的,且

与一国的外贸依存度相关。相应地,李细满(2008)认为中国过高的外贸依存度导致对外贸易在金融危机中受到巨大冲击。Victoria Miller(2010)认为贸易链接可以进一步分为竞争链接和国内需求链接,两种链接都包含国内对国外出口产品的需求下降,但竞争链接源自国内货币贬值,而需求链接发生于国内收入下降之时。陈学彬、徐明东(2010)认为金融危机短期内对国际贸易最直接的两个影响渠道为收入效应和价格效应,并通过将本次全球金融危机的演变对我国经济的影响划分为危机前、爆发、加剧和复苏四个阶段,采用进出口方程弹性分析法定量说明危机对我国进出口贸易产生了极大不利影响。除了直接双边型贸易传导机制,还存在间接多边型贸易传导机制,赵晓威(2010)指出间接多边型的贸易溢出效应是金融危机在与危机初始国有共同的第三贸易国或者是共同的第三国市场的国家之间的传染,其作用机制是竞争性贬值机制,这一机制是金融危机在出口结构相似且竞争同一国际市场国家间的主要机制。Geriach和Smets(1995)说明如果一国的贸易伙伴或贸易竞争对手一旦发生货币贬值,将会改变投资者的预期,并导致对方国家不得不实施竞争性的货币贬值,以规避因他国贬值产生的对本国的投机性冲击。蒋瑛、曾忠东(2011)将贸易传导的溢出主要分为价格效应、收入效应、政策性效应和物价因素效应,其中,价格效应和收入效应是金融危机贸易传导的直接溢出效应,政策性效应和物价因素效应是间接溢出效应,并基于此分析了美国金融危机对中国贸易的具体影响。

金融渠道传导是指存在金融联系的国家(直接的和间接的)之间一国发生危机导致其他国家国际净资产或者资本流动的变化,从而使危机传导到其他国家。金融渠道有时也被称作金融溢出效应(Financial Spillovers Effect),可表现为直接金融投资型的金融溢出效应和间接金融投资型的金融溢出效应。国内外学者对此也取得了丰硕研究成果。罗春婵、刘春阳(2010)指出当一国与危机国存在直接的债权债务关系、股权股利关系的情况下,危机的爆发会通过债权和股权价值的减少影响该国的国际金融头寸,形成金融渠道的直接传导。此外,当代经济金融环境使不同国家的金融机构处于复杂的国际债权债务、股利链条中，会通过"多米诺骨牌"效应对链条中的经济主体形成间接冲击。范爱军(2001)从游资的角度说明游资能通过金融市场中的投机运作把危机传给其他国家，并以索罗斯事件和亚洲金融危机为例具体说明金融渠道的传导途径。叶永刚、宋凌峰、张培(2011)认为金融传导机制通过共同贷款人效应、间接贷款人效应、投资分散化效应和内生流动性效应起作用。Rijckeghem 和 Weder(1997)的研究表明，"共同贷款者效应"是墨西哥危机、亚洲危机和俄罗斯危机中金融危机国际传递非常重要的一个原因。Arvai(2009)等以"共同贷款者"理论解释了次贷危机后金融危机向新兴欧洲国家的传递，他们认为新兴欧洲国家对共同贷款者依赖越大，危机就越容易在区域内传递。范恒森、李连三(2001)通过实证研究表明，从共同贷款者处获得贷款的能力与传染发生的概率具有显著的正相关性。宋海燕(2003)则创新地将金融渠道传染方式分为流动性需求传递、跨市场的重新均衡传染和市场预期导致的传染三种，其中流动性需求传递与内生流动性效应有一致性；重新均衡传染与投资分散化效应具有一致性。

对于贸易渠道和金融渠道的进一步比较研究，李成、王建军、张国柱(2010)创新地用金融危机四阶段周期理论构造金融渠道危机传染模型及贸易渠道危机传染模型，对二十国集团国家金融危机隐蔽期、危机爆发期、危机深化期和危机恢复期的数据进行检验，结论是金融渠道具有显著的周期性危机传染特质；贸易渠道具有次显著的周期性危机传染特质，传染性周期演进滞后于金融渠道。基于金融渠道和贸易渠道的传导，还应进行外部风险对国家经济四部门——金融部门、企业部门、公共部门和家庭部门的传导路径研究。叶永刚、宋凌峰、张培(2011)认为国家间企业部门、金融部门的相互影响形成了国际金融风险直接传导的主要路径，而公共部门、家庭部门与国际的联系则相对比较间接。目前国内外的研究也着重于前者：范恒森、李连三(2001)认为银行间一般相互持有存款，使银行间的关系非常紧密，并从银行间联系的角度解释了金融危机的传染。Pritsker(2000)认为金融危机通过银行关联传递的程度与不同国家间银行的连接方式有关。宋海燕(2003)将银行和机构投资者作为金融市场上导致危机传染的交易主体,对危机的传导进行了解释:认为银行间通过共同贷款者和银行间的相互联系进行危机传导,传染的程度也与不同国家间银行的连接方式有关。Kodres 和 Pristker(1998)以及 Masson(1998)认为当一国(尤其是发展中国家)发生金融危机时,国际金融市场会提高对其他相似国家的风险溢价,索取更高的回报率,使得这类国家的融资成本上升,这将恶化企业资产负债表。受亚洲央行大量购买最初被认为是无风险的美国机构支持证券这一现实的启发,Victoria Miller(2010)创新地研究了一条金融危机在国内和国外之间传导的新金融渠道——当央行投资于有风险的海外资产时,国内银行危机可能导致海外资产市场也出现危机,反之亦然。姚国庆(2003)在研究国外相关成果的基础上,做出了一个综合的解释:金融危机的传导机制涉及金融、投资、消费、实体经济部门、社会信用等各个层次,因此是包含投资渠道影响、生产结构影响、消费影响、信用影响的一个综合效应。

专门针对欧美国家债务危机传导机制的研究较少。李俊(2011)指出由于欧元区银行业资金来源过度依赖批发融资以及"对手方风险"的存在,主权债务危机经过四步向银行体系蔓延,使欧元区政府的流动性危机转变为银行体系的流动性危机。这为跨境金融渠道传染、对金融部门的传导提供了思路。罗敏(2009)从中美贸易的角度,说明金融危机是如何通过贸易溢出效应、投资性溢出效应和心理渠道在两国直接传导的。郑宝银和林发勤(2010)基于欧盟是中国第一大贸易伙伴和最大出口市场的现实,将欧洲债务危机对我国出口规模、出口市场和主要出口商品的影响做了详细的分析,实证结果显示危机带来的汇率变化对我国的出口影响最大。张晓晶和李成(2011)认为欧债危机向美国经济传导的主要渠道是通过双边贸易和美国银行业对欧债的风险暴露;现阶段危机对中国带来的直接不利影响是有限且可控的,但给经济前景增添了很大不确定性。楼坚(2011)通过构建包含"欧猪五国"10 年期国债利率为变量的向量自回归模型,定量研究本次欧元区主权债务危机的传导效应,证明主权债务危机传导的存在,考察这些变量在主权债务危机中的相互影响,给出政策建议。王艳(2011)通过分析美国债务危机的演进过程,研究其对中国等新兴市场国家的冲击主要通过两条途径——威胁巨额外汇储备的安全和增加输入型通胀压力,恶化出口环境。

三、多国债务危机传导机制的文献综述

最早,Baran、Paul(1964)在通信式网络导论里提出网络模型的概念,最早广泛应用于通信系统和互联网稳定性和效率的评价上。随后Castells和Manue(1996)在《网络社会的崛起》中提出了网络模型将会广泛运用于经济金融分析的设想。目前对于金融系统网络结构及其特性本身的研究很多,Allen和Gale(2000)研究了不同银行间网络结构对危机传染的不同反应,并验证了完全网络的优越性。Vivier-Lirimont(2004)从改善存款人效用的角度分析研究了最佳网络结构。Leitner(2005)从对金融机构间网络结构的两面性(常态下的风险分担机制与非常态下的传染机制)的权衡分析中提出对金融网络的优化调整。Allen和Babus(2008)明确提出网络是对复杂金融系统一个有用的刻画。Andrew Sheng(2010)从定性的角度进一步解释了网络模型三种基本的拓扑结构:分别是星系统、分散的网络、分布的网络,并提出了在分散网络和分布网络下构造分析多国风险传导机制的设想。但是目前对于网络模型在危机传导中应用的研究处于起步阶段,McGuire和Tarashev(2007)、Hattori和Suda(2007)、Espinosa-Vega和Solé(2010)、Weistroffer(2010)、Fitch Ratings(2010),都类似地将网络分析运用到跨国界的银行系统风险暴露传导的研究中。Kiyotaki和Moore(1997,2002)、Goodhart(2006),以及Shin(2008)描绘了负面经济冲击通过资产负债表关联网络在国民经济各部门间传导的概念性模型。Castren和Kavonius(2009)利用欧元区账户(EAA)金融资产负债表数据开创了部门层面关联网络模型的实证研究。Gray和Jobst(2010)在或有权益方法的基础上,从金

融市场隐含的预期损失和政府提供给金融部门的隐含担保的角度,提出了专门研究系统性风险的系统性或有权益方法。如果将多个国家作为一个整体考虑时,该方法可以用于研究风险在多国间的传导问题。同时,他们在文中也提到网络模型与CCA结合的可能性,并提出了Merton-based-Network的构想,可以通过更为直接的风险指标建立网络模型来研究跨国间的风险传导问题。随后,宫小琳(2010)沿用Castren和Kavonius的思路,利用2007年国民经济核算中的资金流量表(金融交易账户)数据建立了中国国民经济部门间金融网络模型,通过模拟测试一定程度上揭示了负面冲击在部门间循环传导的轨迹。

第三节 中美欧内部各部门间信用风险的传导机制

一、欧洲内部部门间债信用风险的传导机制

欧洲国家信用风险,是指欧洲部分国家以国家信用为担保借取债务,却不能如期偿还债务而产生的信用违约风险。从2009年12月8日惠誉将希腊信贷评级由A-调至BBB+到2012年1月13日标普下调法国、意大利等欧元区九国信用评级,2012年1月16日下调欧洲金融稳定基金(EFSF)信用评级,欧债危机愈演愈烈。欧债危机的爆发是多重因素共同作用的结果,原因主要有欧洲国家竞争力下降,欧洲国家过高的福利政策,欧盟货币、财政政策的二元结构,次贷危机的爆发,等等。本章将基于或有权益分析(CCA)的方法,以欧洲金融部门受美国次贷危机冲击为分析起点,描述并解释危机从金融部门传导到公共部门,引发欧洲主权债务危机,然后又从公共部门传导到金融部门,最后由金融部门传导到企业部门和家庭部门的过程。

(一)次贷危机对欧洲金融部门的影响

2007年爆发的次贷危机对全球金融业造成了巨大的冲击,由于持

有大量与次贷相关的资产,欧洲银行业在这场危机中受到了波及。从整体来看,2008年欧洲9国金融部门或有资产负债率达到92.46%,创历史新高,欧洲9国金融部门违约距离均有不同程度的减小,欧洲金融部门风险快速积聚。从局部来看,以欧洲资产规模最大的瑞士银行(UBS)为例,受次贷危机影响,该行在2007年第三季度亏损7.12亿美元,其中因次贷危机而造成的损失超过300亿美元,这是瑞士银行2002年来首次出现季度亏损。2007年第四季度,瑞士银行亏损112.2亿美元,创下该行单季亏损最高纪录。2008年第一季度,瑞士银行继续亏损,亏损额达到120.3亿美元。德国最大的银行德意志银行在2008年4月发布财务报告称受次贷危机影响该行2008年第一季度资产减记27亿欧元,亏损1.31亿欧元,出现近5年来首次季度亏损。其他金融机构如巴克莱银行、苏格兰皇家银行和德累斯顿银行等也在危机中受到了不同程度的冲击。有资料显示欧洲小型金融机构受到的冲击更大。

(二)风险从金融部门向公共部门传导

欧洲金融部门受到次贷危机冲击后,欧洲公共部门主要从三种途径稳定国内金融市场。首先,欧洲各国政府向本国金融机构注资,以帮助金融机构摆脱困境。2007年8月,欧洲央行向欧洲金融系统的注资就累计超过2000亿欧元,英国央行则于同月向商业银行提供了3.14亿英镑的贷款;2007年12月18日,欧洲央行向银行系统注资3486亿欧元,以解决银行系统面临的流动性问题;2008年4月瑞士央行向市场发售60亿美元的美元回购协议;2008年9月,为防范由雷曼兄弟申请破产保护而引起的资金链断裂风险,欧洲央行向商业银行系统注资300亿欧元;2008年10月3日荷兰政府决定收购富通集团在荷兰的全部业务;2008年10月5日,德国政府决定向德国地产融资抵押银行注资500亿欧元,并表示将为相关私人储蓄账户提供无限额担保;2008年10月13日,法国政府宣布拿出3600亿欧元资助本国银行业,英国财政部则于同日宣布向国内3家银行注资370亿英镑。其次,央行下调利率,方便金融机构融资。2008年10月到2009年4月期间，欧洲央行多次下调利率，利率从4.25%降至1%；英国央行2008年1月公布的利率为5.5%，经过多次下调，2009年3月英国央行利率降至0.5%，之后一直维持该水平；在2008年9月到2009年6月期间，瑞士央行公布的利率由2.75%降至0.25%；其他国家央行如瑞典央行等也不同程度地下调了利率。最后，欧洲政府通过收购相关金融机构的方式实现公共部门对金融部门的隐含担保。2008年2月，英国财政部宣布将陷入困境的诺森罗克银行国有化；2008年10月，英国最大的八家银行获得政府提供的额外资本，但作为回报，政府将持有相关银行的优先股；截至2008年10月，冰岛三大银行全部被政府接管；荷兰、比利时和卢森堡三国政府于同月分别出资40亿欧元、47亿欧元和25亿欧元该买富通集团在各国分支机构的股份；2009年3月，西班牙央行接管国内科奥德拉银行，并向该行的20亿欧元负债提供担保；德国上议院则于2009年4月通过了有关强制银行国有化的议案。其中政府对金融机构的注资和收购相当于公共部门对金融部门的担保，下调利率相当于发放基础货币。根据或有权益资产负债表(CCA Balance Sheet)，金融担保作为金融部门的资产项，同时又作为公共部门的负债项，看作标的资产为金融部门资产的看跌期权。受次贷危机影响，欧洲金融机构遭受损失，资产价值下降，看跌期权的价值上升，公共部门债务负担加重，国家信用风险加大。基础货币作为政府部门的负债，看作公共部门资产的买入期权，基础货币增多，买入期权价值提高，政府债务负担加重。

综上分析，各国公共部门对金融部门的救助在一定程度上缓解了危机在金融部门的恶化和蔓延，但同时也加重了公共部门的债务负担。如表7.1所示，2008年至2011年，欧洲9国政府部门债务负担率均有明显的提高，德国债务负担率由2008年的66.67%上升到2011年的81.24%，法国由2008年的68.26%上升到2011年的86.06%，英国由2009年的54.82%上升到2011年的85.74%，欧洲其他各国债务负担率均有不同程度的提高。而同一时期内，欧债金融部门情况有所好转，如

图 7.1 和表 7.2 所示,欧洲金融部门 2009—2010 年或有资产负债率有所下降,欧洲 9 国金融部门违约距离上升。从中可以看出,欧债风险逐步由金融部门向公共部门转移。

表 7.1　　　　　　**2006—2012 年欧洲 9 国债务负担率(%)**

年份 国别	2006	2007	2008	2009	2010	2011	2012*
德国	68.05	65.16	66.67	74.41	83.04	81.24	82.00
法国	63.91	64.19	68.26	79.18	82.40	86.06	89.60
英国	43.44	44.44	54.82	69.65	79.59	85.74	90.40
意大利	105.84	102.95	105.63	115.90	118.74	120.06	123.60
俄罗斯	8.90	7.23	6.52	8.33	9.40	8.27	8.00
西班牙	39.59	36.21	40.17	53.93	61.17	68.50	82.50
希腊	107.33	107.42	113.04	129.38	144.97	165.34	161.00
爱尔兰	24.71	24.83	44.22	65.14	92.47	107.97	117.70
葡萄牙	63.92	68.27	71.58	83.01	93.32	107.80	117.60

注:"2012*"表示为 IMF 统计的 2012 年预测数据。

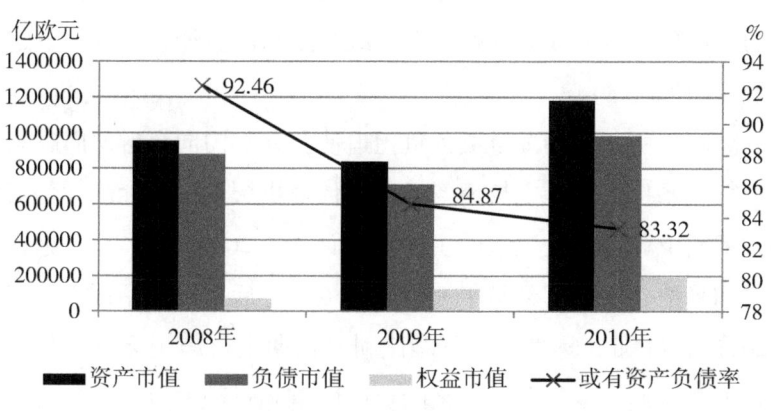

图 7.1　2008—2010 年欧洲 9 国金融部门或有权益资本结构

表 7.2　　2006—2010 年欧洲 9 国金融部门违约距离

年份 国别	2006	2007	2008	2009	2010
德国	3.65	0.00	-5.98	-1.04	2.75
法国	4.65	1.35	-3.30	0.86	2.62
英国	7.59	3.24	-0.88	3.86	4.87
意大利	6.20	4.44	0.36	1.83	2.89
俄罗斯	—	—	0.07	0.50	2.91
西班牙	6.32	4.43	0.88	2.78	2.70
希腊	—	5.05	-0.18	1.43	1.49
爱尔兰	—	2.68	-0.43	-7.57	-1.44
葡萄牙	—	5.12	0.41	2.89	6.50

(三)风险从公共部门向金融部门传导

公共部门的危机会通过银行体系持有的公共部门债券传导到金融部门。政府发行的债券作为公共部门的负债项，当公共部门的资产价值下降时，国家信用下调，其债权价值也会相应降低。而政府债券作为金融部门的资产项，政府债券的贬值会导致金融部门资产价值减值，进而引发金融部门风险加剧。

欧洲政府所背负的沉重债务负担迫使公共部门向金融部门融资，使欧洲银行体系持有大量主权债务。自欧债危机爆发以来，国际信用评级公司就不断下调危机发生国的主权信用评级。2009 年 12 月，惠誉、标准普尔和穆迪相继下调希腊主权信用评级，之后该国信用评级被多次下调；2011 年 11 月，标准普尔下调比利时长期主权信用评级，并表示经济增长可能减速、欧债危机带来的负面影响和过高的政府债务是下调其信用评级的主要原因，之后穆迪也于同年 12 月下调了比利时的信用评级；其他国家如西班牙、葡萄牙等在 2010 年到 2012 年期间其主权信用评级也遭到了评级机构的不断下调。2012年1月,标准普尔下调欧元区9国主权信用评级,其中法国首度失去AAA最高评级。

(四)危机从金融部门向企业部门传导

金融部门风险通过两种途径向企业部门传导。一方面,欧洲金融部门受次贷危机影响,资产规模和净利润大幅缩减,金融机构采取一系列措施去杠杆化,收紧信贷,使得企业融资困难,企业经营风险加大。另一方面,由于金融机构发生危机,使得企业现有金融负债展期困难加大,企业违约风险增加。从图7.2可以看出,2010年欧洲企业部门或有资产负债率由2009年的45.01%上升到2010年的48.83%,欧洲企业部门债务风险加大。2009年欧洲企业部门总资产和总负债相对2008年减少7%、14.3%,企业经营发展受到限制和影响。

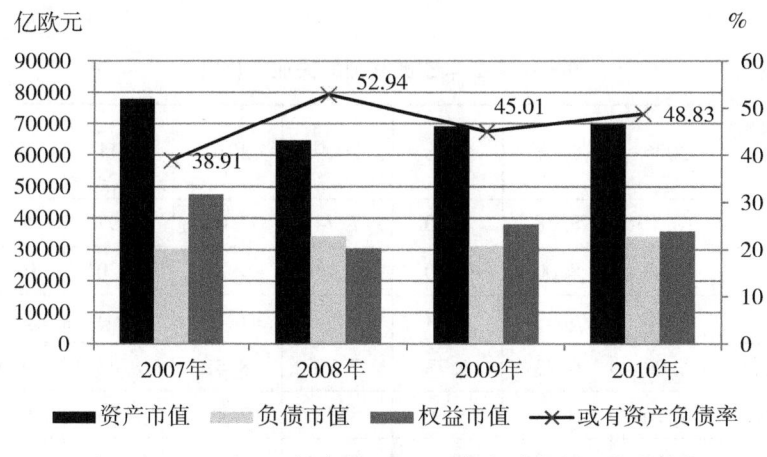

图7.2 2007—2010年欧洲9国企业部门或有权益资本结构

(五)风险从金融部门向家庭部门传导

在欧债危机的影响下,欧洲各大银行接连降低利率,使得家庭部门储蓄资产减值。2008年10月到2009年4月期间,欧洲央行多次下调利率,利率从4.25%降至1%;英国央行2008年1月公布的利率为5.5%,经过多次下调,2009年3月英国央行利率降至0.5%,之后一直维持该水平;在2008年9月到2009年6月期间,瑞士央行公布的利率由2.75%降至0.25%;其他国家央行如瑞典央行等也不同程度地下调了利率。除此,欧债危机的蔓延使得人们对未来经济复苏产生悲观情绪,工人大量失业,居民消费减少。家户部门资产的缩水,失业人数的增加降和居民消费的减少低了欧洲家庭部门的福利,增大了家庭部门违约风险。如表7.3所示,2009年欧洲9国失业率均有所提高,其中德国失业率为7.74%,同期上涨0.14个百分点,法国失业率为9.13%,同比上涨1.73个百分点,西班牙和爱尔兰就业形势进一步恶化,西班牙失业率达到18.00%,同比增加6.62个百分点,爱尔兰失业率为11.83%,同比上涨5.53个百分点。从私人消费总体来看,2011年欧洲9国私人消费对GDP的贡献度均为下降。

表7.3　　2006—2012年欧洲9国的失业率(%)

年份 国别	2006	2007	2008	2009	2010	2011	2012*
德国	10.19	8.78	7.60	7.74	7.06	5.97	5.70
法国	8.82	8.00	7.40	9.13	9.33	9.20	10.00
英国	5.38	5.29	5.64	7.58	7.78	8.04	8.50
意大利	6.80	6.13	6.78	7.79	8.41	8.43	9.90
俄罗斯	7.16	6.13	6.36	8.38	7.49	6.63	6.20
西班牙	8.53	8.28	11.38	18.00	20.05	21.65	22.70
希腊	8.89	8.30	7.69	9.38	12.46	17.34	23.00
爱尔兰	4.43	4.58	6.30	11.83	13.63	14.37	14.50
葡萄牙	7.65	8.00	7.60	9.48	10.80	12.73	15.30

注:"2012*"表示为IMF统计的2012年预测数据。

二、美国内部部门间信用风险的传导机制

2011年5月16日，美国国债总额触及1917年美国国会立法通过的美国法定国债上限，达到14.294万亿美元，2011年8月5日国际信用评级公司标准普尔下调美国信用评级至AA+，美国百年来首次失去3A信用评级，美债危机由此全面爆发。美债危机爆发具有深刻的历史渊源，美国财政部资料显示，1960年以来，美国国会已78次提高债务上限，平均每八个月提高一次。2007年由家户部门引发的次贷危机最终导致金融海啸，波及全球，美国政府也正是在屡次的金融危机中不断提高债务上限，最终产生债务危机。本章将就或有权益分析的方法，以美国家户部门为分析的起点，研究风险从家户部门传导到金融部门，再由金融部门传导到企业部门，然后由金融部门和企业部门传导到公共部门引发美债危机的过程。

（一）家庭部门风险的聚集

2007年，美国家庭部门总资产78万亿美元，其中家庭部门负债14.3万亿美元，资产负债率为18.3%，次贷危机爆发后美国家庭部门资产出现大幅缩水，到2009年第一季度家庭部门资产降至65万亿美元，资产缩水17%左右，在家庭部门资产缩水的同时，家庭部门的负债基本保持不变，导致2008年美国家庭部门的资产负债率达到21.34%，创历年新高。除此之外，美国家庭部门的失业率2007年开始也出现较大提高，到2009年10月美国失业率达到10.2%，家庭部门风险持续聚集。

（二）风险从家庭部门传导到金融部门

美国家庭部门的风险通过两种途径传导至金融部门，一方面家庭部门作为金融部门的债务人，向金融部门借有大量的贷款，通常还有很大一部分是次级贷款，一旦家庭部门大规模集体违约，金融部门将遭受巨大损失。另一方面，金融部门持有家庭部门大量的抵押贷款品，抵押品

多为耐用品,耐用品本身就有折旧,再加上市场价格风险,一旦家庭部门违约,即使金融部门将抵押品变现也会遭受大量损失。

(三)危机从金融部门传导到企业部门

风险通过三种途径从金融部门传导到企业部门。第一,金融部门遭受危机后,会采取一系列的去杠杆化措施来收缩信贷,导致企业融资出现困难,延缓或者阻碍了企业的发展。第二,金融部门遭受危机后,会收紧流动性这会导致某一个企业出现发展出现困境,如果这个企业发展出现困境,那么这个企业所在的产品链上的产业链就会出现危机,严重的时候整个产业链会出现崩溃,大批企业倒闭。第三,金融部门收缩信贷会使得企业债务展期出现困难,使得企业违约风险加大。

(四)风险从企业部门传导到政府部门

风险通过两种途径从企业部门传导到政府部门,根据或有权益分析,政府对企业的隐形担保作为企业部门的资产,是企业部门资产的卖出期权,同时又作为政府部门的债务,一旦企业部门遭受危机,企业部门资产价值减值会导致政府负债的提高。除此之外,企业部门经营出现困境会导致企业收入和利润下滑,会进一步导致政府部门的税收减少,政府部门的财政收入也会相应减少。

(五)风险从金融部门传导到政府部门

金融危机爆发时,政府一般采取三种措施救助或者缓解危机,分别是对金融机构进行收购、注资,货币宽松政策,下调利率等。其中政府对金融机构的注资和收购相当于公共部门对金融部门的担保,下调利率相当于发放基础货币。根据或有权益资产负债表(CCA Balance Sheet),金融担保作为金融部门的资产项,同时又作为公共部门的负债项,看作标的资产为金融部门资产的看跌期权。受次贷危机影响,美国金融机构遭受损失,资产价值下降,看跌期权的价值上升,公用部门债务负担加重，国家信用风险加大。基础货币作为政府部门的负债，看作公共部门资产的买入期权，基础货币增多，买入期权价值提高，政府债务负担加重。

第四节 主权信用风险双边传导机制理论基础

传统的金融危机跨境传导机制理论分为基于基本面的传导和非基本面导致的传导，由于非基本面导致的金融危机国际传导与可观测的宏观基本面变化无直接联系，难以量化，因此我们主要强调国家之间基于资产负债表的经济基本面的相互依赖，讨论由实体经济和金融联系导致的危机传导机制——包括贸易渠道和金融渠道。

一、贸易渠道

国际贸易对金融危机传递的影响广泛而深远，危机发源国与传递国贸易关系越紧密，危机传递的可能性越大。

（一）直接贸易渠道

第一，收入效应，是指一国发生金融危机，经济金融市场动荡，国民收入下降，其进口减少，贸易伙伴国收入也随之下降，引致该国对危机发源国和其贸易伙伴国的进口减少，通过进口下降传递，使各国收入下降，再次体现为进口缩减，这样金融危机就不断在国际上传递和强化。各国收入的下降，导致了居民货币需求下降，外汇储备减少，资产负债表恶化。该效应的传递关键变量为国民收入、进出口和外汇储备。第二，价格效应，是指危机发源国的货币贬值，将会提高该国出口商品的价格竞争力，该国在贸易伙伴关系国家的出口量会增加，进口量会减少，导致其贸易赤字增加、外汇储备减少。进一步地，如果投资者增强对该国货币贬值的预期而对该国货币发起投机性攻击，那么，为了保证其汇率稳定，势必动用更大规模的外汇储备，这将会导致外汇储备进一步下降。外汇储备的下降恶化资产负债表。该效应的传递关键变量为汇率、进出口和外汇储备。价格效应和收入效应反映的是危机通过贸易传导过程中,危机国对直接贸易国通过进口增加与出口下降两方面的影响,造成其贸易收支失衡,外汇储备下降,进而对该国宏观资产负债表及宏观经济造成冲击。

(二)间接贸易渠道

第一,竞争性贬值。Gerlach 和 Smats(1994)首次提出,一国的贸易伙伴或者竞争对手的货币贬值,会改变各国投资者的预期。原因在于这时投资者普遍认为各国为保持本国产品国际竞争力而都有贬值的压力,而且如不贬值则又很可能招致国际游资的投机性攻击。基于价格效应,危机发源国的货币贬值同时会影响在第三国市场的贸易竞争对手的出口产品价格竞争力,导致这些国家出口量下降,货币贬值,易遭受投机冲击而发生货币危机,导致这些国家"竞争性贬值":例如 A 国和 B 国的出口产品竞争于同一个市场,A 与 B 之间可能并无直接贸易联系,A 国所遭受的货币危机使 A 国货币大幅贬值,从而降低了 B 国产品的出口竞争力,并导致其宏观基本面恶化;由于 B 国可能加入竞争性贬值的行列,从而诱发投机者对 B 国货币发起攻击;金融危机被传递国家,出于自身经济利益考虑,大多选择本币贬值以缓解危机对本国的直接冲击,并通过贬值把危机的破坏作用继续转嫁出去。这种竞争性贬值具有自我实现机制,从而危机导致一国又一国货币贬值,并随之传递。

第二,政策性效应,是指金融危机源发国通过价格效应和收入效应的协同作用,导致其贸易伙伴国的商品和劳务出口减少,国内失业率不断攀升,进而迫使该国采取宽松的货币政策和扩张型的财政政策来刺激国内经济发展,提高就业率。但是宽松的货币政策和扩张型的财政政策又是国际游资投机性冲击的沃土,在这种条件下,政策目标矛盾是政策效应产生的真正原因。

综上,具体通过两国间贸易模型来解释贸易途径对债务危机传导的过程如图 7.3 所示。A 国发生主权债务危机,政府信用下降,货币贬值,产品出口竞争力增强,对贸易伙伴 B 国的出口大大增加;同时,A

国发生主权债务危机之后，经济进入衰退，居民收入降低，消费和企业投资规模下降，使得从 B 国的进口缩减。B 国分别从出口和进口受到 A 国的影响，贸易逆差显著加大，外汇储备大量减少，经济基础遭到破坏。此时如果政府不断使用财政政策拉动经济势必导致财政赤字和主权债务不断扩大，最终导致主权债务危机的传导。

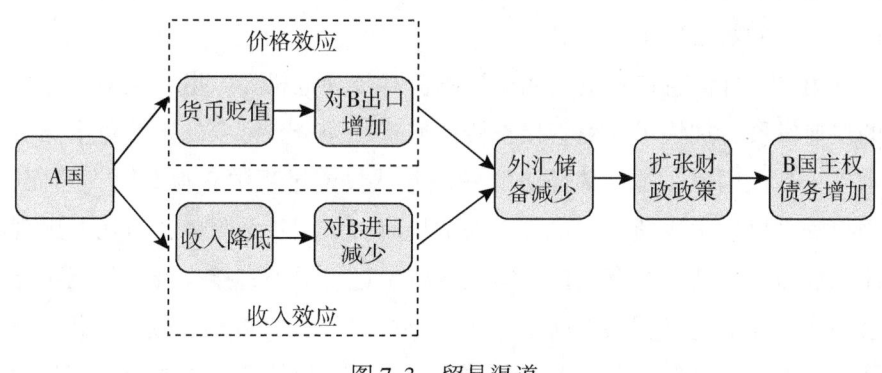

图 7.3 贸易渠道

二、金融渠道

随着经济全球化和信息技术的发达，全球性资本流动金额已经远远超过商品贸易额，使各类金融交易的供求和价格的波动性增强，金融关联逐渐成为金融危机国际传递的主要渠道。金融渠道传导是指存在金融联系的国家之间，一国发生危机导致其他国家国际净资产或者资本流动改变，从而实现危机的传导。金融渠道有时也称作金融溢出效应，可表现为直接金融溢出效应和间接金融溢出效应。金融渠道中往往包含跨境传导和跨部门传导。

（一）直接金融溢出效应

第一，相互持有资产和存款。经济全球化使全球金融市场上的金融机构之间或国家之间相互持有资产和存款，一国发生危机就会导致其他国家净资产的变化。首先，国家之间互相持有的资产，外汇储备是最典型的例子。其次，金融机构的互相持有会造成流动性危机。经济运行正常时，金融机构流动性充足；但是危机发生时，一些机构会由于各种原因面临流动性不足，如果整个市场的超额流动性供给与超额流动性需求的缺口较大，会通过"溢出效应"引发各个金融机构追求流动性，导致整个市场的短期流动性不足并加速危机蔓延。这种情况下，流动性冲击传导通过金融机构间资产负债表的直接联系进行传导，直接导致金融资产和负债的数量发生变化。

第二，外商直接投资，属于资本流动传导危机类。世界经济一体化的快速发展，加快了外商直接投资的盛行，即资金富余的国家将本国资本借于其他国家，支持其经济的发展并从投资过程中获得利润。然而，当投资国爆发主权债务危机等金融危机时，该国货币贬值，市场上出现流动性短缺，使得投资国没有富余的资本进行对外直接投资，甚至可能会撤回原先的直接投资资本。从而导致被投资国的就业减少，出口下降，外汇收入降低，恶化资产负债表，引发主权债务危机的传导。从被投资国的企业部门来说，该渠道也实现了跨部门传导，可能使被外商直接投资的企业资金链断裂。此外，根据国际投资引力定律，当一国外商直接投资撤资时，这一举动会影响其他国家对该国的投资信心，诱发大规模外商直接投资的退出，严重影响该国经济的稳定发展。实际上这属于间接金融溢出效应范畴。此外，直接投资中投机资本的追逐高利润性也加大了主权债务危机传导的可能性。据国际货币基金组织估计，目前全球金融市场上以短期形式存在在银行的游资至少有 7.2 万亿美元，虽然投机资本具有活跃金融市场的积极作用，但其消极作用也不能低估：首先，游资会在主权债务危机爆发之时使国家的宏观调控政策失效；其次，在意识到债券市场上出现危机时，游资也会对股票市场、外汇市场进行冲击，造成大范围的金融危机；最后，游资的大量进出，会造成一国外汇储备的大幅变动，影响到普通投资者的心理。投机资本不仅会引发本国的经济动荡和危机，而且会通过债券市场、股票市场等金融市场把危机传导至其他国家。

第三，证券投资，属另一类资本流动传导主权债务危机的渠道。当投资国发生主权债务危机时,投资国会减少在外国的证券投资额,引起外国的流动性不足,而且可能引起其他国家对该国的投资减少,造成股市大跌或债券市场利率大幅上升等现象,导致主权债务危机的传导。其中,一国对外证券投资主要包括债券投资和股权投资两种,而债券投资对象又分为国债和企业债。因此,通过证券投资的金融渠道传导不仅实现了跨境传导,也实现了跨境中的跨部门传导,即对危机被传导国家的企业部门产生负面影响。证券投资传导的作用在对发达国家中尤为明显。长时间的积累使新兴发展中国家储备了大量的外汇,主要包括美元和欧元类国际货币。而由于新兴国家无法自身消化这大量的外汇储备,只能又将这大量的外汇储备通过证券投资渠道投资于外国的股市和债券市场。此时,当债务危机爆发时,资金流入国即发达国家流动性出现短缺,造成主权债务危机的传导。在本次欧元区主权债务危机爆发期间,短短几个月的时间,欧洲各国股市出现了较大幅度的下降,证券投资途径传导主权债务危机作用显著。

(二)间接金融溢出效应

第一,共同贷款人效应(包括间接贷款人效应)。共同贷款者,是指向各国提供资金的同一个资金供给国家或跨国银行。金融危机国际传递与"共同贷款者"紧密相关(Kaminsky 和 Reinhart,1998)。假设一个国家发生金融危机,共同贷款者就会通过收缩对其他国家的贷款以降低风险,调整资产组合以达到资本金充足率和保证金要求,如果被收缩贷款国缺乏足够的国际储备,就很难应付国际资本大规模外流所造成的冲击。

第二,内生流动性效应。内生流动性效应是指一个国家发生的金融危机造成其市场流动性不足(贬值,资产价格下降,投资者提取本币资产兑换成外币,流动性不足),迫使金融中介清算其在其他国家市场上的金融资产以维持正常运营,从而通过直接投资、银行贷款或资本市场渠道导致与其有密切金融关联的市场流动性不足。流动性的共同运动最能够深入反映金融危机国际传递路径。在金融机构经营全球化背景下,一个国家发生危机,就会因为一次小的流动性冲击而导致大范围的流动性危机在国际上传递,从而使金融危机发生国际传递。

除了前述直接传导外,流动性冲击还可以通过资产价格变动的间接联系,改变金融资产和负债的价格传导危机:金融机构出售资产保证流动性,会导致资产价格下降,这又使金融机构按市价计算的资产价值下降,为了平衡资产负债只能出售更多的资产,这又会带来进一步的降价和资产卖出,形成恶性循环。国际投资者会加剧该效应。一国出现金融危机时,在此国有投资头寸的国际投资者通常会根据资产组合理论调整投资组合以降低风险,卖出与危机发生国资产有关联的资产,进一步导致这些国家资本外逃和流动性不足。最终,这种流动性不足使被提款经济体的资产负债表恶化,违约概率加大。

综上所述,金融渠道的危机传导十分复杂(见图7.4),主要体现的是各国金融市场的相互联系程度,贯穿其中的关键变量主要包括外汇储备、银行互相持有存款、外商直接投资、股票价格和债券市场利率等,因此总的来说包含四种联系,货币市场联系(体现汇率)、股票市场联

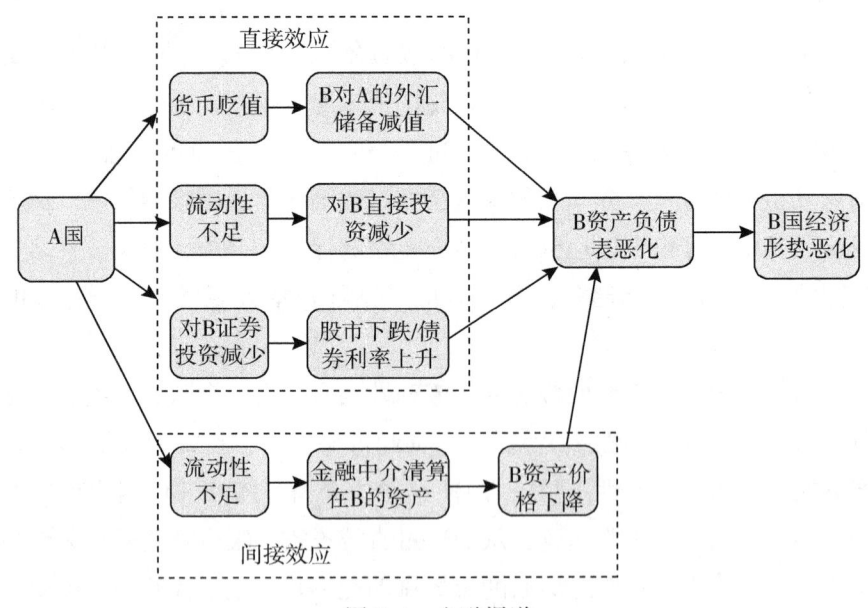

图7.4 金融渠道

系(体现股价指数)、利率联系和主权价差(体现主权违约概率)联系。

第五节 主权信用风险多边传导模型的构建
——无标度网络方法

一、无标度网络概述

(一)无标度网络的含义

学术界运用复杂网络的方法研究金融风险传导问题的成果不断涌现。构造复杂网络具有自组织、自相似、小世界、无标度等部分或全部特性,主要研究风险传导网络的结合结构特征、网络的形成机制、网络结构的稳定性等。随着复杂网络研究的进一步深入,学者们发现网络节点的连接关系呈现出一定的规律。Barabasi(1999)等研究发现,网络节点的度分布是服从幂率分布①,即 $P(k) \sim k^{-\gamma}$,其中 γ 位于2~3,这就是网络表现出来的无标度特征(Scale-free)。此外,在复杂网络中,节点个数是不断增加的,节点连接新边的概率依赖于它本身的度,基于此,Barabasi 等学者提出了 BA 无标度网络模型。Stefancic 和 Zlatic (2005)研究还发现,随着时间的推移,网络表现出明显的"马太效应",即网络节点的"富者愈富,贫者愈贫"的现象,这可以解释为什么在一个网络中有些节点的连接很多,而有些节点的连接很少。关于无标度网络的生成,Albert 和 Barabasi(2000)研究了网络内部边的增加和删除对网络度分布的影响,一些学者利用优化方法生成无标度网络,例如随机游走(Saramaki 和 Kaski,2004)、HOT(Highly Optimized Tolerance)理论和自组织临界(Carlson 和 Doyle,2000)等理论。

---

① 所谓幂律,是说节点具有的连线数和这样的节点数目乘积是一个定值,也就是几何平均是定值。

(二)无标度网络结构特征

无标度的结构有两个构成要素,一是节点的增长,二是节点之间的连接。在此基础上形成网络的平均路径长度、聚类系数、度分布等特征。

1. 无标度网络的生长算法

假设在 $t=0$ 时刻,网络最初节点数为 m_0,在此后的每一个时间间隔内,新增节点与原有节点发生 m 条边的连接,且 $m<m_0$。新增节点与原有节点 i 的连接取决于节点 i 的度 k_i,且新节点与原有节点 i 相连的概率正比于节点 i 的度 $P(k_i) = \dfrac{k_i}{\sum_j k_j}$。在经过 t 时刻后,网络节点数为 $N = m_0 + n_t$,n_t 为 t 时刻新增节点数,此时的网络边数记为 m_t,节点度为 k 的概率为 $P(k) \sim k^{-\gamma}$。

2. 无标度网络的度分布

根据度分布的有关理论,由 $P(k_i) = \dfrac{k_i}{\sum_j k_j}$ 可知,节点 i 的度为 k_i,且 k_i 的平均变化率正比于 $P(k_i)$,如果 k_i 是一个连续的实变量,则 k_i 满足演化方程式:

$$\frac{\partial k_i}{\partial t} = mP(k_i) = m\frac{k_i}{\sum_{j=1}^{N-1} k_j}$$

其中,$\sum_{j=1}^{N-1} k_j$ 表示新增节点外的所有节点度的和。

3. 无标度网络的鲁棒性

无标度网络的鲁棒性指的节点故障对网络连通性的影响。在一个网络中,如果移走某一节点,则可能出现两种情况,一种情况是与该节点相连的边同时移走,从而使网络中其他节点的路径被切断,另一种情况是该节点的中断增大了其他两节点的距离,从而使整个网络的平均路径

第五节 主权信用风险多边传导模型的构建——无标度网络方法

长度 L 增大。如果移走少量节点后网络中的绝大部分节点仍保持连通，则称该网络的连通性对节点故障具有鲁棒性。无标度网络的鲁棒性与网络的脆弱性密切相关，研究发现，无标度网络对随机节点的故障具有非常高的鲁棒性，而对关键节点的故障具有极高的脆弱性，因此，无标度网络对随机破坏具有抗毁性，对于蓄意攻击却十分脆弱。

在以上理论基础上，本节试图研究主权资产负债表网络的无标度特征，依据这一特征建立主权信用风险传导的无标度网络模型并进行实证分析。

二、主权资产负债表的无标度网络模型

为复杂的全球主权资产负债表网络建立网络模型是一项艰巨的工作，因为不同国家政府部门的资产结构特征呈现出多样性。如果将全球主要国家的政府部门看作一个系统，我们需要明确这个系统的基本组成部分，那就是网络中主要经济体的公共部门。

如图 7.5 所示，全球主要经济的公共部门通过贸易渠道、金融渠道以及非贸易金融渠道等联系在一起，形成了风险传导网络。其中任何一

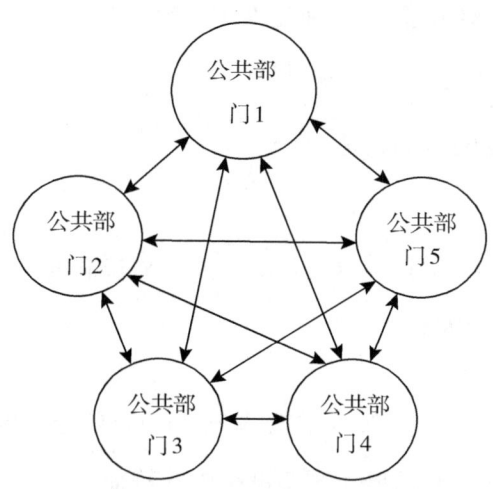

图 7.5 全球公共部门构成的风险传导网络图

个经济体的公共部门的信用风险会通过上述提及的传导渠道以及对应的传导机制形成对整个网络的传导，其他经济体的公共部门都将受到不同程度的影响。

(一)传染规模和速度

在分析经济网络中信用违约风险传染效应时，主要通过以下指标来反映网络中的传染效应：信用违约传染规模 S 和信用违约风险速度 V，并将其定义为如下形式：

$$S = \frac{1}{N}\sum_{i=1}^{N} n(v_i) \tag{7.1}$$

$$V = \frac{1}{t_i}\sum_{i=1}^{N} n(v_i) \tag{7.2}$$

其中，N 为网络中的节点(即经济体公共部门)的数目，v_i 为网络中第 i 个经济体($i=1,\cdots,N$)，$n(v_i)$ 为第 i 个经济体违约时导致网络中其他经济体最终违约的数目，t_i 为 $n(v_i)$ 个经济体违约所经过的时间。信用违约风险传染规模 S 表示的是，在风险传染过程中，平均每个经济体违约所导致的其他经济体违约的数目。该数目大于等于0，而小于网络规模 N。而信用违约风险传染速度 V 则表示，平均每个经济体违约而引起的信用违约风险传染的快慢程度。

(二)无标度网络的构造

1. 增长

给定 m_0 个初始节点，然后每次引入一个新节点，且该新节点连向 m 个已知节点($m \leq m_0$)。

2. 偏好连接

新节点连向已存在节点 i 的概率 π_i 与节点的连接度 k_i 之间满足关系：$\pi_i = k_i / \sum k_j$。这反映了现实网络中的特征：网络中大部分节点的连接度很低。但是存在少数一些中心节点(HUB 节点)，并对网络的联通性、信息传递和动力学行为起到了至关重要的作用。

3. 主权信用风险传染的冲击模拟机制

以网络中的节点代表主权经济体的公共部门，网络中的边代表两个公共部门之间的经济金融联结关系（这里以相互之间资产负债关系来代表）。假设公共部门的违约强度仅取决于交易对手（相邻节点）的违约风险，并且以速度 a_2 减小，则经济体公共部门 i 违约前的违约强度：

$$\lambda_i(t) = \sum_{l(i,j)=0} \max\{a_1 - a_2(t - \tau_k), 0\} \mid \{\tau_k \leq t\} \quad (7.3)$$

其中，$l(i, j) = \begin{cases} 1, & \text{节点 } v_i, v_j \text{ 相邻} \\ 0, & \text{节点 } v_i, v_j \text{ 不相邻} \end{cases}$

根据非齐次泊松过程的性质，有：

$$P\{N(t+h) - N(t) = 1 \mid N(t) = 0\} = \lambda(t)h + o(h) \quad (7.4)$$

当 h 足够小时，可认为 t 时刻生存经济体公共部门 i 在下一阶段 $t+h$ 的违约概率：

$$p_i(t) \approx \lambda(t)h = h \sum_{l(i,j)=0} \max\{a_1 - a_2(t - \tau_j), 0\} \mid \{\tau_j \leq t\} \quad (7.5)$$

三、基于无标度网络的主权信用风险传导的实证分析

实证分析分两个部分展开，一是研究无标度网络规模的大小与主权信用风险传染的关系，二是研究网络集中度的大小与主权信用风险传染的关系。

（一）无标度网络规模的大小与主权信用风险传染

随着金融全球化程度的加深，主权资产负债表的网络规模不断扩大，在初始节点，新增连接边数等参数一定的情况下，经济计算机模拟的不同网络规模与信用风险传染效应的模拟结果如表7.4所示。

表7.4　　　　　　　网络规模与主权信用风险传染

网络规模	传染规模		传染速度	
	均值	方差	均值	方差
20	0.1000	0.03	0.033	0.01
40	0.0910	0.02	0.019	0.004
60	0.1000	0.02	0.015	0.003
80	0.0950	0.02	0.013	0.002
100	0.0900	0.02	0.012	0.002
120	0.0890	0.01	0.010	0.002
140	0.0920	0.01	0.009	0.001
160	0.0930	0.01	0.008	0.001

模拟结果表明，随着网络规模的增加，主权信用风险传染的相对速度不断减小，即平均一单位时间所传染经济体百分比减小，而风险传染相对规模则没有明显的趋势。这表明，随着时间的推移，网络规模的增加将减小主权信用违约传染的相对速度，但不会影响传染的相对规模。因此从主权信用违约风险传染的视角来看，不能单纯地认为网络规模的增加将分散风险，因为这同样增大了可能被传染的经济体公共部门的数量和所占比例。

(二)网络集中度的大小与主权信用风险传染

在主权资产负债表网络中，由于不同国家公共部门的重要性存在差异，因此节点中的平均连接概率也不同，网络连接集中度各有差异。在较低的平均连接概率下，网络具有较高的连接集中度(少数节点将其他节点连接在一起，而大多数节点没有连接)。随着平均连接概率的增加，网络的连接集中度将会降低，而连接的分散度将会提高。当平均连接概率为1时，网络就是一个完全连接的规则网络，此时的连接集中度最低而分散度最高。我们讨论了不同网络连接特征对主权信用违约风险

第五节 主权信用风险多边传导模型的构建——无标度网络方法

传染效应的影响。假定无标度经济网络的规模为 N，该网络中包含 E 条边，则网络中经济主体公共部门之间的平均连接概率为 $Pr=2E/N(N-1)$。选取经济网络规模为 $N=100$。在构造无标度网络时，选取初始节点数 $m_0=1，2，3，4，5，6$，初始节点为孤立节点，新增节点数 $m_1=m_0$。基于这几个不同的无标度网络，分析平均连接概率与主权信用违约风险传染效应的关系，并进行模拟，公式（7.3）中选取 $a_1=0.05$，$a_2=0.0125$，结果如表 7.5 所示。

表 7.5　　　　　　　连接概率与主权信用风险传染

连接概率	传染规模		传染速度	
	均值	方差	均值	方差
2%	1	0.005	0.2	0.05
4%	2	0.005	0.4	0.05
6%	4	0.01	0.5	0.05
8%	9	0.01	0.7	0.08
10%	16	0.015	1	0.1
12%	25	0.02	1.4	0.15

模拟结果表明，由于经济体公共部门间的经济联系可能作为主权信用风险传染的渠道，因此，当平均连接概率较小，网络集中度较高时，主权信用风险传染规模和平均传染速度都较小。而随着平均链接概率的增加，网络集中度减小，主权信用违约风险的传染规模和平均传染速度都在增加。当网络集中度较高时，少部分度较高的关键节点所代表的经济体公共部门的违约可能对网络造成较大冲击，但这种结构减少了大部分节点之间的联系，所以对于大部分节点来说，减少了它们的风险传染效应，从而增强了网络的稳健性。

第六节　主权信用风险传导机制的实证检验

在宏观金融工程风险管理理论方法的基础之上，首先采用资产负债表方法对中国的宏观风险进行分析，对 IS-LM-BP-RP 模型成立的基本条件进行验证，再通过引入 Network 模型与宏观账面资产负债表和或有资产负债表的相关数据进行整合，做出基于账面资产负债表的 Network 模型，以中美欧三者间的相互贸易总额、相互持有的以他国货币计价的外汇储备构建的相应指标进行的实证分析；基于或有资产负债表的 Network 模型，以中美欧三者间的贸易总额对企业部门的资产市场价值的影响进行实证分析；运用基于或有权益方法的违约距离相关性展开的关于中美欧金融部门和企业部门间的风险相关性的 Network 模型实证研究。

一、中国宏观风险分析

对中国的宏观风险分析主要对公共部门进行研究。公共部门资产负债表由中央银行资产负债以及政府部门资产负债组成。其中，中央银行账目的明细项目划分参照中国金融年鉴的货币当局的资产负债表中的明细项目，政府部门的明细账目划分遵循中国会计年鉴的明细账目。政府部门的基础货币与中央银行的储备货币的账目重叠，故从政府部门的负债账目中剔除基础货币。且中央银行资产账目含有对政府部门的债权，中央银行与政府部门资产负债表合并的时候我们对这个账目进行了冲销。

首先将中央银行资产负债以及政府部门资产负债联合起来建立公共部门总的资产负债表，[①] 然后再将数据获取更为全面的中央银行数据单

[①] 公共部门 2006 年和 2011 年数据缺失。该表数据来自于《2012 中国与全球金融风险报告》（人民出版社 2012 年版）。

独列出来进行更深入的分析。

如图 7.6 所示,与国外公共部门高负债相比,我国公共部门的资产负债率一直保持在较低水平,随着公共部门负债所占比例逐年上升,在 2008 年达到历史最高值。在 2009 年和 2010 年开始下降,主要原因来自于公共部门总资产的大幅增长,具体的增长因素主要是央行外汇资产和政府非经营性资产。2011 年,中国中央银行的总负债增长进一步加快,外币负债与本币负债均大幅增加,负债总额向资产总额逼近,使得央行资产负债率攀升至 85.6% 的历史高水平。公共部门资产负债表中,资产远远大于负债,从表面上看是相当安全的。

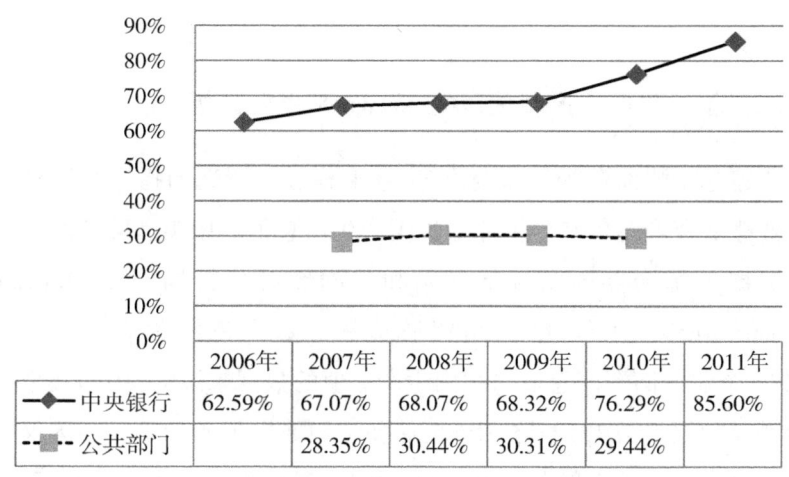

图 7.6　中国公共部门与中央银行资产负债率

如图 7.7 所示,中国中央银行的货币错配风险很高。本币资产远远低于本币负债,而外币资产远远高于外币负债。而且本币和外币的货币错配风险还在不断加大,汇率波动对中央银行的资产价值影响很大。由于货币错配现象在中国较为明显,已满足了 IS-LM-BP-RP 模型的基本假设条件,为风险溢价对 BP 曲线的影响提供了可能。

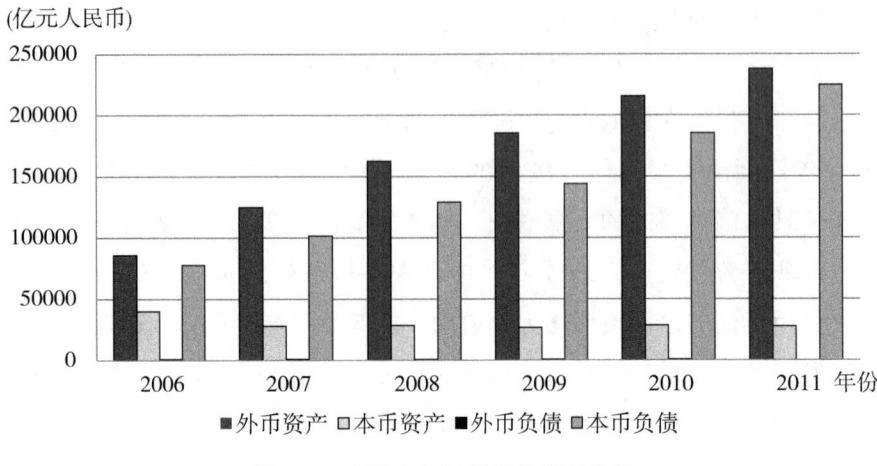

图 7.7　中国中央银行货币错配分析

二、基于账面资产负债表的 Network 模型分析

构建基于账面资产负债表的 Network 模型，所选的指标为贸易总额比企业账面资产总值和外汇储备比国内生产总值。中美和欧美间贸易总额的数据来源为美国商务部网站和美国经济分析局网站（Bureau of Economic Analysis），① 中欧间贸易总额的数据来源为《中国统计年鉴》，② 企业账面资产总值与国内生产总值的数据来源为《中国及全球宏观金融风险报告 2012》。各国外汇储备结构数据来源如下，美国仅持有欧元与日元作为外汇储备，来源为美国财政部网站，③ 欧洲的外汇储备在本文中以欧洲央行外汇储备结构进行替代，数据来源为欧洲央行各年年报。④ 中国外汇储备结构属国家机密，本章按照外管局 2010 年 9 月

---

①　http：//www.bea.gov/national/nipaweb/Ni_FedBeaSna/Index.asp。

②　中国统计的分区域贸易总额的具体名称为我国同各国（地区）海关进出口总额，见各年中国统计年鉴。

③　http：//www.treasury.gov/resource-center/data-chart-center/IR-Position/Pages/default.aspx。

④　http：//www.ecb.int/pub/annual/html/index.en.htm。

第六节　主权信用风险传导机制的实证检验

对外公布的外汇储备结构数据进行套算，其具体比率为美元65%和欧元26%①，外汇储备总额来源为中国外汇管理局网站。②

通过计算，中美欧的贸易渠道的相关指标数据如表7.6所示。

表7.6　　　　　　　贸易渠道资产负债表指标数据

	2007年	2010年
中美	0.3028	0.1549
中欧	0.3420	0.2095
美中	0.0713	0.0801
美欧	0.0982	0.0874
欧中	0.0318	0.0425
欧美	0.0387	0.0343

根据上述数据所构建的网络模型图如图7.8所示。

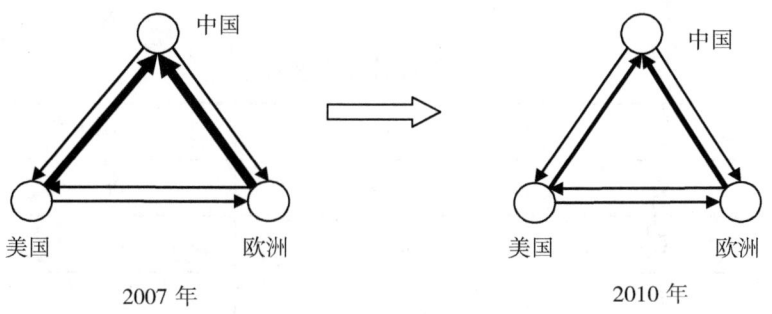

图7.8　贸易渠道Network模型(账面)

图7.8反映了2007年和2010年中美欧三者之间通过贸易渠道而

---

① 《中国外储多元化投资见成效助推有效汇率形成机制》，《中国证券报》2010年9月3日。

② http://www.safe.gov.cn/。

产生的相互关系。2007年，在中美贸易关系中，相互间的贸易对中国企业的影响大于对美国企业的影响，美国对中国的相关性系数为0.3028，而中国对美国的相关性系数为0.713。在中欧贸易关系中，相互间的贸易对中国企业的影响与美国企业的影响相比更大，相关性系数为0.3420，中国对欧洲的相关性系数为0.0318。而美欧之间的贸易往来对双方企业的影响相对于各自对中国的影响都较小。到2010年，中美、中欧之间的上述贸易行为带来的影响有所减弱，美国对中国的相关系数下降为0.1549，欧洲对中国的相关系数下降为0.2095，其主要原因是中国企业部门的规模在逐渐扩大，抵御贸易渠道可能产生的冲击的能力得到了加强。在中美欧三者之间，由于贸易的相互往来，部分风险在往来过程中可能抵消。基于这一现象，中美间以美国对中国影响为主，中欧之间以欧洲对中国影响为主，欧美间的相互影响可以忽略不计。因此，在贸易渠道的影响分析中，以欧美国家对中国的影响为主。

通过计算，中美欧的金融渠道的相关指标数据如表7.7所示。

表7.7　　　　　　　　　　金融渠道的相关性指标

	2007年	2010年
中美	0.2942	0.3080
中欧	0.0765	0.0801
美中		
美欧	0.0020	0.0016
欧中		
欧美	0.0339	0.0388

根据上述数据所构建的网络模型图如图7.9所示。

如图7.9所示，由于人民币不可自由兑换，欧洲和美国的外储结构

第六节 主权信用风险传导机制的实证检验

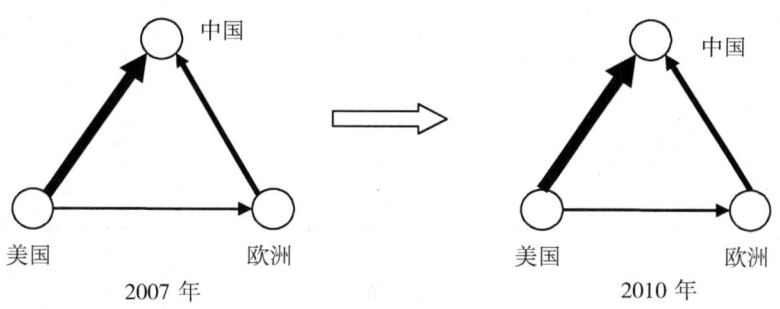

图 7.9 金融渠道 Network 模型

中均无人民币,因此,在金融渠道的分析中,以美国对中国的影响为主,美国再通过对欧洲的影响进而影响中国。从 2007 年与 2010 年两年的比较中可以看出,在金融渠道,美国对中国影响在进一步加强,相关系数由 2007 年的 0.2942 增加至 2010 年的 0.3080。欧美两者以美国对欧洲的影响为主,但相关系数相对较低,2007 年为 0.0399,2010 年为 0.0388。由此可见,通过本章设定的金融渠道相关性指标所反映的信息,美国通过外汇储备的影响对中国的影响更大,再通过欧洲对中国产生进一步的影响。

三、基于或有资产负债表的 Network 模型分析

基于或有资产负债表的 Network 模型指标设定与贸易渠道的相关性指标类似,唯一的区别是分母为或有资产负债表中的资产市场价值。由于账面的企业资产总值并不能反映市场的信息,资产市场价值可以更为准确地反映企业的总资产的估值,将其用于相关性分析能够包含更多的信息。

通过计算,基于或有资产负债表的中美欧的贸易渠道的相关指标数据如表 7.8 所示。

表 7.8　　　　　　　　贸易渠道资产负债表指标数据

	2007 年	2010 年
中美	0.0857	0.0914
中欧	0.0969	0.1236
美中	0.0444	0.0575
美欧	0.0612	0.0627
欧中	0.0401	0.0618
欧美	0.0489	0.0499

根据上述数据所构建的网络模型图如图 7.10 所示。

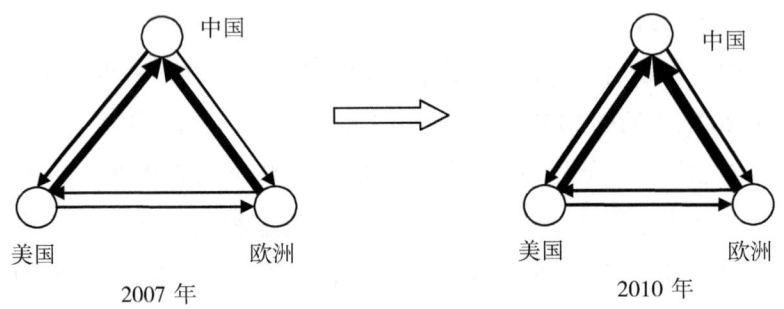

图 7.10　贸易渠道 Network 模型

如图 7.10 所示，中美欧三者之间的通过贸易渠道而产生的相关性的强弱比较和基于账面资产负债表的指标相同，以欧洲对中国的影响为主。但在发展趋势上，基于或有资产负债表的相关性指标表明其影响程度在逐步增加。在基于账面资产负债表的指标和基于或有资产负债表的指标之间相比，前者的数值小于后者，表明中国企业的资产市场价值高于其资产的账面价值。

尽管 Network 模型能够直观地反映出节点间的相互关系，但是模型也有局限性。从上述分析来看，Network 模型的有效性十分依赖所选指标，若指标的有效性不足，那么 Network 模型将不能产生很好的分析效果。此外，Network 模型适用于多个节点的情况，且节点数量越多其作用越明显，在本节及上节的运用中，节点的数量均只有 3 个，在一定程度上，限制了 Network 模型的优势发挥。通过对贸易渠道和金融渠道的 Network 模型分析，在贸易渠道，欧洲对中国的影响比美国更大，但欧洲通过美国进而影响中国的程度较小，因为欧美间的贸易相关性较低。而在金融渠道，美国对中国的影响比欧洲更大，美国又通过欧洲进而对中国产生进一步的影响，但这种影响的程度相对于中美间的程度约为 11%，[①] 放大的效果并不明显。

四、基于相关性的 Network 模型分析

根据中美欧的金融部门和企业部门 6 个部门间的违约距离相关性建立 Network 模型进行分析，其数据来源为《2012 中国与全球金融风险报告》，采用 2007 年至 2010 年违约距离序列进行分析，违约距离数据指标频度为季度，为满足软件分析要求，对其进行平滑处理。用于相关性计算的软件为 Eviews 6.0。计算结果如表 7.9 所示。

表 7.9　　　　　　　　违约距离相关系数矩阵

违约距离相关系数		中国		美国		欧洲	
		金融部门	企业部门	金融部门	企业部门	金融部门	企业部门
中国	金融部门	—	0.9394	0.4688	0.0932	0.5171	0.4191
	企业部门	0.9394	—	0.3300	−0.0562	0.6009	0.2916
美国	金融部门	0.4688	0.3300	—	0.5235	−0.0130	0.8685
	企业部门	0.0932	−0.0562	0.5235	—	−0.7524	0.2289
欧洲	金融部门	0.5171	0.6009	−0.0130	−0.7524	—	0.1965
	企业部门	0.4191	0.2916	0.8685	0.2289	0.1965	—

---

①　美欧间金融渠道影响的系数之差，2007 年为 0.0319，是中美间系数的 10.84%。

相关系数矩阵反映了中美欧三国的金融部门和企业部门间的违约距离序列的相关性，本章根据上述数据构建了基于违约距离序列相关的Network模型，具体如图7.11所示。相关系数所反映的不同部门间的相关性按照 0～0.25、0.25～0.5、0.5～0.75、0.75～1 划分为四个档次，实线表示具有正相关关系，而虚线表示具有负相关关系。在中国、美国和欧洲三大经济体内部，金融部门与企业部门风险相关性系数由高到低依次是中国0.9394、美国0.5235以及欧洲0.1965。根据上述数据，中国的金融部门与企业部门在发生风险时，其相互影响的可能性最高。在金融部门间，中国与欧洲的金融部门间风险相关性最高，达0.5171，中国与美国的金融部门间风险相关性次之，为0.4688，而美国与欧洲的金融部门间风险相关性呈负相关关系，相关性系数为-0.0130（接近于零）。在企业部门间，中国与欧洲的企业部门间风险相关性最高，相关系数为0.2919，美国与欧洲的企业部门间风险相关程度次之，相关系数为0.2289，中国与美国的企业部门间风险相关性为负相关关系，相关系数为-0.0562（接近于零）。在跨国跨部门间，中国的金融部门对美国和欧洲的企业部门的相关系数分别为0.0932（接近于零）和0.4191，美国的金融部门对中国和欧洲的企业部门的相关系数分别为0.33和0.8685，欧洲的金融部门对中国和美国的企业部门的相关系数分别为0.6009和-0.7524。

按照上述数据和模型，分节点进行分析，如果美国金融部门的风险爆发，受到最直接影响的将是欧洲的企业部门和美国的企业部门，对中国的金融部门和企业部门影响相对较小，对欧洲金融部门影响较小。如果欧洲的金融部门的风险爆发，对中国的企业部门和金融部门的影响相对较大，而对欧洲的企业部门影响相对较小，但对美国的企业部门和金融部门而言，欧洲的金融部门发生风险是利好事件，反而会降低其风险。如果中国的金融部门的风险爆发，受到最大影响的将是中国的企业部门，欧洲的金融部门和企业部门受到较小的影响，而美国的企业部门和金融部门受到的影响更小。如果美国的企业部门风险爆发，受到最直

第六节 主权信用风险传导机制的实证检验

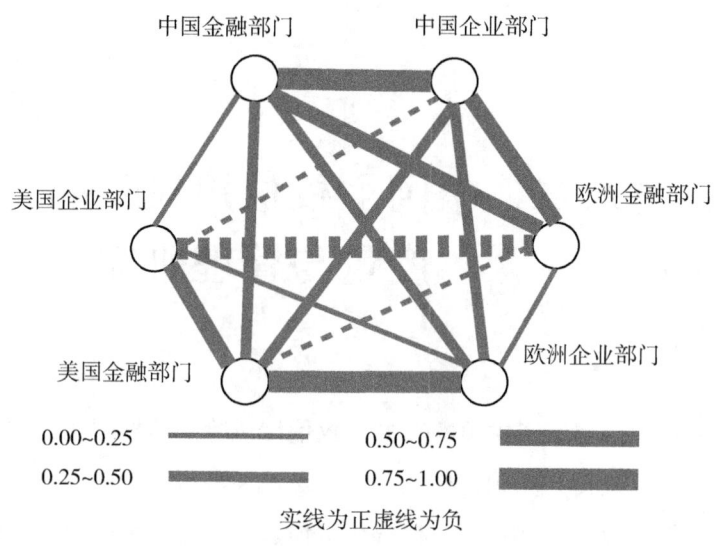

图 7.11 基于违约距离相关性的中美欧 Network 模型

接影响的将是美国的金融部门，对中国的金融部门、企业部门以及欧洲的企业部门影响相对较小，欧洲的金融部门的风险反而随之降低。如果欧洲的企业部门风险爆发，受到影响最大的也是美国的金融部门，对中国的企业部门和金融部门和企业部门产生一定的影响，而对美国的企业部门和欧洲的金融部门影响最小。如果中国的企业部门风险爆发，中国的金融部门将受到最明显的影响，对欧洲的金融部门也会产生一定的影响，而对美国的金融部门和欧洲的企业部门产生的影响相对较小，但对于美国的企业部门而言，中国企业部门风险增加将引起美国企业部门风险的降低。

225

第八章 中国主权信用风险的度量与管理研究

上一章重点研究了中美欧三方主权信用风险的传导问题,在开放经济体系讨论风险传导问题,构造了多张宏观经济报表。中国作为全球开放经济体系的重要一环,其主权资产负债表与其他经济体存在密切的关联,存在主权信用风险暴露,多重因素会对主权信用风险产生影响。从结构上看,主权资产负债表包含中国中央一级政府的资产负债表和地方一级政府的资产负债表,因此存在中央政府信用风险和地方政府信用风险问题。本章编制了中国主权资产负债表,通过其变化研究中国主权信用风险的变化以及背后存在的原因,最后提出政策建议。第九章则重点研究地方政府信用风险问题。

第一节 研究背景与意义

2008年,由美国次贷危机引发的全球金融危机在欧洲一些国家演化成为主权债务危机,主权信用风险的研究引发关注。主权信用风险代表着一个主权国家偿付债务的能力,与主权资产和负债情况密切相关。随着全球经济、金融一体化程度的加深,主权资产和负债的影响因素错综复杂,主权信用风险的度量问题显得尤为迫切。因此,在开放环境下防范主权信用风险关系到一国的金融稳定和经济的健康发展,具有不可忽视的重要性。中国主权信用风险问题的焦点集中在主权资产与负债的关系上。由于历史原因，我国地方政府和国有企业债务问题突出。2015年以前地方政府融资平台债务被确认为地方政府债务，加上或有负债和显性负债，地方政府债务数额巨大，构成了很大的偿债压力。国有企业债务在主权总负债中占据最大比重，这些负债所对应的资产主要集中在产能过剩行业、企业，其经营效益较差、资产收益率低，容易引发风险。2017年5月和9月，穆迪和标普分别下调了中国主权信用评级，更是引发了理论界和实务界的广泛关注。

近年来，越来越多的研究开始通过编制主权资产负债表来研究主权信用风险问题，因为主权资产负债表能够直接反映主权资产和负债的关系，当考虑外部事件的冲击时，主权资产和负债同时受到冲击，在此基础上考察主权资产和负债的关系。Gapen（2005）等学者首次将或有权益分析法（CCA）用在主权信用风险的度量上，将资产市值和波动率纳入分析框架，度量出来的风险指标具有前瞻性，较传统借助宏观变量的信用评级体系在风险预警方面更加客观有效。本章通过编制2011年到2016年的主权资产负债表，采用简化的或有权益分析法，同样假设主权资产的市值服从一个随机过程，但是不通过所有者权益的市值和波动率来推导资产的市值和波动率，而是直接测算出能够用于偿还债务的具备流动性的主权资产的市值和波动率，进而测算主权信用风险指标。

第二节　相关文献综述

主权信用风险的度量大致有四种方法。第一种是标普、穆迪等评级体系，该方法主要侧重于对一国发展情况的分析，且多采用历史数据，用各项指标加权求和得出相应的信用评级（Richard、Cantor和Frank、Packer，1996）。第二种是传统的金融风险分析模型，它将反映经济脆弱性的宏观指标加总，得出相应的评分和信用等级（Emawtee Bissoondoyal-Bheenick，2004），但这些宏观经济数据具有滞后性，频率很低，而且往往具有共线性；第三种是直接编制主权资产负债表进行分析，通过计算衡量主权信用风险的相关指标，进而得出主权信用状况，这些指标一般是债务占 GDP 的比重，资产负债率等传统财务指标。针对第三种方法，沈沛龙、樊欢（2012）编制了一个简化的政府"可流动性资产"负债表，分析了 1998—2008 年我国政府仅考虑直接债务时的政府债务风险，并且对 2009—2010 年的政府债务风险进行了分析；李扬（2011）编制了 2000—2010 年的中国主权资产负债表，发现中国政府拥有足够的主权资产来覆盖其主权负债。第四种是利用期权定价模型的或有权益分析法，也是近年来使用较多的方法，它将权益看作以资产为标的资产，到期要偿还的债务为行权价格的欧式看涨期权，由于其将资产的波动率纳入分析框架中，加入了市场因素，具有"向前看"的特征，因此相比传统的分析方法更准确和可靠。针对第四种方法，IMF（2005）指出，主权违约风险是主权信用风险最重要的类型之一，而主权违约风险受到总资产市值、总资产市值和杠杆率这三个因素影响，总资产是主权总资产各个项目的加总，总资产波动率是未来总资产变化的不确定性，而债务则是主权国家必须支付的账面价值，或有权益分析方法就是根据这三个因素来测算主权信用风险。由于主权总资产的价值难以直接计量，因此它从权益的市值和波动率推算出资产的市值和波动率，是从资产负债表的左边到右边的过程。杨胜刚、成程、张磊（2011）在构建我国主权或有权益资产负债表的基础上，运用或有权益分析方法测算了 1991 年至 2010 年我国政府主权资产的风险价值与波动率，在此基础上求出我国过去 20 年主权风险的违约距离、违约概率与信用溢价等信用指标；张爱民（2009）运用或有权益方法分析了国内钢铁行业和台湾金融行业的信用风险情况；叶永刚等（2008）通过或有权益的抵补风险度量模型度量了我国 2002 年到 2006 年适度外汇储备规模；Jan Willem van den End 和 Mostafa Tabbae（2005）用宏观金融风险模型（将或有权益法运用于多个部门的模型）衡量了芬兰的主权信用风险；Rahmi Erdem Aktug（2011）用或有权益分析方法分析巴西、墨西哥、土耳其三个新兴市场国家 2001—2010 年的主权信用风险，并发现这种方法低估了信用违约互换溢价和违约概率。Andrew Ang Francis A. Longstaff(2011)将主权总资产的运动看作随机过程,用 CDS 数据研究了系统性主权信用风险的根源,发现欧洲和美国债券发行者对系统性风险的敏感性有很大的异质性,其中美国和欧洲的系统性冲击高度相关,但美国的系统性风险更小,此外,美国和欧洲的主权系统性风险和金融市场息息相关,说明主权系统性风险可能与金融市场而非宏观经济因素相关。IMF(2005)借助或有权益思路,对新兴国家债务结构和金融稳定之间的关系做了研究,发现较低的外债和较长的债务期限能够有效降低金融风险。IMF(2006)用 CCA 方法衡量了印度的主权和银行业信用风险,并对财政盈余、外汇储备、汇率、利率等影响主权信用风险的因素做了敏感性分析,发现印度主权风险呈减小趋势,银行风险呈增大趋势,同时发现 CDS 对汇率十分敏感,降低国内债务水平比降低国外债务水平对降低主权信用风险有更大的作用,这在之前的研究上又进了一步。

本章既不同于李扬(2012)的直接测算研究,也不同于杨胜刚(2011)直接以或有权益分析法测算,而是一定程度上两者的结合。李扬的方法是直接编制主权资产负债表,在此基础测算衡量主权信用风险的各个指标,如各部分债务占 GDP 的比重、贷款占 GDP 的比重等,并将其与国际上其他国家对比,得出 2000 年到 2010 年间我国主权信用风险较低的结论;杨胜刚的方法则是从资产负债表的右边到左边,完全运用或有权益分析法,将本币债务看成以主权资产市值为标的资产,以外币债务为行权价格的欧式看涨期权,从权益的市值和波动率推算出资产的市值和波动率,进而计算主权违约距离和主权违约概率,但此方法的运用涉及很多假设,如政府所持有资产的变化服从随机过程、外币债务偿还的优先级高于本币债务、主权债务的价值受主权资产价值的影响(当主权资产价值下降时,主权债务的价值也会随之下降)。结合这两种思路,本章采用或有权益法推算主权信用风险,其中总资产市值和波动率是直接测算得到(而非用权益间接推算),根据这种方法,本章首先编制了最新年份(2011 年到 2016 年)的主权资产负债表,然后运用或有权益的期权定价分析思路,将相关变量代入主权违约距离公式,求出主权违约概率,进而得到我国的主权信用风险状况。

相较于以往的文献,本章的边际贡献主要体现在:

①直接编制2011年到2016年的主权资产负债表,并在此基础上分析主权信用风险。主权资产负债表的编制是一项复杂的工作,它既不同于国家资产负债表,又不同于狭义的政府资产负债表,从现有研究来看,李扬(2012)等人编制了2000年到2010年的主权资产负债表,用或有权益法测算主权信用风险的文献(杨胜刚,2011)也大多截至2010年,本章在此基础上进行深化拓展,在之前学者研究的基础上进一步编制了2011年到2016年的主权资产负债表,这项工作也为或有权益方法度量主权信用风险奠定了基础。

②利用简化的或有权益分析法。假设主权资产的市值服从一个随机过程,但是不通过所有者权益的市值和波动率来推导资产的市值和波动率,而是直接测算出能够用于偿还债务的具备流动性的主权资产的市值和波动率,进而测算主权信用风险指标。

第三节 中国主权资产负债表的编制

一、主权资产负债表编制原理

李扬(2012)编制了中国主权资产负债表,主权资产负债表不同于国家资产负债表和中央政府资产负债表,国家资产负债表通常反映了整个国民经济的运行情况,是一个国家或地区所有机构部门和经济总体所拥有的财力物力的历史积累以及与之对应的债权债务关系,而中央政府资产负债表则只反映了政府部门的情况,主权资产负债表其实相当于广义的政府资产负债表,它包括政府(中央和地方)、国有控股金融机构(包括央行)、非金融国有企业这三个部门,因此是一个加总的概念。主权资产是指政府拥有或控制的资产,包括其他可动用的资源,主权负债是指政府的直接负债以及隐性担保产生的或有负债。根据李扬的研究，中国主权资产包括六项：国有经营性资产(非金融企业和金融企业的国有资产)、国有非经营性资产(行政事业单位的国有资产)、政府所拥有的资源性资产、对外主权资产(外汇储备)、全国社会保障基金国有资产、政府在央行的存款。

中国的主权负债主要包括：中央政府的债务(内债和外债)、各中央部门和政策性机构所发行的有财政担保的债券、地方政府债务、国有企业债务、或有负债(以不良金融资产及其转化形式存在)、社会保障基金缺口(隐形养老债务)。

由此，中国的主权资产负债表可以包含以下科目：国有经营性资产、国有非经营性资产、政府所拥有的资源性资产、对外主权资产、全国社会保障基金国有资产、政府在央行的存款、中央政府的债务、各中央部门和政策性机构所发行的有财政担保的债券、地方政府债务、国有企业债务、或有负债(以不良金融资产及其转化形式存在)、社会保障基金缺口(隐形养老债务)。

二、中国主权资产负债表各个项目分析

(一)国有经营性资产

国有经营性资产是指国家作为投资主体将资源投入非金融企业和金融企业的生产经营，以获取利润为目标的资产。国有经营性资产包括非金融企业国有资产和金融企业国有资产，非金融企业国有资产是指国有企业国有资产总额与负债之和，相关数据可在《中国财政年鉴》中找到，金融企业国有资产指的是中央和地方金融机构的国有资产，由国家对金融企业各种形式的投资所形成。非金融企业国有资产等于全国国有企业净资产(全国国有企业所有者权益总额)加上全国国有企业负债之和(见表8.1)。

表 8.1　　　　　　非金融企业国有资产(亿元)

年份	全国国有企业净资产	全国国有企业负债	合计：非金融企业国有资产
2011	272991	486090.8	759081.8
2012	319754.7	575135.4	894890.1
2013	369972.8	670974.6	1040947
2014	418759.1	765955.9	1184715
2015	482414.4	924417.2	1406832
2016	533926.6	1015214.9	1549142

资料来源：历年《中国财政年鉴》。

金融企业国有资产可以在中国金融年鉴中找到，我们将政策性银行、国有控股银行以及国有控股保险公司的总资产根据国家占股比例加总，得到金融企业国有资产总额。政策性银行包括国家开发银行、中国进出口银行、中国农业发展银行；国有控股银行即指工农中建交；国有控股保险公司指中国人民保险、中国人寿保险、中国再保险公司和中国太平洋保险。将上述金融企业的权益加总，再加上政策性银行的金融债，就得到金融企业的国有资产(见表 8.2)。国有经营性资产如表 8.3 所示。

表 8.2　　　金融企业国有资产(除政策性银行金融债)　　单位：亿元

金融机构	国有股权比重	2011年总资产	2012年总资产	2013年总资产	2014年总资产	2015年总资产	2016年总资产
国家开发银行	100%(财政部51.3%，汇金公司48.7%)	4386.49	4872.11	5455.91	6362.48	10278.93	11627.20

续表

金融机构	国有股权比重	2011年总资产	2012年总资产	2013年总资产	2014年总资产	2015年总资产	2016年总资产
中国进出口银行	100%	161.31	200.69	238.36	282.72	3094.68	3142.05
中国农业发展银行	100%	355.13	497.96	639.33	732.97	986.36	1185.01
中国银行	64%(中央汇金)	6852.14	7734.04	8659.60	10701.51	12119.08	14870.92
中国建设银行	57%(中央汇金)	8166.61	9496.09	10743.29	12518.48	14450.83	15896.54
中国农业银行	88%(中央汇金44.2%, 财政部43.3%)	6494.32	7492.16	8421.12	10326.19	12118.85	13215.91
中国工商银行	92%(中央汇金45.9%, 财政部45.7%)	9578.23	11284.59	12784.63	15373.04	18005.19	19811.63
中国交通银行	27%(财政部)	2727.88	3814.47	4214.84	4736.05	5380.92	6324.07
中国人民保险(集团)股份有限公司	74.47%(财政部)	479.35	833.42	948.01	1255.77	1571.95	1709.94

续表

金融机构	国有股权比重	2011年总资产	2012年总资产	2013年总资产	2014年总资产	2015年总资产	2016年总资产
中国人寿保险(集团)公司	100%	981.68	1260.4	1126.6	2841.21	3224.92	3036.21
中国再保险(集团)股份有限公司	100%	406.04	442.69	458.88	546.35	709.57	721.40
中国太平洋(保险)公司	1.22%(中央汇金)	780.55	975.69	1003.86	1191.95	1356.82	1317.64

资料来源：历年《中国金融年鉴》、各公司官网数据。

表8.3　　　　　　　　国有经营性资产(亿元)

年份	非金融企业国有资产	金融企业国有资产	合计：国有经营性资产
2011	759081.8	97533.08	856614.9
2012	894890.1	116964.3	1011854
2013	1040947	131987.6	1172935
2014	1184715	153157.3	1337872
2015	1406832	185489.4	1592321
2016	1549142	208271.6	1757414

资料来源：《中国金融年鉴》、各公司官网数据。

(二)国有非经营性资产

国有非经营性资产是指行政事业单位、国家机关、社会团体所占有的国有资产，这种资产不投入生产经营，不以追求利润为目标，具有非增值性,一般以服务为目的,扩充的资金来源具有非直接性。国有非经营性资产的相关数据可在《中国会计年鉴》中找到,具体对应的项目是行政单位、事业单位、企业化管理事业单位、民间非营利组织的净资产之和(见表8.4)。

表8.4 国有非经营性资产(亿元)

年份	行政单位	事业单位	企业化管理事业单位	民间非营利组织	合计(国有非经营性资产)
2011	22424.71	63996.06	1100.97	76.40	87598.14
2012	24774.98	69821.97	1339.29	69.45	96005.69
2013	28173.85	88736.43	1195.03	77.95	118183.3
2014	42020.21	101313.82	1263.47	89.51	144687.0
2015	47502.00	113367.18	1395.29	101.57	162366.0
2016	53198.10	128751.92	1473.39	111.25	183534.7

资料来源:历年《中国会计年鉴》。

(三)政府拥有的资源性资产

我国国有资源性资产是通过立法形成的,由中华人民共和国领土范围内的城市土地、藏矿、海洋、水流和法律规定其所有权属于国家的草原、山岭、荒地、矿藏、滩涂等组成。通常分为:国有土地资源、国有矿产资源、国有森林资源、国有水资源、国有草原资源和其他资源性国有资产等。学者大多数认为资源性资产是自然资源资产化的产物,具有稀缺性,是可开发利用并产生经济价值的自然资源,兼具自然属性、经济属性及社会属性。

土地性资源资产一般用收益法进行评估,也即将这一类资源预计能带来的收益用一定折现率折现并加总,从而得到这类资源的评估价值。

需要知道的变量是该资源性资产的使用期限，第 n 年该资源性资产所带来的价值，折现率这三项指标。2014 年以后的数据没有统计，因此本章用推算的方法，假设每年增加 5 万亿元，估计出 2014 年到 2016 年政府拥有的资源性资产数据(见表 8.5)。

表 8.5　　　　　政府拥有的资源性资产(亿元)

年份	政府拥有的资源性资产
2011	520022
2012	572144
2013	620385
2014	670385
2015	720385
2016	770385

资料来源：万德数据库。

(四)对外主权资产

对外主权资产主要指外汇储备，数据可以从国际投资头寸表、国际收支平衡表中得到。人民币对美元的年平均价可以从中国人民银行官网中查到，从而将美元单位换算为人民币单位。我国对外主权资产如表 8.6 所示。

表 8.6　　　　　对外主权资产

年份	外汇储备 (亿美元)	人民币对美元 年平均价	外汇储备 (亿人民币)
2011	31811.48	6.4614	205546.7
2012	33115.89	6.3124	209040.7

续表

年份	外汇储备 (亿美元)	人民币对美元 年平均价	外汇储备 (亿人民币)
2013	38213.15	6.1956	236753.4
2014	38430.18	6.1431	236080.4
2015	33303.62	6.2272	207388.3
2016	30105.17	6.6401	199901.3
2017	31399.49	6.7463	211830.4

资料来源：中国人民银行网站。

(五)全国社会保障基金国有资产

全国社会保障基金是中央政府集中的国家战略储备基金，由全国社会保障基金理事会负责管理。它是由国有股减持划入资金及股权资产、中央财政拨入资金、经国务院批准以其他方式筹集的资金及其投资收益形成的由中央政府集中的社会保障基金。相关数据可在全国社会保障基金理事会年度财务报告中得到(见表8.7)。

表8.7　　　　　社会保障基金权益(亿元)

年份	社会保障基金权益
2011	8385.58
2012	10753.57
2013	11927.45
2014	14573.29
2015	17,966.51
2016	16,042.58

资料来源：全国社会保障基金理事会网站。

(六)政府在央行的存款

政府在央行的存款包括中央和地方国库存款,是各级财政国库开设在中央国库的存款,是货币当局的负债,也是主权政府的资产,相关数据可以从货币当局资产负债表中得到(见表8.8)。

表8.8　　　　　　　　政府在央行的存款(亿元)

日期	政府在央行的存款
2011年12月	22733.66
2012年12月	20753.27
2013年12月	28610.60
2014年12月	31275.33
2015年12月	27179.03
2016年12月	25062.70
2017年12月	28626.03

资料来源:中国人民银行网站。

(七)中央政府的债务

中央政府的债务是指中央政府在国内外发行的债券或向国内外政府和银行借款所形成的债务,分为中央政府国内债务和中央政府国外债务,具体数据可以从《中国统计年鉴》中找到(见表8.9)。

表8.9　　　　　　　　中央政府的债务(亿元)

年份	国内债务	国外债务	合计
2011	71410.8	633.71	72044.51
2012	76747.91	817.79	77565.7

续表

年份	国内债务	国外债务	合计
2013	85836.05	910.86	86746.91
2014	94676.31	979.14	95655.45
2015	105467.48	1132.11	106599.59
2016	118811.24	1255.51	120066.75

资料来源：历年《中国统计年鉴》。

（八）各中央部门和政策性机构发行的有财政担保的债券

各中央部门和政策性机构所发行的有财政担保的债券因为有财政的担保，又被称为"准国债"，我们以政策性银行的金融债为主要研究对象，政策性银行的金融债主要指国家开发银行、中国进出口银行、中国农业发展银行的应付债券项目，可以在《中国金融年鉴》中找到，2016年的数据来自公司年报（见表8.10）。

表8.10 各中央部门和政策性机构所发行的有财政担保的债券（亿元）

年份	国家开发银行	中国进出口银行	中国农业发展银行	合计
2011	44774.26	8661.87	12195.47	65631.6
2012	52932.30	11502.21	15081.48	79515.99
2013	58320.50	13787.52	18057.99	90166.01
2014	63381.49	16469.54	21663.56	101514.6
2015	72794.80	19404.89	27501.28	119701
2016	78985.21	22668.83	33890.11	135544.2

资料来源：历年《中国金融年鉴》、各公司官网。

（九）地方政府债务

2015年以前，地方政府债务包括地方政府融资平台债务。地方政府融资平台债务又分为经营性、半经营性半公益性和公益性地方政府融资平台，经营性地方政府融资平台往往可以获得稳定的现金流收入，自负盈亏，半经营性半公益性地方政府融资平台部分能够自负盈亏而部分不能，往往需要政府的初始投入和财政补足盈亏差额，公益性地方政府融资平台无法产生经营性收入，其投入资本金和还款来源都以来地方政府的财政支持。但是，2015年的新预算法规定，除发行地方政府债券外，地方政府及其所属部门不得以任何方式举债。这就将企业和政府的责任分开了，地方融资平台债务将由国有企业负责。相关数据可以从《中国财政年鉴》中得到。2013年的数据没有统计，本章采用2012年和2014的平均数作为2013年的地方政府债务余额(见表8.11)。

表8.11　　　　　　　　地方政府债务(亿元)

年份	地方政府债务
2011	33879.05
2012	96281.87
2013	125178.1
2014	154074.3
2015	160074.3
2016	153164.01
2017	164706

资料来源：历年《中国财政年鉴》。

(十)国有企业债务

当国有企业无法偿还债务时，财政通常不得不按出资比例偿还部分债务，因此国有企业债务也可近似视为政府债务。国有企业债务是近年来国家较为重视的问题，国有企业在数次改革后，主要行业集中为高投资高负债行业，一些产能过剩行业(如电力、冶金、煤炭)的杠杆率较

第三节 中国主权资产负债表的编制

高,再加上国有企业经营效益低需要举债来维持,以及近年来的低利率环境为融资举债提供了便利,国有企业的高杠杆率成了不可忽视的问题,国有企业去杠杆也成了国企改革的重点。国有企业债务的相关数据可以在《中国财政年鉴》得到(见表8.12)。

表8.12　　　　　　国有企业债务(亿元)

年份	国有企业债务
2011	486090.8
2012	575135.4
2013	670974.6
2014	765955.9
2015	924417.2
2016	1015214.9

资料来源:历年《中国财政年鉴》。

(十一)以不良资产或其转化形式存在的或有负债

以不良金融资产及其转化形式存在的或有负债主要指银行及其他金融机构的不良资产,以及处置银行不良资产所形成的新的或有负债。银行不良资产指的是银行发放贷款后,无法正常取得利息收入甚至面临本金偿还风险的资产。相关数据可以在银宝监会网站上找到(见表8.13)。

表8.13　以不良资产及其转化形式存在的或有负债(亿元)

年份	以不良资产及其转化形式存在的或有负债
2011	4279
2012	4929
2013	5921

续表

年份	以不良资产及其转化形式存在的或有负债
2014	8426
2015	12744
2016	15122

资料来源：银宝监会官网。

(十二)社会保障基金缺口(隐形养老负债)

社会保障基金缺口主要指养老保险隐性债务负担的规模，属主权政府的负债，根据相关权威机构的估算，取平均值3.5万亿元作为社会保障基金缺口的规模。

第四节　基于资产负债表的主权信用风险分析

一、2011年到2016年中国主权资产负债表

根据对以上各个项目的分析和统计，我们可以编制2011年到2016年的主权资产负债表(见表8.14)。

表8.14　2011年至2016年中国主权资产负债表(亿元)

年份＼项目	2011	2012	2013	2014	2015	2016
国有主权总资产	1700901	1920551	2188795	2434873	2727606	2952340
国有经营性资产	856614.9	1011854	1172935	1337872	1592321	1757414
国有非经营性资产	87598.14	96005.69	118183.3	144687	162366	183534.7

续表

年份 项目	2011	2012	2013	2014	2015	2016
政府所拥有的资源性资产	520022	572144	620385	670385	720385	770385
对外主权资产	205546.7	209040.7	236753.4	236080.4	207388.3	199901.3
全国社会保障基金国有资产	8385.58	10753.57	11927.45	14573.29	17966.51	16042.58
政府在央行的存款	22733.66	20753.27	28610.6	31275.33	27179.03	25062.7
主权总负债	696925	868428	1013987	1160626	1358536	1474112
中央政府的债务	72044.51	77565.7	86746.91	95655.45	106599.59	120066.75
各中央部门和政策性机构所发行的有财政担保的债券	65631.6	79515.99	90166.01	101514.6	119701	135544.2
地方政府债务	33879.05	96281.87	125178.1	154074.3	160074.3	153164.01
国有企业债务	486090.8	575135.4	670974.6	765955.9	924417.2	1015214.9
或有负债(以不良金融资产及其转化形式存在)	4279	4929	5921	8426	12744	15122
社会保障基金缺口(隐形养老债务)	35000	35000	35000	35000	35000	35000
主权净资产	1003976	1052123	1174808	1274247	1369070	1478228

二、主权总资产分析

主权总资产情况如图 8.1 所示：2011 年到 2016 年主权净资产稳步

上升,占主权总资产比重最大三项依次是国有经营性资产、政府拥有的非经营性资产和对外主权资产。对外主权资产近年来的波动情况相对稳定,国有经营性资产则稳步提升,主权总资产的其他项目变动较小。

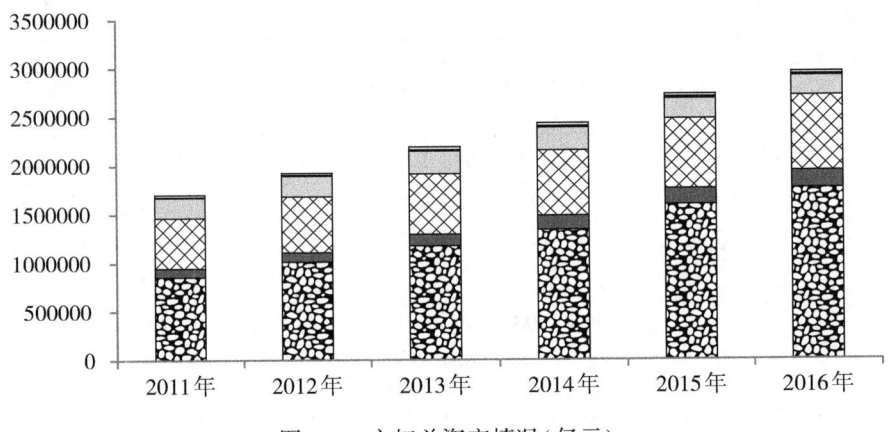

图 8.1 主权总资产情况(亿元)

三、主权总负债分析

主权总负债情况如图 8.2 所示:主权总负债也呈现逐年递增的状态,占主权总负债比重最高的四项依次是:国有企业债务、地方政府债务、各中央部门和政策性机构所发行的有财政担保的债券、中央政府的债务。其中,国有企业债务占比超过 50%。国有企业债务和地方政府债务上升趋势明显。其中,国有企业债务规模迅速增大,既与国有企业自身的高杠杆特征、集中产能过剩行业和低经营效率有关,也与国有企业享受低成本的资源有关。同时,国有企业降杠杆是供给侧改革的重中之重,未来国有企业整体杠杆率将有所下降;地方政府的债务由于 2015 年后不计入或有负债,只计入地方政府发行的债务,未来规模可控。

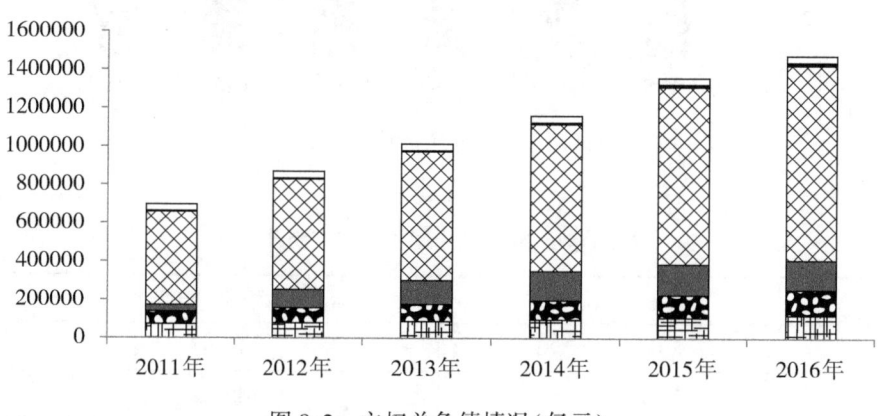

图 8.2 主权总负债情况(亿元)

四、主权净资产分析

主权净资产情况如图 8.3 所示：主权净资产是政府实际可支配的主权资产，从上图可以看出，主权净资产近年来稳步增长，增长率在 4% 到 12% 之间。2011 年的主权净资产为 100.40 万亿元，2016 年的主权净资产为 147.23 万亿元，数额都略高于主权总负债，可见主权政府的财务状况较为健康。

从主权资产负债表中我们可以直接计算出中国的主权资产负债率，结果显示(见表 8.15)，我国的资产负债率较高，且呈现出逐年上升的趋势，表明主权信用风险近年来或有增大的趋势。

第八章 中国主权信用风险的度量与管理研究

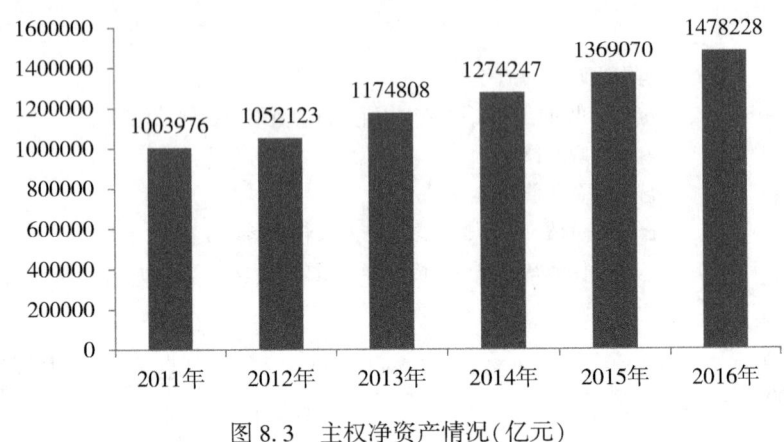

图 8.3 主权净资产情况（亿元）

表 8.15 **2011 年至 2016 年中国主权资产负债率**

年份	资产负债率(%)
2011	40.97
2012	45.22
2013	46.33
2014	47.67
2015	49.81
2016	49.93

五、主权信用风险的度量

(一)或有权益分析法：从企业到主权国家

或有权益法类似于 KMV 方法，KMV 指预期违约概率模型，它把企业的负债看作企业的或有权益，当资产市值低于负债的账面价值时，企业就有违约风险。因此企业的所有者权益就是以企业的资产价值为标的资产，以负债的账面价值为执行价格的欧式看涨期权，当企业的资产价

第四节 基于资产负债表的主权信用风险分析

值大于负债到期时的账面价值时,企业可以选择行权,也即拥有所有者权益这部分资产,而当企业的资产价值低于负债的账面价值时,企业就会违约,从而无法获得所有者权益这部分资产。违约距离是企业未来市场价值的期望值到违约点之间的距离,距离越远,企业的违约风险就越小,它以企业未来资产价值的标准差的倍数表示。

传统的 KMV 模型(或称或有权益分析法)首先利用 Black-Scholes 期权定价公式,根据企业股权的市场价值、股权市值的波动性、到期时间段、无风险利率及负债的账面价值估计出企业资产的市场价值及其波动性。其次根据公司的负债计算出公司的违约实施点(为企业短期债务加上未清偿长期债务的一半),计算借款人的违约距离,最后根据企业的违约距离与预期违约率之间的对应关系,计算出企业的违约概率。

衡量企业违约风险的 KMV 模型可以延伸到研究主权信用风险的或有权益法,主权资产指政府能够控制和管理并实际运用的资产,主权负债是政府的债务,分为本币负债和外币负债,由于本币负债可以用发行新债偿还旧债、债务重组等方法偿还,而外币负债由于要用外币偿还,无法像偿还本币负债一样灵活,因此外币负债的优先级大于本币负债。同样由于外币债务不具有这种灵活性,政府有时会对国际资本流动进行管控来保障外汇储备能用于偿还外债。因此,可以把本币负债看成以主权资产为标的资产,以外币负债为执行价格的欧式看涨期权的价值。当外币负债大于主权资产时,主权国家就面临违约风险。

引申到主权国家,或有权益分析方法,简化来说就是根据权益的市场价值和波动率来估计资产的市场价值和波动率。输入变量是股权价值、股权价值波动率、负债价值、无风险利率、预测周期。运用或有权益方法测算中国主权信用风险,本章通过构建中国 2016 年的主权资产负债表来进行相应的分析,主权政府的总债务可以分为本币债务和外币债务两个部分,其中外币债务的权益等级高于本币债务的权益等级。主权债务的风险价值可以视为以主权资产为标的资产,以到期必须偿还的外币债务为执行价格的欧式看涨期权的价值。根据 Gray 等(2007),国内债务和基础货币可以用来计算本币债务(LCL),相当于资产负债表的权益部分;外币债务等于短期外债加上长期外债相当于资产负债表的负债部分;总资产包括外汇储备、基本盈余的净现值、公共部门对发行货币的垄断权等,这些资产不包括公共部门直接或间接提供给私人部门的担保,其价值由于不好计量,我们可以运用 BS 期权定价公式,构建的结构性模型得到资产市值和波动率。

通过编制主权资产负债表,可以测算出主权总资产价值和总负债价值,求出主权总资产的波动率,进而求得主权违约距离和主权违约概率。

或有权益分析法下简化的主权资产负债表如表 8.16 所示。

表 8.16　　或有权益分析法下简化的主权资产负债表

主权资产负债表	
资产(A)	外币债务(D)
	本币债务(E)

本币债务 $E=\max(资产 A-D, 0)=$ 主权资产为标的资产,执行价格为总负债的看涨期权

外币债务 $D=$ 短期外部债务+长期外部债务

压力距离(当总资产下降到无法偿债的值)DB = 短期外部债务+0.6×长期外部债务

本币债务 LCL = 本币货币负债+基础货币

(二)计算中国的主权违约概率

下面计算 2011 年到 2016 年的主权违约距离,主权违约距离公式可以表述如下:

$$DD=(Va-DP)/(Va \times AssetTheta) \tag{8.1}$$

也即,主权违约距离 = (资产市值−负债账面价值)/资产市值×资产市值

第四节 基于资产负债表的主权信用风险分析

的波动率

主权违约概率则是一个累积自然对数，计算公式如下：

$$EDF = normcdf(-DD) \qquad (8.2)$$

其含义是权益的价值与资产价值变动量的相对比例，若资产减去负债后的权益远远高于资产的波动值，该比率大于1，则说明就算资产的波动达到最大，资产减去负债的价值也为正，主权政府不会发生破产风险，通常该比率越大说明主权信用风险越小。

根据或有权益分析法，在总资产中，国有非经营性资产、政府所拥有的资源性资产、全国社会保障基金国有资产无法直接用于偿还债务，实际可用于偿债的主权资产项目只有国有经营性资产和对外主权资产，其中国有经营性资产是国有企业生产经营的总资产，其中有多大比例能用来偿债尚且未知，本章保守估计，假设国有经营性资产和对外主权资产能全部用来偿债，那么使用或有权益分析法的资产总额为这两项资产之和。

波动率是指收益率的波动率，我们将外汇储备和国有经营性资产每年的波动率分别算出，再根据其在总资产中的占比加权，得到总资产收益率（见表8.17）（外汇储备和国有经营性资产每年收益率的计算方法：将每年12个月的收益率求标准差，最后乘以根号12得到年化收益率）。外汇储备波动率可以直接求出，国有经营性资产波动率由于没有月度数据，用内地国有企业指数波动率代替。

表8.17 总资产波动率（外汇储备和国有经营性资产波动率加权平均）

年份 项目	2011	2012	2013	2014	2015	2016
外汇储备占总资产比重	19.35%	17.12%	16.79%	15%	11.52%	10.21%
外汇储备波动率	5.97%	4.36%	4.57%	3.28%	4.02%	3.64%
国有经营性资产 占总资产比重	80.65%	82.88%	83.01%	85%	88.48%	89.79%

续表

项目＼年份	2011	2012	2013	2014	2015	2016
国有经营性资产波动率	26.28%	23.2%	16.66%	13.77%	26.61%	20.16%
总资产波动率（加权平均）	22.35%	19.97%	14.63%	12.2%	24.01%	18.47%

表 8.18　　**2011 年至 2016 年主权违约概率**

	总资产市值（国有经营性资产和对外主权资产之和）	总资产市值波动率	总债务	主权违约距离（用离散系数）	主权违约概率
2011 年	1062161.6	22.35%	696925	1.54	6.19%
2012 年	1220894.7	19.97%	868428	1.45	7.42%
2013 年	1409688.4	14.63%	1013987	1.92	2.75%
2014 年	1573952.4	12.2%	1160626	2.15	1.56%
2015 年	1799709.3	24.01%	1358536	1.02	15.36%
2016 年	1957315.3	18.47%	1474112	1.34	9.07%

从结果可以看出（见表 8.18），我国近年来主权违约风险绝对值虽较小，但有增大的趋势，从主权违约概率的变动趋势上看，2013—2015 年的结果较为异常，但总体来说仍呈上升趋势。由于我们用内地国企指数代替国有经营性资产波动率，因而股市的震荡可能在数据中有所反映：2014 年股市的大涨导致波动率减小，反映在主权信用风险上也相应减小；而 2015 年的股市大跌则导致波动率增大，反映在主权信用风险上也相应增大。同时，我们将占主权总资产最大比重的国有经营性资产全部作为可以偿债的资产，因此得到的主权违约概率可能低于实际

值。因此，若国有经营性资产的大部分占比可以被用来偿还主权债务，那么我国的主权信用风险虽呈增大趋势但总体较低；反之，则仍存在一定的主权信用风险，需要采取适当措施加以防范。

六、结论

(1)我国主权总资产和总负债均逐年上升，总资产超过总负债的两倍。若考虑所有资产项目和负债项目，那么主权总资产远高于总负债，资不抵债的可能性几乎没有。但总资产中有大量项目可能无法用于直接偿债，如国有非经营性资产、社会保障基金国有资产等，剔除这些项目后，权益总额虽然仍呈增长趋势，但绝对值会大大减小。

(2)我国主权信用风险绝对值较小。本章度量的主权信用风险是基于是能用来偿债的资产，因此是一种较为保守的测度方法。假设能用来偿债的资产为国有经营性资产和外汇储备，那么主权信用违约概率基本低于10%，国家破产的危机仍然较小。

(3)主权信用违约风险整体来看有增大的趋势。从变动趋势上来看，虽然2012年和2013年信用风险异常小，而2015年信用风险异常大(这与我们将国企指数作为国有经营性资产波动率的标准有关)，但总体来看主权违约概率仍呈现上升趋势，根据财务指标计算的资产负债率也呈上升趋势，表明我国的主权信用状况或有所恶化，特殊年份的波动应引起重视；

(4)主权总资产中实际能用来偿还债务的比例未知，若国有非经营资产只有小部分能用来偿债，则本章的结果低估了主权信用风险。在能偿债的主权总资产中，我们假设了国有经营性资产能全部用来偿还债务，但实际情况如何不得而知，国有经营性资产是主权总资产占比最大的项目，若这一部分减小，主权信用风险可能会大幅增大。

(5)主权总债务的增大主要是国有企业债务和地方政府债务增大所致。近年来国有企业债务规模迅速增大，一方面与国有企业自身的高杠杆特征和低经营效率有关，另一方面也与其享受低成本的资源有关。随着供给侧改革的深入，国有企业的去产能降杠杆的进程也在持续推进之中，同时《中华人民共和国公司法》也规定国有企业举借的债务应根据股东认购的股份偿还，政府作为出资人的在出资范围内承担偿还责任，这些政策和规定有利于国有企业债务规模的控制。近年来地方政府的债务规模虽呈上升趋势但上升幅度相对较小，主要是由于隐性债务在2015年《中华人民共和国预算法》实施后未被算入地方政府债务，而这一部分的债务规模较大。

（6）未来在主权资产的配置方面可以进行更深入的研究。本章对主权资产的研究主要侧重于其能否偿债的风险性，另一个维度是主权资产的收益性，即如何优化主权资产的配置。政府不仅要确保主权资产能偿还债务，还需通过主权资产的合理配置促进经济的发展，这是未来值得研究的方向。

第九章　中国地方投融资平台政府担保问题研究

中国主权资产负债表包括两大部分，中央政府资产负债表和地方政府资产负债表，从两张表所展现的财务指标来看，中央政府资产负债表更为稳固，因为对外负债规模相对于对外资产来说非常小。相比之下，地方政府资产负债表的问题非常突出，这与我们国家中央和地方两级财政体制有关系，地方政府需要承担大量的基础设施建设的任务，而地方财政收入又不足以覆盖这样规模庞大的支出，地方政府就只有通过自身发行债券或通过成立投融资平台公司进行融资。地方投融资平台本身是企业性质，但因为存在地方政府的隐性"背书"，许多商业银行将其对地方政府投融资平台发放的债务视为低风险。但随着隐性"背书"的逐渐退出，地方投融资平台的风险逐渐暴露出来，由于地方投融资平台和地方政府仍然存在十分复杂的联系，地方投融资平台的风险正转移为地方政府的风险，对我国主权信用风险造成了明显的影响。本章从地方投融资平台政府担保的视角入手研究地方政府的信用风险，在理论和实证研究的基础上提出风险处置的对策。

第一节　引　　言

一、研究背景

1994 年，我国实行了分税制改革，基本确定了我国"一级政府，一级事权"的分权制财政体制。分税制较好地理清了中央与地方政府财政收支方面的关系,但导致了地方政府"事权"放大而"财权"缩小的情况,中央与地方财事权的不匹配带来了严重的地方政府财政赤字。我国1995年《预算法》禁止地方政府发行债券。所以,长期以来,地方政府融资渠道主要有三种:一是由财政部代理地方政府进行债券发行和偿还工作(2009—2013年);二是在地方发债限额内自行组织地方债的发行与偿还工作(2014年试点,2015年全面放开并不断完善);三是通过融资平台进行融资。2015年以前,通过融资平台融资是政府的主要途径,城投债作为融资平台的主要融资渠道,普遍被视为拥有政府信用担保。城投债的发行主体是地方政府投融资平台,简称"平台公司",平台公司往往是通过地方政府划拨土地或其他资产组建的"壳公司",代替地方政府融资,资金用于基础设施和公用事业建设。而城投债就是平台公司发行的、募集资金主要用于城市基建的债券。1992年,上海城市建设投资开发总公司发行了我国首支城投债,之后一段时间城投债一直不温不火地发展。2005年,企业债发行门槛降低,而此时城投债的主要发行品种就是企业债,借此机会城投债开始快速增长。城投债的"黄金时期"是2008—2009年,2008年,中央国务院出台4万亿经济刺激计划,但中央财政仅提供1.1亿元资金支持,剩余配套资金由地方政府自行筹集,带给地方政府巨大的融资需求。2009年3月,央行及原银监会出台相关政策,公开支持地方政府组建投融资平台,自此,城投债得到迅猛发展。

但是在城投债快速扩张的同时,由于其背后的政府担保,政府隐性负债也不断攀升,审计署数据显示截至2013年6月底,各级政府负有偿还责任的债务上升至20.7万亿元,[①] 且还在快速增长。为了控制地方政府债务风险,中央政府自2014年密集出台了几部重要文件,尤其以国发〔2014〕43号、国办函〔2016〕88号以及财预〔2017〕50号为首,

---

① 《中华人民共和国审计署审计结果公告》2013年第32号(总第174号)。

明确要求剥离平台公司的政府融资功能,并不断推进地方政府债券的发展,一系列的政策使得城投债的未来发展面临极大的不确定性。《2018年国务院政府工作报告》中提出"抓好决胜全面建成小康社会三大攻坚战",其中三大攻坚战之首便是"化解重大风险",其中便包括"地方政府隐性债务风险"。当城投债已经成为我国发展规划上要严加监管的重要一环时,政府还能对城投公司担保吗?本章将基于该背景,对风云变幻的平台公司市场进行梳理并尝试回答该问题。

二、研究意义

目前看来,平台公司脱离政府信用是大趋势,但学界在研究平台公司时,往往集中在违约率和违约风险方面,鲜有对政府担保平台公司的方式进行研究。本章试图对此进行补充,梳理出以前政府有哪些担保平台公司的方式,然后结合2018年最新的政策动向汇总现在可行的政府担保方式,为学者们的研究提供一定的参考。2017—2018年是城投债市场风云变幻的时间段,在"开明渠、堵暗道"的思想下,政府不断对"暗道"如PPP、政府购买服务等出台文件限制,同时对政府融资开放三条"明渠":一是地方政府发行债券;二是PPP;三是政府成立市场化担保公司。现在地方政府债券正在风风火火地进行,债券置换也快接近尾声,平台公司的境况同2016年甚至2017年已经完全不一样了,因此结合最新的政策对平台公司重新进行研究是十分必要的。在实证阶段,大部分学者是采用KMV模型,[①]并将政府的财政收入作为平台公司的市场资产价值,该假设本质上仍是认为平台公司的背后仍然是政府信用,但是就现在的政策走向以及大量城投公司宣布退出政府融资平台来看,平台公司是否依然受政府担保难以确定,此时再使用地方政府的财政收入替代平台公司的市场价值难免不准确。因此,本章直接采用上

---

① KMV模型是美国旧金山市KMV公司于1997年建立的用来估计借款企业违约概率的方法。该模型认为,贷款的信用风险是在给定负债的情况下由债务人的资产市场价值决定的。

市平台公司股票的市场价值和账面负债,利用 KMV 模型得到平台公司真正的市场资产价值,并用于判断政府担保情况是否发生变化。

三、研究设计

目前已有对城投平台的研究,多集中在城投债的违约风险,普遍的做法是将地方政府的财政收入作为当地城投公司的资产市场价值,并代入 KMV 模型得到违约概率,但是这样等于直接默认城投公司与政府信用挂钩,在当前背景下恐不再适用。另一方面,鲜有文献对地方政府担保城投平台的方式进行总结,并对政府"隐性担保"进行挖掘。基于以上情况,本章将对政府担保平台公司的方式进行梳理,并直接测算城投平台的资产市场价值,力图为以后的研究提供一定参考。

(一)研究内容与研究方法

本章的研究内容主要是以下几个部分:第一节是引言,介绍研究该题目的背景以及选题意义,之后概述研究内容与框架,并在该节最后总结本章的创新与不足之处;第二节是文献综述部分,包含两大类文献综述和文献评述;第三节是介绍平台的发展情况和政府担保方式,发展情况包括发行现状和政策现状,政府担保方式包括过去和现在的政府对城投平台的担保方式;第四节结合武汉东湖高新集团股份有限公司(以下简称"东湖高新")的例子,实证分析东湖高新是否脱离政府担保;第五节是政策建议与研究结论。为了将政府投融资平台的政府担保研究清楚,本章主要采取了以下几种方法:(1)文献梳理:由于美国的市政债券、日本的公社债等发行较早,相关文章较为完善,本章通过整理国内国外的文献,结合我国市政债券的特点,研究我国城投平台适用的担保度量方法。(2)个案研究:要使用 KMV 模型,首先需要上市的城投公司,本章最后选取东湖高新作为案例研究对象,通过具体指标来表现出城投公司的政府担保变化。(3)计量模型实证分析:本章在前文的叙述基础上,采用 KMV 模型对东湖高新的市场资产价值进行测量,并结合模型得到的违约概率与违约距离，对东湖高新的政府担保变化进行了一定研究与分析。除了上述研究方法以外，本章在处理数据和论述方面，还穿插利用了理论研究法、对比分析法等方法，力争在各个方面都做到最准确、最精确。

(二)本章的创新点与不足

本章的侧重点主要有两个：一个是理清政府担保的方式，不论是隐性还是非隐性，另一个是实证某个城投主体的政府担保变化。首先"隐性债务"之所以是"隐性"，就是因为没有公之于众，想要分析清楚不仅要有理论知识，还需要一定的工作经验，很难全面分析清楚。另外，在实证方面，选择什么指标去表示政府担保，以及该指标背后是否还有其他影响因素，都需要全面的考虑与大量的知识储备，对本人也是很大的挑战。综合来看，本章的创新点主要有三：第一，全面地对涉及平台公司的重大政策进行梳理。已有的大部分研究中只是在引用政策涉及的条款时才会提及该政策，但平台公司与政府信用挂钩，说明其与政策结合得十分紧密，理清其相关的政策变化，也有利于后文的分析。第二，关于政府对平台公司的担保方式，大部分研究中鲜有提到，往往以"隐性担保"的名词进行替代，本章想要通过个人的知识储备以及老师的指导，对"隐性担保"进行更深的挖掘，文中同时归纳了"非隐性担保"的主要形式，力图全面地论述政府对平台公司的担保模式。第三，本章对KMV模型进行了"回本溯源"，许多引用KMV模型的城投债相关论文考虑到城投公司背后的政府信用，将政府财政收入计为平台公司的市场资产价值，但在现在大力推动平台公司转型的背景下，这样的处理恐不再适用，因此本章将平台公司当作一个独立运行的市场主体，利用股价等信息测算真实的平台公司市场资产价值，还原真实的平台公司运行现状。本章的不足之处也有三点：第一，本章研究的时间跨度是2008年至2017年，但是2017年仅有第三季度数据，还未公布全年数据，虽说文中涉及的资产、负债、市值等都是存量概念，但统计口径确实存在不一致性。第二，对平台公司的"隐性担保"大多是在城投债发生违约时才体现出来，但现实生活中城投债违约案例并不多，因此文中对政府"隐性担保"方式的挖掘可能还不够深入。第三，受限于篇幅与数据问题，本章仅对东湖高新一家平台公司进行了分析，如果可能的话，对所有上市城投公司或者是运用其他模型对非上市城投公司一起研究，结论会更具有说服力。

第二节　文　献　综　述

一、对政府担保平台公司方式的研究

李志萍(2013)按担保方式将城投债分为第三方担保、抵质押担保、无担保债，其中无担保债中有部分含有流动性支持、回购协议、偿债基金等增信方式，并以图表展现出每种担保方式的规模，但是并未针对政府担保做专门的研究。廖文娟(2014)将地方政府的"隐性担保"视为城投债发行中的风险因子，并着重分析了三种政府担保方式：政府直接的信用担保、政府应收账款质押、政府划拨土地使用权抵押，文章认为政府"隐性担保"会导致城投债偿付责任不清晰，应尽快确定城投债真正的偿付主体。罗荣华、刘劲劲(2016)按照合同上的是否明确担保将城投债分为三类：无担保、自担保以及第三方担保，并分别指出了它们与政府担保的关系，其中无担保城投债是政府"隐性担保"的主要存在地，自担保是指由城投公司自身的资产如土地使用权或者对政府的应收账款担保，第三方担保是指由政府控股的公司提供担保，并通过实证验证了无担保城投债背后存在政府"隐性担保"。吴梦恬(2016)将常见的城投债增信方式分为抵质押担保、第三方担保等方式，并且认为第三方担保需要确保担保方的信用级别与信用风险，土地使用权抵押要密切关注宏观经济政策和房地产周期，并未特别针对政府担保进行梳理。周宇(2016)同样基于全市场的城

投债,将主要的担保方式分为第三方担保和土地质押担保,并认为地方政府更侧重于支持经营建设类城投企业。

二、对平台公司与政府信用之间的关系的研究

马冬冬(2012)基于全局主成分分析法从14个平台公司的指标中找出6个公因子,并将6个公因子与城投债信用利差进行多元线性回归,最后得出地方政府的财政实力对城投债的信用利差影响较大,也就是说城投债的政府债券属性对于其信用风险的影响比企业属性更大。韩鹏飞、胡奕明(2014)认为国有企业和地方融资平台都受到政府"隐性担保",但效用却完全不一样,信用评级越低,政府"隐性担保"越能降低国有企业债券的风险,相反,信用评级越高,政府"隐性担保"越能扩大城投债的风险。罗荣华、刘劲劲(2016)通过多元线性回归发现,无担保和第三方担保的城投债的发行利率没有显著差异,这表明市场普遍认为无担保城投债的背后有政府隐性支持,另外,城投债的定价受当地地方政府的财政收入影响,但是其并没有显著受到城投公司盈利能力的影响。朱峰(2016)认为若城投公司无法还本付息,为了维持经济的稳定,当地政府不得不伸出援手来支持城投公司,为了验证这一层关系,其将城投公司所在地的人均GDP和人均财政收入带入城投债的发行利差当中,发现两者对解释城投债风险有显著影响。钟辉勇、钟宁桦(2016)从城投债的评级与发行定价出发,发现对城投债的担保和地方政府公共财政收入的增加均对债券评级改善有利,但对降低债券信用利差却没有显著影响,即政府"隐性担保"只会提高发行债券的信用评级,但是对降低债券融资成本没有明显的作用。

三、文献评述

通过梳理相关文献,我们可以发现已有研究的两个问题:一是对政府"隐形担保"的理解仅停留在"不合规的政府对城投债担保",很少有文章对"隐性担保"的具体形式进行深入研究,目前大部分文章对城投

债担保的梳理仅限于"显性担保"。政府"隐性担保"的剥离是现在影响城投债市场的主基调与风险点,因此有必要对其进行更深入的研究。二是近几年平台公司市场动作频频,这些动作本意都在于剥离平台公司的政府融资职能,防范地方政府隐性债务,在这样的背景下,以往将政府信用完全等同于平台公司信用,并用地方政府财政收入代替KMV模型中平台公司的市场价值去测量该公司的违约概率与违约距离的做法恐不再适用。本章采用上市公司的数据,同样运用KMV模型,希望能通过提取出来的指标证明平台公司是否已经与政府剥离,为以后的相关研究提供一定参考。

第三节 平台公司发展现状及政府担保方式

一、平台公司发展现状

（一）城投平台的发展现状

截至2018年第三季度末,Wind数据显示已经有2267家城投公司发行过合计14569支城投债,总发行规模15.17万亿元,其中存量规模7.66万亿元,规模巨大。

1. 城投债发行规模和发行人

图9.1显示,1992—2004年是城投平台发展的起步阶段,1992年初,为加快上海浦东新区的开发与建设,中央政府授予上海五类项目审批权和五种资金筹措权,随后上海城市建设投资开发总公司作为我国第一家城投公司在上海成立,自此拉开了城投公司的序幕。但此阶段属于城投平台"试水"阶段,并未得到快速发展,发债的城投平台仅有几家,且集中在直辖市和大型省会城市。2005—2008年是城投平台的初步发展阶段,2006年发改委降低了企业债的发行门槛,同时加快了审批速度,使更多城投平台达到了发行企业债的标准从而出现在大众视线内。同年5

月,央行重启短期融资券,2008年4月,我国中期票据推出,城投平台都积极地参与,不断完善城投债种类,但此阶段平台公司总量仍未超过50家。2009—2013年是城投平台的飞速发展期,2008年中央政府提出4万亿经济政策,但是余下大量资金需要地方政府筹措,在这样的背景下,央行及银宝监会公布银发〔2009〕92号文,文中明确提出要支持有条件的地方政府组建融资平台,鼓励地方政府拓宽融资渠道,由于中央对融资平台的支持态度,2009年城投平台如雨后春笋般涌现。但是在这期间也出现过一些政策调整,2010年银宝监会下发《关于关于地方政府融资平台贷款清查工作的通知》《关于加强融资平台贷款风险管理的指导意见》等文件,要求对平台贷款进行清查。在这期间,城投市场也遭遇了一定信用事件的冲击,如2011年接连曝出的四川城投、云投、上海申宏等事件,在这样的背景下,2010—2011年平台公司的发展进入了平台期。城投债第二次爆发式增长在2012年,发改委对企业债的发行逐步放松并加快审批速度,多位政府发言人都表示城投债违约可能性不大,稳住了市场信心,带来了平台公司2012年的增长高峰。2013年5月,发改委要求加强对部分城投项目发行材料的审核,但同年8月,国家发改委发文称"支持棚改项目的债券融资",① 随着棚户区改造城投债的发行量上升,2013年发债的平台公司数量仅小幅下降。2014年以后至今是城投平台的强监管时期,2014年底发布的国发〔2014〕43号文打响了强监管的第一枪,文中明确要求政府融资职能要从城投平台剥离,同时作为配套监管,国务院、财政部等对PPP融资、政府购买等存在政府"隐性担保"的领域都出台了相关政策。在这样的背景下,2017年发行城投债的平台公司下降到1011家,城投债规模也有所下降。

2. 城投债发行人的地域分布

表9.1显示,截至2018年第三季度,按省份划分,我国共有34个

---

① 《国家发展改革委办公厅关于企业债券融资支持棚户区改造有关问题的通知》(发改办财金〔2013〕2050号)。

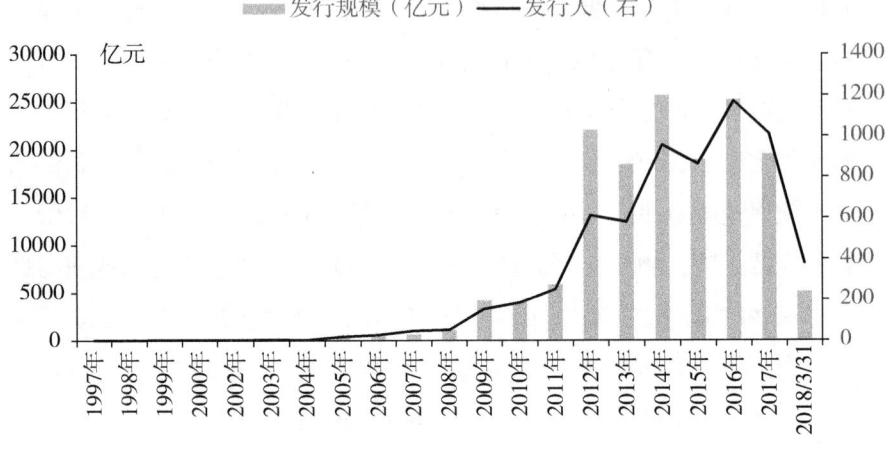

图 9.1 城投债历史发行规模和发行人数量

资料来源：Wind 资讯金融终端。

省级行政区域，除香港、澳门、台湾地区以外，均已发行过城投债，其中江苏省城投债发行量最大，发行人最多，而西藏地区 2015 年才发行的第一笔城投债。城投债的发行人数量和该省经济发展程度有一定正相关性，经济发达的地方财税相对充足、平台公司数量较多，这间接说明了平台公司与政府有密不可分的关系。

表 9.1　　各省份城投债发行规模和发债主体数量

省份	债券规模（亿元）	发债主体数量
江苏省	27049.89	1187
浙江省	9746.4363	510
湖南省	8450.79	339
天津市	7865.85	183
北京市	7840.95	215
重庆市	7071.15	324
四川省	6935.3835	353

续表

省份	债券规模(亿元)	发债主体数量
山东省	6873.4	296
广东省	6864.9	259
安徽省	6042.6	265
福建省	5556.2	241
湖北省	5417.7	263
上海市	4302.1	196
辽宁省	4268.9	156
江西省	4246.2	184
河南省	4173.8	160
陕西省	3829.8	149
云南省	3806.85	129
贵州省	3680.18	160
广西壮族自治区	3311.9	149
新疆维吾尔自治区	2635.7	147
河北省	2123.9	91
甘肃省	1911	60
内蒙古自治区	1777.32	77
山西省	1710.95	55
黑龙江省	1677.394	69
吉林省	1457.6	57
青海省	651.8	28
宁夏回族自治区	242.9	13
海南省	117	5
西藏自治区	19	2

资料来源：Wind资讯金融终端。

3. 行政级别

从图9.2中可以看出，级别较低的县及县级市城投平台是2008年才进入城投债市场，近几年每年发债规模维持在总规模的10%~15%。

而图 9.3 则清晰地表现了在所有城投债发行主体中，县及县级市发行主体的占比一直在上升，2017 年占比已近 1/4，这说明城投债的发行主体等级在下降，城投债的风险在逐步上升。

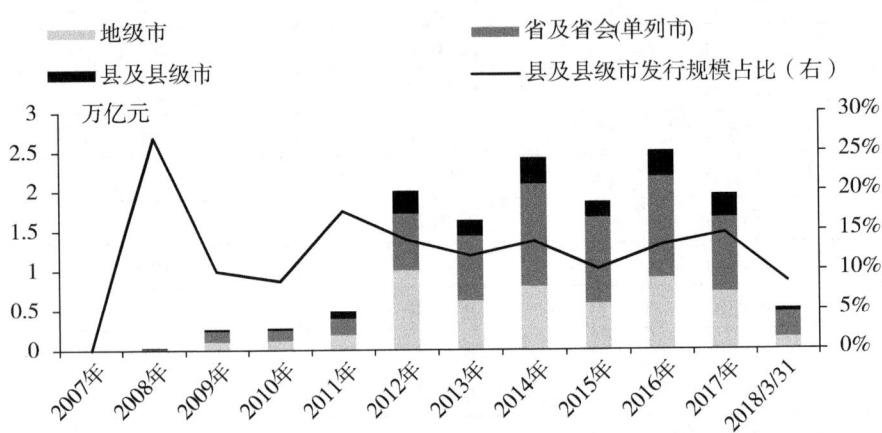

图 9.2　各行政级别发行规模演变

资料来源：Wind 资讯金融终端。

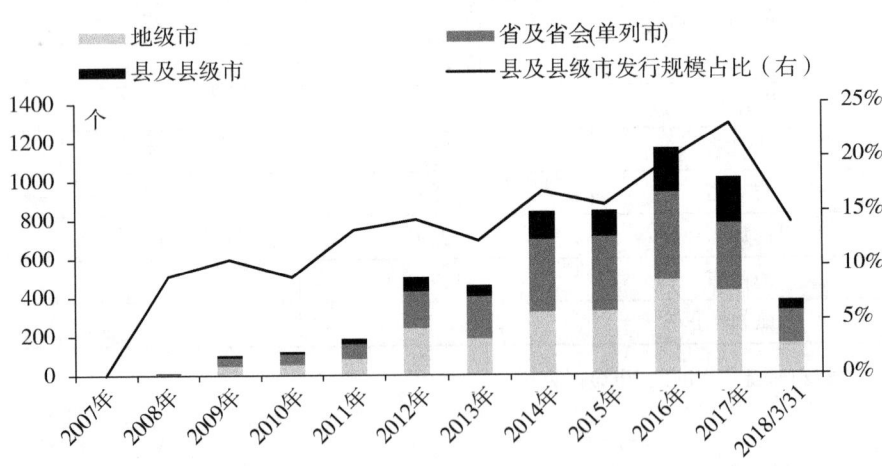

图 9.3　每年城投债发行人中各行政级别占比

资料来源：Wind 资讯金融终端。

4. 城投债发行人评级

从图9.4看，AA+和AA等级的城投债逐渐成为主流。2008年以前，城投债市场以AAA发行主体为主，但2008年以后，AA成为占比最大的等级，同时还出现了BB-等低主体评级的城投债，城投债在规模扩大的同时准入条件放宽，使得一些具有极高风险的平台公司进入该市场，无疑放大了城投债市场的风险。

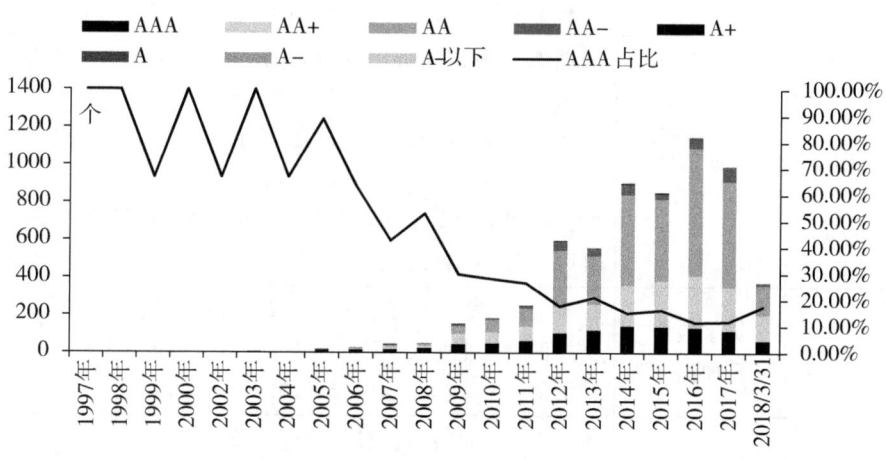

图9.4 城投债发行主体评级变动

资料来源：Wind资讯金融终端。

(二)城投平台的相关政策

通过表9.2的梳理，可以发现从财建〔2009〕631号的鼓励政府利用融资平台融资，再到国发〔2014〕43号的"剥离政府平台融资职能"，再到对重庆等省市的违规融资进行查处问责，短短10年见证了政府对城投平台态度的巨变。2018年债务置换完毕后，城投债将明确不属于地方债务，在这过程中为了防止城投债大规模违约造成市场波动，中央政府在多篇报告中支出要"防范存量债务资金链断裂"，所以就目前来看，虽然政策来得猛烈，但实施起来并不会一蹴而就。然而平台公司转型仍然是大势所趋,2019年以来,不少城投公司宣布推出财政部名单,可以视为转型的一个信号。

表9.2　　　　　　　　城投平台的相关政策

年份	政策方向	国　务　院
2009年	鼓励平台融资	国务院鼓励直接融资(国办发〔2008〕126号); 财政部鼓励平台融资(财建〔2009〕631号); 原银监会合理支持平台融资需求(银发〔2009〕92号)
2010年	初始监管	清理地方平台债务、规范地方政府担保行为(国发〔2010〕19号); 细化监管规定(财预〔2010〕412号); 贷款分类(银监发〔2010〕110号); "70%"规定,发债有所收紧、规范融资担保行为(发改办财金〔2010〕2881号)
2011年	贷款监管加强	控制增量,整改存量(银监发〔2011〕34号); 支持保障房企业债(发改办财金〔2011〕1388号); 存续债务监管(发改办财金〔2011〕1765号)
2012年	融资平台监管	规范平台注资行为(财预〔2012〕463号); 分类处置、严控新增、退出管理(银监发〔2012〕12号); 防范发债主体信用风险(发改办财金〔2012〕2804号、3451号)
2013年	区别监督、边际松动	平台差异管理(银监发〔2013〕10号); 债券发行分类管理、审批下放、支持棚户区改造(发改办财金〔2013〕957、1177、1890、2050号)
2014年	强监管、但"疏堵结合"	剥离平台融资职能,但确保在建项目后续融资(国发〔2014〕43号); 存量政府债务清理(财预〔2014〕351号文); 发改委审核材料增多、时间变长; 证监会严格按照"43号文"进行排查、中证登调整城投企业债质押回购标准并不新增入库

续表

年份	政策方向	国务院
2015年	有所放松	放松在建项目融资(国办发〔2015〕40号); 地方政府债务置换; 发改委放松发债条件,并且支持重点项目(发改办财金〔2015〕1327号文); 证监会总量控制、区别对待、有所放松
2016年	监管重启	重申地方政府债务界限(国办函〔2016〕88号); 规范PPP融资(财金〔2016〕90号); "88号文"细化规范(财预〔2016〕152号); 证监会收紧发债条件
2017年	开"正门"、堵"偏门"	深度合作整改(财预〔2017〕50号); 禁止购买服务名义融资(财预〔2017〕87号); 土储专项债(财预〔2017〕62号); 收费公路专项债(财预〔2017〕97号); 禁止债务性资金充当资本金(财办金〔2017〕92号); 对重庆、山东、河南、湖北等地违法违规举债进行查处问责①; "防范地方债务风险"被纳入三大攻坚战(财政部报告)
2018年3月底	"疏堵"结合	防止恶意拖欠(发改办财金〔2018〕194号文); 防范存量债务资金链断裂(财金〔2018〕23号); 棚改专项债(财预〔2018〕28号文); 加大政府债务管理(财预〔2018〕34号)

二、政府担保平台公司的方式

由于未发行过城投债的平台公司信息获取十分困难,不利于分析,

---

① 资料来自于中国财政部,截至2018年第一季度,查处问责省份包括四川、江西、江苏、贵州、湖北、河南、山东和重庆。

所以本章仅以发行城投债的平台公司代表整个城投公司市场进行下一步研究。

(一)政府担保平台公司的原因

城投平台与当地政府关系密切的原因主要有三：(1)平台公司是政府注资成立的国有控股企业。(2)平台公司主要资金投向是基础设施建设项目，因为大部分基础设施建设项目收益很低或者就是纯公益性产品，这就导致了很多平台公司依靠政府补贴生存，其债务也与当地政府挂上了钩。(3)平台公司成立之初的目的，就是为了便于政府融资，市场也默认平台公司是政府融资的媒介。在平台出现问题时政府"兜底"的现象，让人联想到了金融机构中"大而不倒"的现象，即一些银行、投行等金融机构，由于体量巨大、关联甚广，使得其成为不允许倒闭的角色，为避免该类金融机构倒闭，政府会选择出资救助或者是邀请其他企业联合出资为受助者兜底。而应用在城投企业上，"大而不倒"的"大"指的就是平台公司与政府的关系重大，因此平台公司也成为不允许倒闭的角色，即政府将在其困难时刻提供救助，这也就是政府对平台公司的"隐性担保"。

(二)以前政府担保平台公司的方式

图9.5显示，无担保城投债逐渐成为城投债的主流模式，除2009年由于以政府应收账款抵押的质押担保数量大幅上升使其占比明显下降外，其占比从2004年开始一路飙升，2018年第一季度其占比已超过90%。而显性担保主要有以下几种形式：不可撤销连带责任担保、抵押担保、连带责任担保、质押担保、质押及抵押担保。其中，近5年不可撤销连带责任的担保独大，抵押担保和质押担保占比逐年压缩，2017年仅有10支城投债选用这两种模式。

但是要想梳理城投债与政府"剪不断理还乱"的关系，仅仅知道显

第三节 平台公司发展现状及政府担保方式

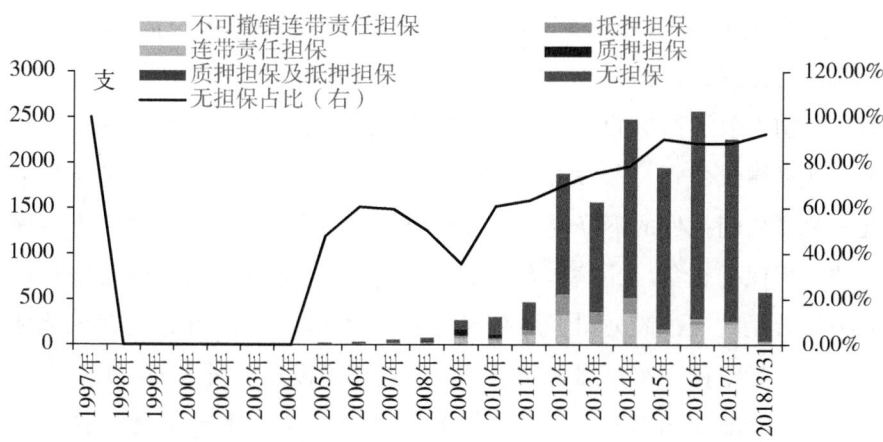

图 9.5 城投债历年发行数量中担保的情况（数据截至 2018 年 3 月底）
资料来源：Wind 资讯金融终端。

性担保是不够的，因此本章借鉴相关学者的研究①，按照隐晦程度将政府对城投债的担保划分为三类：显性担保、半显性担保和隐性担保。

具体而言，"显性担保"是指平台公司与政府签订了具有法律效应的担保合同，政府的担保有效且可信；"隐性担保"是指平台公司并未与政府签订担保合同或者合同并不具有法律效应，但当城投债违约时，地方政府仍会提供救助；"半显性担保"兼具"隐性担保"与"显性担保"的特点，指的是并未有合同说明政府对城投债具有担保义务，但该城投债仍与当地政府有着或多或少的联系。

1. 显性担保

显性担保即第三方担保，表现为图 9.1 中的"不可撤销连带责任担保"和"连带责任担保"，"第三方"是指银行、专业担保公司或者其他关联企业，由于 2007 年 10 月发布的《中国银监会关于有效防范企业债担保风险的意见》要求银行需要认识到企业债券担保的风险，银行担保城

---

① 罗荣华、刘劲劲：《地方政府的隐性担保真的有效吗？——基于城投债发行定价的检验》，金融研究 2016 年第 4 期，第 83-98 页。

269

投债在此之后数量大减,并于2009年4月完全退出城投债市场。

图9.6显示截至2018年第一季度,专业公司担保城投债共812支,关联公司担保城投债共1044支,银行担保城投债共63支。2015年以后专业担保公司担保的城投债数量开始超过关联企业,这其实是一件好事,许多城投公司与关联企业是互保,这无疑放大了市场的风险联动性,关联公司担保的下降便于维持整个城投债市场的稳定。第三方担保与政府担保的交集,是这"第三方"是由政府控股的公司,如果城投债的担保人是政府控股公司,那么穿透来看,最后仍然是由政府对该笔债务负责。举个例子,新疆石河子开发区经济建设总公司由于担保企业的破产与主营业务相继被剥离,其净利润自2015年便持续亏损,信用评级一路下调至BB+,但是其发行的"12石经开债"的债项评级却一直维稳在AA-,至今还本付息正常,这与"石河子国有资产经营(集团)有限公司"和"石河子开发区赛德国有资产经营有限公司"两大国有控股的全额无条件不可撤销连带责任担保是密不可分的。① 截至2018年第一季度,存量的917支第三方担保城投债中,有794支(86.6%)均是国有企业,即目前大部分第三方担保债券都有着政府担保的庇护。

2. 半显性担保

平台公司的担保资产,大部分是土地使用权或者地方政府的应收款,这些资产都与地方政府有一定的联系,但地方政府对债券的直接偿还并不承担责任,这里认为这种担保即"半显性担保"。

(1)质押担保。

城投债的质押担保是2008年才出现的,其质押品分为三类:应收账款、股权和其他收费权。其中,因为股权质押的城投债违约后仅涉及股权的转让,与当地政府无关。收费权质押是2015年才出现的,至今仅有3例发行,比如"16湘潭专项债02",是质押停车场项目收费权,

---

① 来自"12石经开债"历年的评级报告。

第三节 平台公司发展现状及政府担保方式

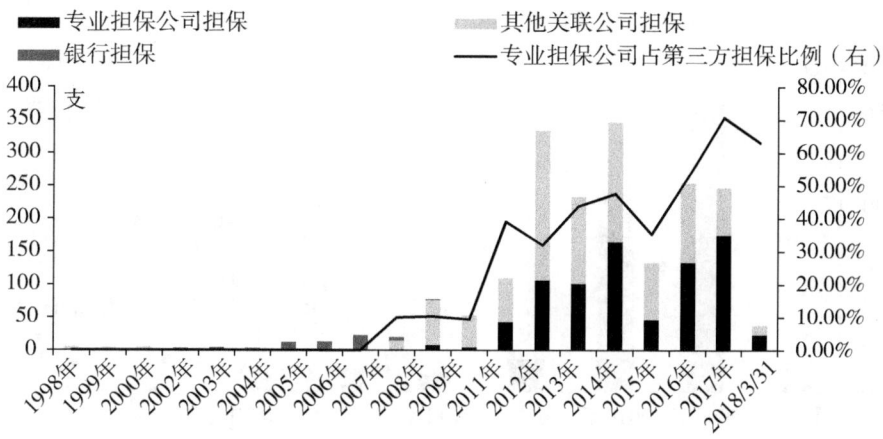

图 9.6 不同第三方主体的担保占比

资料来源：Wind 资讯金融终端。

但收费权是企业自身的经营收益，与政府也没有直接关系。① 而对地方政府的应收账款与增加政府债务直接相关，如"09 铁岭债"，发行人与铁岭市财政局签订了 56.351 亿元的《BT 协议》，并将该笔应收账款作为质押担保。② 所以质押担保中涉及政府担保的，只有以地方政府的应收账款的质押担保。

图 9.7 显示，2011 年以前，93% 以上的城投债质押品都是应收账款，但是 2010 年 6 月国发〔2010〕19 号文中声明地方各级政府及其所属部门均不得以其他任何直接、间接形式为融资平台公司融资行为提供担保，质押对政府的应收账款，实质上是政府的间接担保形式，明显违背了"19 号文"，因此 2010 年之后，这种形式担保的城投债大大减少，但 Wind 显示 2015—2017 年该类城投债（见图 9.7 中箭头）又出现在市场，继续使用对政府的应收工程代建款做质押，属于违规操作。

---

① 2016 年湘潭市城市建设投资经营有限责任公司城市停车场建设专项债券募集说明书。

② 来自于 2009 年铁岭公共资产投资运营有限公司公司债券募集说明书。

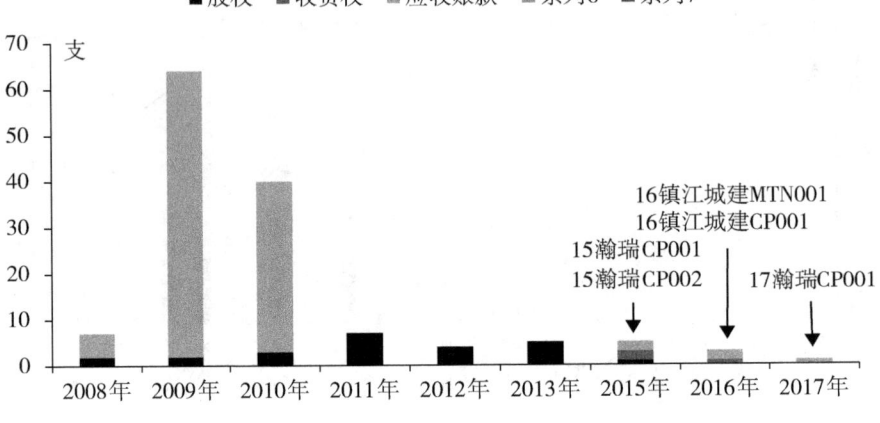

图 9.7 质押担保的时间演变

资料来源：Wind 资讯金融终端。

(2) 抵押担保。

抵押品以发行人或其子公司的土地使用权为主，Wind 数据显示 738 支抵押担保的城投债中有 700 支(95%)均为土地使用权抵押，除此以外还有 22 支房地产所有权和土地使用权共同抵押、5 支房产所有权抵押、11 支海域使用权抵押，房产所有权是公司的自有资产，与政府无关，而海域使用权往往是政府划转，与政府有直接关系。另外，抵押的土地来源往往也是政府，政府向平台公司注入大量土地的目的之一可能就是便于平台公司融资，这也是政府担保城投债的一种方式。因此，抵押担保中涉及政府担保的是土地和海域使用权抵押。

(3) 抵押担保+质押担保。

还有部分城投债采取的是抵押担保与质押担保相结合，Wind 数据显示截至 2018 年第一季度，共有 24 支城投债采用此方式，表现为"应收账款质押+土地使用权抵押"或者"股权质押+土地使用权质押"等，同样，涉及土地和海域使用权抵押的担保本章也认定为政府担保。

3. 隐性担保

第三节 平台公司发展现状及政府担保方式

"隐性担保"之所以为隐性,就是因为其在合同上难以得到反映,往往是在风险暴露时才得到体现,比如云南省的地方融资平台——云南省公路开发投资集团有限公司(下称"云南路投")2011年6月向债权银行发函称"即日起,只付息不还本",构成贷款的实质性违约,最终是云南省政府出面,承诺增加云南路投3亿元资本金并向该公司借款20亿元,此事件才平息。但是从市场上的理解来看,隐性担保主要有以下几类方式:

(1)地方政府及其所属部门出具担保函、承诺函、安慰函等。

担保函的内容一般是"当债务人不履行债务时,保证人按照约定履行债务",地方政府对城投债出具担保函,相当于该笔债务的背后是政府信用。但是这种担保方式是不合法的,首先,担保法就认定地方政府出具的担保函并不具有法律效应,其第八条明确规定:"国家机关不得为保证人,但经国务院批准为使用外国政府或者国际经济组织贷款进行转贷的除外。"除此以外,国家也出台了一系列政策打击违法违规担保。2010年,国发〔2010〕19号文明确声明地方各级政府及其所属部门、机构和主要依靠财政拨款的经费补助事业单位不得为融资平台公司融资行为提供担保;2014年,国发〔2014〕43号文规定地方政府及其所属部门不得违法为任何单位和个人的债务以任何方式提供担保;2017年4月,财预〔2017〕50号进一步限制地方政府及其所属部门不得以任何方式为任何单位和个人的债务提供担保,不得为其他任何单位和个人的融资做出承诺即承担偿债责任。类似的文件还有很多,除了直接限制政府担保以外,国家还明令禁止金融企业接受地方政府出具的担保函(财预〔2017〕50号),并对四川、江西、江苏、贵州等地的违法违规行为进行查处问责,政府的担保函已经被国家政策堵死。目前多数"承诺函""安慰函",内容是将融资本息正式纳入财政支出,是良好的增信方法,但是不论是财预〔2017〕50号还是国发〔2014〕43号文都明确禁止这种担保形式。而本章认为政府是可以出具承诺函的,但是必须符合国家对预算的约定。财金〔2014〕113号、财金〔2015〕21号、发改办财金〔2017〕730

号均提及要将 PPP 项目中涉及政府支付的部分纳入政府预算。政府平台一旦和政府划清界限，就可以合法参与 PPP 项目，项目中涉及政府支付的部分是有权纳入政府预算的。其次我国《预算法》第 35 条规定人大审核通过的合法预算支出是有法律效力的。既然资金投向合法，且经过权威部门审批，本章认为资金涉及 PPP 项目中的政府支付、经人大批准的城投债的承诺函是合法存在的。但是在实际中，大部分的承诺函都饱受争议，比如宁乡政府曾主动作废担保函但是最后又撤回该决定。

(2) 地方政府出具回购或者委托代建协议。

城投平台与地方政府签订回购协议，由城投平台发行债券获得初始资金，而政府会每年回购一部分项目，有效的回购协议能够保证平台公司每年拥有一笔可观的现金流，相当于为该笔债务进行了保障。委托代建协议中，项目建设资金是由地方政府安排财政资金解决，在项目资金未到位时也可由平台发行债券推进，后期地方政府负责将成本归还，平台公司作为代建方基本没有承担任何风险，最后只收取代建管理费，也可以看作政府担保的一种。

(3) 政府出具兜底还款证明。

政府为城投债出具兜底还款证明，本质仍是政府的担保函。虽然目前城投债市场并没有公布一例兜底还款证明，但许多政府兜底却是默认的，这也是城投债具有"政府光环"的原因，比如前文提到的云南路投，最后仍时由云南省政府出钱解决贷款逾期事件。但是兜底还款是违规操作，所有禁止政府担保的条例实际上也都在否决政府兜底。2017 年 12 月，《财政部关于坚决制止地方政府违法违规举债，遏制隐性债务增量情况的报告》特别强调，在化解存量隐性债务方面要坚决打消金融机构认为政府会兜底的"幻觉"，可见政府并不会继续兜底。

(4) 运用政府购买的应收账款进行融资。

购买服务是政府与社会资本或事业单位签订合约，政府将其直接提供的部分公共服务以及政府履职所想要的服务交给后者承担，最终根据合同政府向后者支付费用。由于地方政府财权事权的不匹配与政府购买服务相关法规的不完善，部分政府剑走偏锋，以政府购买服务的名义，向平台公司变相购买工程，平台公司再将购买协议中的应收账款质押发行城投债融资，同政府的应收账款质押一样，这也是违规行为。针对该现象，2017年5月28日，财政部发布了财预〔2017〕87号文，明确说明购买服务项目中不得包括铁路、公路等基础设施建设和储备土地前期开发等建设工程，政府购买服务项目不得包括建设工程与服务。这一政策彻底禁止了地方政府打着政府服务的幌子去购买工程，也彻底叫停了以政府购买的应收账款进行质押担保。

(三)政府对平台公司的新型担保方式

2017年底《关于坚决制止地方政府违法违规举债、遏制隐性债务增量情况的报告》给出了当前政府规范举债融资的三个"前门"：(1)地方政府债券；(2)PPP项目；(3)政府出资的担保公司担保。相较于市场上原本预期的前两个"前门"，第三个"前门"可以说是意外之喜，也是政府想要稳定、逐步化解存量政府债务的一次让步。

1. 政府出资成立担保公司，提供融资担保服务

地方政府成立融资担保公司，可以继续为城投债担保，但是政府与平台公司的担保变得公开透明化，是"显性化"隐形政府债务的好方法；其次作为独立的担保公司，其受到《融资担保公司监督管理条例》的约束，担保操作具有一定监管要求，使政府债务风险更加可控。

2. PPP专项债：70%的非绩效挂钩+承诺函

国办发〔2015〕42号明确平台公司是可以合法参与PPP项目，但是需要满足三个条件：(1)平台公司已与地方政府脱钩，进行市场化改革并建立现代企业制度；(2)所承担的地方政府债务已剥离并纳入政府财政预算；(3)已公告今后不再承担地方政府举债融资职能。发改办财金〔2017〕730号中说明，PPP专项债可以由社会资本方发行。所以合格的平台公司也可以发行PPP专项债。因此，PPP专项债可能的隐性担保方式主要有两种：(1)财办金〔2017〕92号文明确说明"涉及政府支付、

但未建立按绩效付费机制的新PPP项目不予入库"(不入库的项目无法纳入当地政府预算),但是文件中规定的项目建设成本与绩效考核挂钩的比例最低为30%,也就是说还有70%的可操作空间。地方政府完全可以通过尽可能降低绩效考核挂钩的比例来固化政府支出责任,从而确保平台公司的稳定收入,这是一项可能的隐性担保。(2)承诺函。前文已经分析过,涉及政府支付的、人大审批的PPP专项债可以接受纳入中期财政规划和年度财政预算,该承诺函也可以作为政府为PPP专项债增信的方式。

3. 债券置换:针对纳入政府性债务的城投债

继国办函〔2016〕88号发布后,国家多番推动债务置换工作,据申万宏源统计,[1] 截至2017年底,已经有170支城投债发生置换或者发起债务持有人会议商议提前偿还事宜,债务置换工作将于2018年全部置换完毕。而本章认为2014年末之前发行的、被纳入政府负有偿还责任(一类债务)的城投债是受政府担保的,因为该种债券由地方政府债券进行置换,可以提前兑付或是被纳入当地政府的预算收入中,基本没有偿还风险的。另外,尽管部分城投债被纳入政府或有债务,但是政府仅会偿还一半以内的不能清偿部分,[2] 担保作用甚微,而对于被纳入非政府性债务以及2014年以后发行的城投债,政府不会承担任何担保责任,所以这部分城投债基本不会受政府担保。

(四)目前可行的政府担保方式总结

通过前文的梳理,本章将目前可能继续存在的政府对城投债的担保形式进行了汇总,详细内容参见表9.3。

---

[1] 《上半年有左侧机会,推荐两条选债逻辑——城投债2017年回顾及2018年展望》,《申万宏源固收研究》2018年1月9日。

[2] 《国务院办公厅关于印发〈地方政府性债务风险应急处置预案〉的通知》(国办函〔2016〕88号)。

表 9.3　　　　可能继续存在的政府担保形式

担保方式	详细说明
第三方担保	由政府控股的关联企业或者担保公司提供担保
抵押担保	以发行人或者其子公司的土地或海域使用权担保
承诺函	涉及 PPP 项目中的政府支付、经人大批准的债务承诺函
回购及代建协议	平台公司与地方政府签订回购或委托代建协议
政府成立担保公司	地方政府成立担保公司，对城投债进行担保
PPP 专项债	通过将 70%的 PPP 项目中政府支出部分固化，可以视为对城投公司发行 PPP 专项债的担保；另外政府可以出具纳入政府预算的承诺函
债务置换	仅针对 2014 年末以前发行的、纳入政府性预算的城投债

第四节　平台公司政府担保变化的实证分析

一、信用风险度量模型的选择

信用风险模型主要有两种类型：传统信用风险模型以及现代信用风险模型。传统信用风险模型主要包括专家分析法、信用评级法、Z-score 法和 ZETA 方法，其中专家分析法主要依靠专家经验来判断信用风险大小，后三个模型都是通过提炼风险指标进行风险大小的判断。现代的风险度量模型主要有信用矩阵模型、信用风险附加模型、信用组合模型、KMV 模型。信用矩阵模型是通过迁移矩阵来计算违约率，信用风险附加模型是从财险思想出发，测算债券贷款组合的违约概率，信用组合模型是信用矩阵模型的改进，加入了更多变量，使违约率和迁移概率更准确。这三个模型都需要大量的历史违约数据，但我国城投债至今都没有发生过实质性违约，因此这三个模型不适用。而 KMV 模型基于 BSM 模型，只需要企业的当其债务与资产，就可以测算其违约率，因此本文选择可 KMV 模型测算平台公司的违约风险。

二、KMV 模型的原理以及操作方法

（一）KMV 模型的基本思想

KMV 信用风险模型是 KMV 公司依据 Black-Scholes 期权定价理论为基础，同时结合 Merton 和 Miller 的资本结构理论，将负债企业的股权视为看涨期权，当资产价值大于负债时，企业可以偿还债务，该股权有价值，当资产价值大于负债时，企业无力偿还债务，该看涨期权就没有价值不会被执行，即：

$$S_t = \begin{cases} V_t - D_t, & V_t > D_t \\ 0, & V_t < D_t \end{cases} \quad (9.1)$$

其中 S_t 为 t 时股票的看涨期权价值，V_t 为 t 时的企业资产价值，D_t 为 t 时的企业负债价值。据此，KMV 模型设置了一个违约点，然后利用上市公司的股权价值以及股权价值波动率计算出的资产价值和资产波动率，求出公司的违约概率和距离。

（二）KMV 模型的假设条件

KMV 模型是在 BSM 模型上建立起来的，所以首先要满足 BSM 模型的全部假设，另外还有一定的其他假设：BSM 模型假设：无风险利率已知且在到期以前固定；股票价格符合集合布朗运动；标的股票不分红；期权为欧式期权；市场完美，没有交易费用和税费；交易连续；投资者可以无风险利率随时借贷；可以买空卖空。公司资本结构简单，只有所有者权益和负债，负债只有长期和短期之分；公司股票价格服从对数正态分布；企业资产市场价值服从几何布朗运动，资产收益服从正态分布；企业资产大于负债时，不会违约，反之则会违约。

(三)KMV 模型的计算步骤

KMV 模型的计算过程主要分为三个部分：求出公司的资产价值和资产截至波动率、计算违约距离、根据违约距离推算信用违约概率。

1. 计算公司的资产市场价值 V_A 和资产价值波动率 σ_A

假设企业资产价值符合几何布朗运动，即：

$$dV_A = \mu V_A dV_A + \sigma_A V_A dW_A \qquad (9.2)$$

根据 Black-Scholes 期权定价模型，在债务到期日企业的股权价值为：

$$V_E = V_A N(d_1) - D e^{-eT} N(d_2) \qquad (9.3)$$

$$d_1 = \frac{\ln\left(\frac{V_A}{D}\right) + (r + \frac{\sigma_A^2}{2})T}{\sigma_A \sqrt{T}} \qquad (9.4)$$

$$d_2 = d_1 - \sigma_A \sqrt{T} \qquad (9.5)$$

其中，V_A 为企业的资产市场价值，σ_A 为资产市场价值波动率，μ 为漂移系数，dW_A 为维纳过程，V_E 为股权的市场价值，r 表示市场无风险利率，D 表示企业负债的账面价值，T 表示债务的期限，在模型实际操作中默认为 $T=1$ 年，$N(d)$ 为标准正态累计概率函数。但是 σ_A 也是一个未知变量，对(4.3)式求导之后，可推导出公司股权价值波动率 σ_E 和公司资产市场价值波动率 σ_A 的关系式为：

$$\sigma_E = \frac{V_A}{V_E} N(d_1) \sigma_A \qquad (9.6)$$

根据(9.3)式和(9.6)式即可以解出上市公司的 V_A 和 σ_A。

2. 计算违约点 DP 和违约距离 DD

KMV 模型中的违约点等同于 BSM 模型中期权的执行价格，结合我国上市公司的债务特点，将违约点定义如下：

$$DP = SD + 0.5 \times LD \qquad (9.7)$$

其中，DP 为违约点，SD 为流动负债，LD 为非流动负债。则违约距离为：

$$DD = \frac{V_A - DP}{V_A \times \sigma_A} \tag{9.8}$$

违约距离越大，说明企业资产覆盖债务能力越强，违约风险越小；反之则企业违约风险更大。

3. 计算违约率 EDF

知道违约距离后，可以进一步求得违约概率，一般来说有两种方法计算 EDF：经验型 EDF 和理论型 EDF，而经验型 EDF 需要大量的历史违约数据，但是我国平台公司至今仍没有一起实质上的违约，没有足够的历史数据来完成经验型 EDF，所以本文退而求其次，选用理论上的 EDF，计算方法为：

$$EDF = 1 - N(DD) \tag{9.9}$$

三、研究对象的确定

WIND 显示的 14569 支城投债的发行人中，共有 75 家上市企业，本章最终选取"武汉东湖高新集团股份有限公司"（600133）作为实例分析。东湖高新成立于 1993 年，成立初期，即以东湖科技园区的开发和建设为主，有着极为丰富的科技工业园开发建设经验。1998 年，东湖高新作为国家科技部推荐企业在上海证券交易所上市；2011 年 6 月，湖北省联合发展投资集团有限公司控股东湖高新集团；2012 年 9 月，湖北省路桥集团有限公司资产整体注入，东湖高新集团企业实力和规模迅速增强，逐渐发展成为一家以科技园区、工程建设为基础，以环保产业为主要发展方向的高新技术产业投资控股公司，业务分布广泛。

选择东湖高新做实证分析的理由如下：东湖高新是国内较早一批上市的城投企业，不论是信息披露方面还是数据方面都有较长的时间跨度，符合实证要求；东湖高新算是平台公司的平均水平，在一定程度上能够较好地代表整个平台市场；东湖高新现仍有存量债券"15 东湖高新 PPN001""15 东湖高新 PPN002""16 东湖高新 PPN001"，存在被政府担保的条件。平台公司最受地方政府重视的业务是基建和民生工程,因此政府往往会对负责这两类业务的城投公司加以政策倾斜,而东湖高新的主营业务中大部分是工程建设,可能涉及基础设施建设的项目经常涉及政府回购、代建等,与政府关系密切。

图9.8显示,近几年存货占总资产不断攀升,几次接近50%,平台公司特点之一就是将工程计入存货,后续随政府回款转记成本,东湖高新的平台公司特征明显。

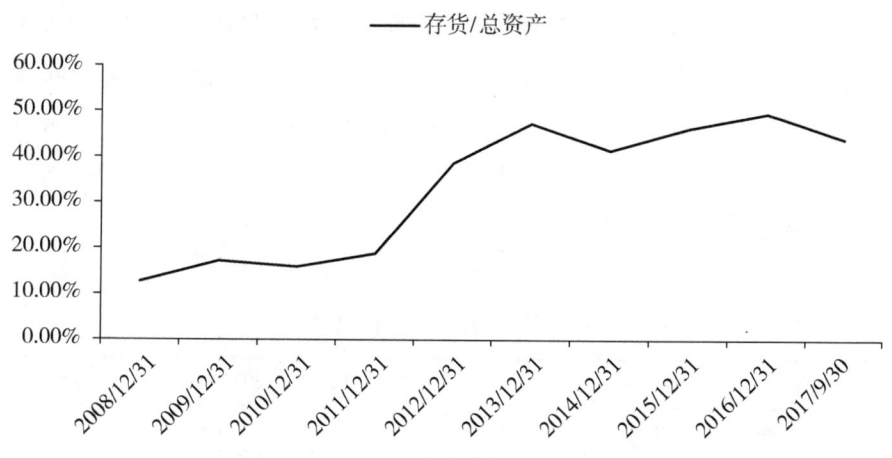

图9.8 东湖高新历年存货/总资产比例

资料来源:Wind资讯金融终端。

四、基于 KMV 模型的实证过程

通过实证分析研究政府对东湖高新的担保是否发生改变,为了反映这一变化,本章将使用KMV模型计算东湖高新的资产市场价值,继而得到其负债的市场价值,再与账面负债相比得到比值,这一比值的变动是市场认为该城投公司的风险变动,而风险变动可能就来源于城投公司背后的政府信用。2005年9月5日《上市公司股权分置改革管理办法》的发布带来了轰轰烈烈的股权分置改革,2007年8月14日东湖高新正

式完成股权分置改革,由于本章所选的数据跨度为 1 年,所以数据起始时间定位于 2008 年 1 月 1 日,另外,由于东湖高新 2017 年度数据并未公布,所以本章选用第三季度数据作为代替(债务是存量数据而非流量数据,所以可与其他的年度数据比较)。最终本章选取的时间跨度是 2008 年 1 月 1 日—2017 年 9 月 30 日。

(一)模型参数的计算

1. 市场无风险利率(r)

无风险利率即将资金投入无风险资产所获得的收益率,考虑到时间跨度的一致性,2008 年 1 月 1 日—2016 年 12 月 31 日选用对应时间段内的 1 年期中债国债到期收益率的平均值作为无风险利率,2017 年 1 月 1 日—2017 年 9 月 30 日采用 9 个月期中债国债到期收益率的平均值作为无风险利率,最终得到表 9.4。

表 9.4　　　　　　模型使用的无风险利率参数

时间	2008 年	2009 年	2010 年	2011 年	2012 年
无风险利率	3.05	1.26	1.95	3.16	2.70
时间	2013 年	2014 年	2015 年	2016 年	2017/9/30
无风险利率	3.30	3.50	2.55	2.27	3.15

资料来源:Wind 资讯金融终端。

2. 时间参数(T)

2008 年 1 月 1 日—2016 年 12 月 31 日选用的时间跨度为 1 年,2017 年 1 月 1 日—2017 年 9 月 30 日时间跨度为 0.75 年。

3. 企业的负债(D)

选用企业负债的账面价值作为企业负债,其中,2017 年数据为 2017 年第三季度的数据,数据如表 9.5 所示。

第四节 平台公司政府担保变化的实证分析

表9.5　　　　　　东湖高新历来负债情况

时间	2008-12-31	2009-12-31	2010-12-31	2011-12-31	2012-12-31
D(万元)	161187.72	205074.21	222858.92	210704.46	611359.56
时间	2013-12-31	2014-12-31	2015-12-31	2016-12-31	2017-09-30
D(万元)	904872.49	1180964.26	1450046.53	1850447.52	1867513.32

资料来源：Wind资讯金融终端。

4. 股权的市场价值（V_E）

股权市场价值一般计算方法为（股票价格×股票数量），但是2005年以前，我国上市公司的股权分为流通股与非流通股两类，虽然股权分置改革落实后股票价值完全是流通的，但是仍然存在限售股，限售股的市场价值与非限售流通股的市场价值存在一定差别，所以用非限售流通股价格来代替限售股价格存在较大误差，在综合了以往学者的研究方法后，本章采取以下方式估算股权的市场价值：

V_E = 每股净资产 × 非流通股股数 + 流通股收盘价格 × 流通股股数

V_E 应采用期末的股权价值，所以本章使用的股权价值为2008—2016年年末和2017年第三季度末的股权价值，数据如表9.6所示。

表9.6　　　　　　东湖高新历来股权的市场价值

时间	2008-12-31	2009-12-31	2010-12-31	2011-12-31	2012-12-31
V_E（万元）	90281.3	228216.5	384681.5	370076.1	274346.3
时间	2013-12-31	2014-12-31	2015-12-31	2016-12-31	2017-09-30
V_E（万元）	279193.6	472226.4	676908.1	470687.0	598491.6

资料来源：Wind资讯金融终端。

5. 股权价值的波动率（σ_E）

由于非流通股选取的每股净资产价格相对稳定，引起公司股权价值变动的通常为流通股,所以本章用流通股收盘价的波动率来代替股权价值的波动率。在 KMV 模型假设中,假定公司股价服从对数正态分布,从 WIND 中导出东湖高新 2008 年 1 月 1 日—2017 年 9 月 30 日的股票收盘价,根据对数收益率公式来计算股权价值波动率。

股票的对数收益率为:

$$Y_t = \ln\left(\frac{P_{t+1}}{P_t}\right) \tag{9.10}$$

股价日波动率为:

$$\sigma_D = \sqrt{\sum_{i=1}^{n}(Y_t - \overline{Y})/(n-1)} \tag{9.11}$$

股价年波动率为:

$$\sigma_E = \sqrt{n} \cdot \sigma_D \tag{9.12}$$

其中,P_t 表示股票在 t 天时的收盘价,Y_t 表示股票在 t 天时的收益率,$\overline{Y}$ 表示 Y_1,…,Y_n 的平均值,n 表示当年的交易天数(2017 年为前三季度的交易天数),σ_D 表示股价的日波动率,σ_E 表示股价的年波动率,即所求的股权价值波动率。

根据上述公式,求得 2008—2017 年的年股价波动率如表 9.7 所示。

表 9.7　　　　　　东湖高新历来的股权价值波动率

时间	2008/12/31	2009/12/31	2010/12/31	2011/12/31	2012/12/31
σ_E	0.7900	0.5472	0.5617	0.4170	0.4374
时间	2013/12/31	2014/12/31	2015/12/31	2016/12/31	2017/9/30
σ_E	0.4546	0.4336	0.7673	0.4708	0.3582

资料来源:Wind 资讯金融终端。

6. 违约点(DP)

通过(9.7)式,得到东湖高新的违约点如表 9.8 所示。

表 9.8　　　　　　　　东湖高新历来的违约点

时间	2008-12-31	2009-12-31	2010-12-31	2011-12-31	2012-12-31
DP(万元)	112487.72	155154.625	180433.245	161831.245	534022.87
时间	2013-12-31	2014-12-31	2015-12-31	2016-12-31	2017-09-30
DP(万元)	766801.69	987672.595	1227829.485	1551020.095	1574863.185

资料来源：Wind 资讯金融终端。

(二)实证结果

1. 市场资产价值 V_A 和市场资产价值的波动率 σ_A 结果

将上述数据代入(9.3)式和(9.6)式，运用 Matlab 软件对该方程组进行计算，最终得到东湖高新的市场资产价值 V_A 和市场资产价值的波动率 σ_A，如表 9.9 所示。

表 9.9　　　　　东湖高新的市场资产价值及其波动率

时间	V_A（万元）	σ_A
2008/12/31	97882.41547	0.728721
2009/12/31	286493.3253	0.435901
2010/12/31	416284.3948	0.519086
2011/12/31	379037.2666	0.407139
2012/12/31	315584.2884	0.380225
2013/12/31	312498.8631	0.40613
2014/12/31	507949.2576	0.403152
2015/12/31	789600.8373	0.658143
2016/12/31	661003.8538	0.335266
2017/9/30	774569.1262	0.27678

图 9.9(a)显示，东湖高新的市场资产价值一直在缓慢攀升，与股

权价值变化趋势不一致,所以市场价值的攀升更有可能是不断增加的负债导致。而图9.9(b)显示,2012年后公司市场资产价值波动率较低,但是2015年突然上升至一个高位,本章认为可能是2014年末公布的"43号文"平台公司的资信状况造成了一定冲击,使得公司市价不稳定,到近两年,公司的市场资产价值波动率处于历史低位,说明目前公司资产价值较为稳定,但是这个稳定是由于政府是否继续担保已经尘埃落定或是其他情况,还需要后续讨论。

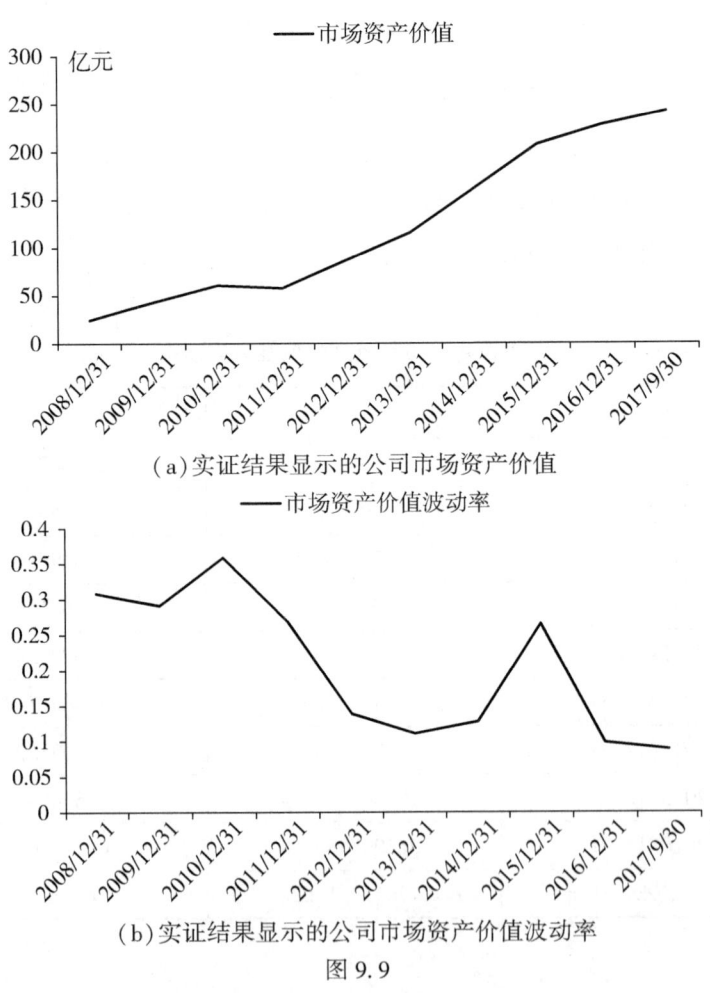

(a)实证结果显示的公司市场资产价值

(b)实证结果显示的公司市场资产价值波动率

图9.9

资料来源:Wind资讯金融终端。

2. 违约距离(DD)和违约概率(EDF)结果

将得到的数据结果代入(9.8)式和(9.9)式中,可以得到东湖高新近十年的违约距离和违约概率变动情况,参见表9.10。

表9.10　　　　　　东湖高新的违约距离及违约概率

时间	DD	EDF
2008/12/31	1.75332	0.0398
2009/12/31	2.198946	0.0139
2010/12/31	1.953627	0.0254
2011/12/31	2.672255	0.0038
2012/12/31	2.787591	0.0027
2013/12/31	3.038352	0.0012
2014/12/31	3.042616	0.0012
2015/12/31	1.538875	0.0619
2016/12/31	3.25815	0.0006
2017/9/30	3.95305	0.0000

从违约概率上,除了2008—2010年以及2015年,其他年份东湖高新违约概率均低于99%,但总体违约概率均低于93%。违约概率高的时期,公司的市场资产价值也剧烈波动,两者有一定相似性。

五、实证结果分析

由于政府担保的主要是平台公司的债务,本章将该指标转换为"债务的市场价值/账面价值"($(V_A - V_E)/D$),该指标反映的是市场对于东湖高新债务的风险估量,其值越小,说明债务的市场价值越低于账面价值,该公司风险越大。将指标与政府担保联合起来的逻辑是:政府担保可以看作对债务的增信,即提高债务的市场价值,该指标越大。为了看出政府担保有何变化,将结合市场账面债务比、违约概率和违约距离三项指标，以 2014 年公布的"43 号文"为界，若 2014 年前后三项指标表现出明显不一样，则说明政府担保方面发生了相应变化。但是平台公司作为一个公司，其自身运营也有风险，2014 年前后的变化也有可能由于企业自身运营出现变化，为了避免以偏概全，先对东湖高新近 10 年的经营状况进行梳理。

结合图 9.10 来看，最大的变化是东湖高新 2012 年发行股票购买湖北路桥集团有限公司（以下简称"湖北路桥"），并依靠湖北路桥踏足工程建设板块，该板块收入突飞猛进，成为公司主营收入的主要来源。同时由于工程建设板块高负债率的特点，公司负债以及资产负债率均有明显上升。2012 年前，公司净利润很低，甚至 2008 年和 2010 年净利润为负，这解释了为何该公司 2008—2010 年东湖高新的违约概率高达 1%~3%，公司自身风险超越了政府担保的作用；2012 年后，公司运行比较平稳，发展成为了以工程建设为主，环保和科技园区为辅的业务进程，但此时以公司自身运行情况就解释不了为何公司 2015 年违约概率高达 6.2%，而这时正是政府开始严监管平台公司的开始，政府担保变化的解释在此处适用。

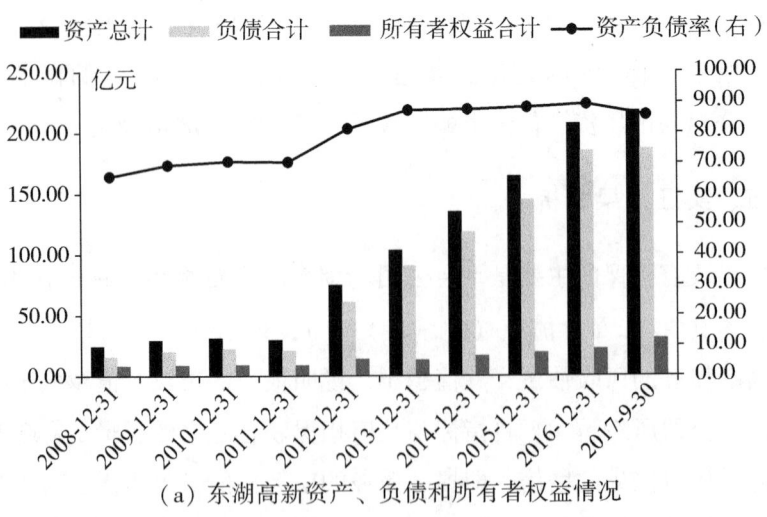

（a）东湖高新资产、负债和所有者权益情况

第四节 平台公司政府担保变化的实证分析

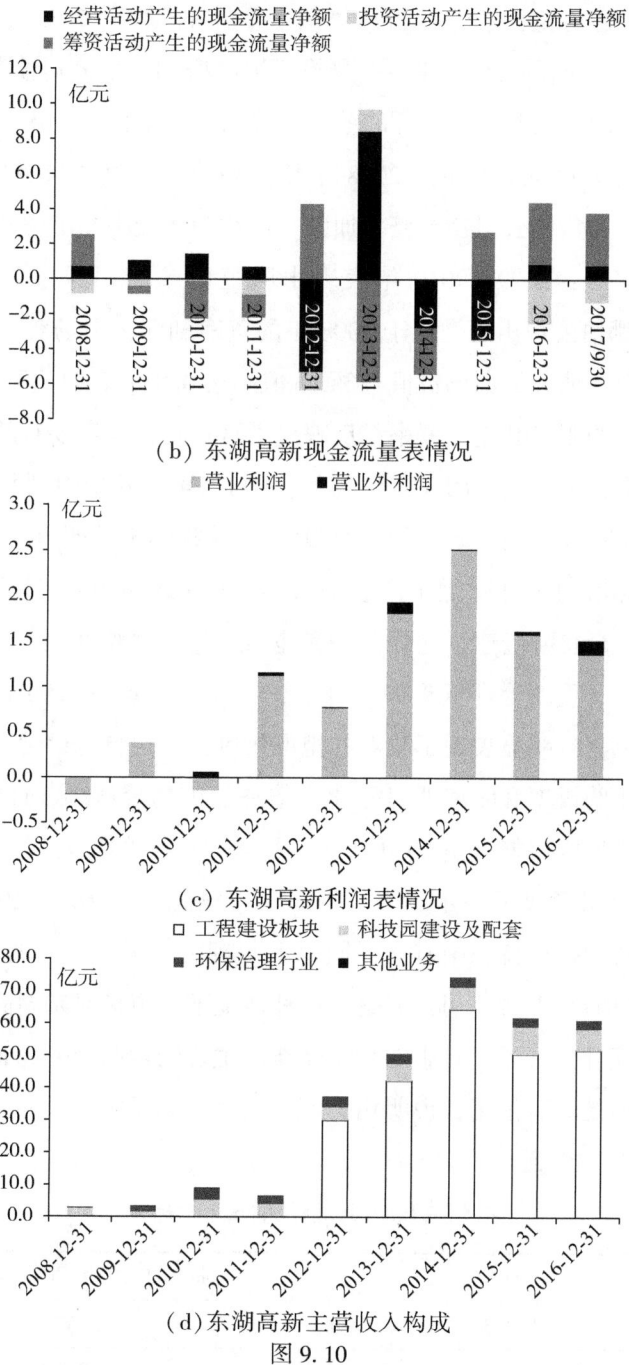

(b) 东湖高新现金流量表情况

(c) 东湖高新利润表情况

(d) 东湖高新主营收入构成

图 9.10

资料来源：Wind 资讯金融终端。

综合上述讨论，我们分析出了两个重要的时点：2012年——东湖高新购买湖北路桥；2015年——严格理清政府和平台公司债务的开始。通过对比不同阶段和三个指标的差异，找出政府担保的变化。

结合表9.11可以发现，2008年数据表现出明显的自身风险效应，公司净利润为负使公司违约概率加大，违约距离较小，市场对其债务也没有足够信心；2009—2010年表现出明显的政府担保效应，尤其是2010年，哪怕公司出现类似于2008年的负净利润，市场对其债务都有足够的信心，债务的市场价值/账面价值高达0.98；2011年公司利润结构优化，违约距离和违约概率都反映出了这一点，但市场对其债务信心却有所下降，可能的原因就是银监发〔2011〕34号开始限制平台公司融资、开始试点发行地方政府债以及2011年接连爆出的四川高速、云投、上海申弘等信用事件降低了市场信心；2012—2014年，由于公司购买湖北路桥这个良好资产，违约概率和违约距离都大幅改善，市场对公司的债务信心又重新上升至0.97水平，之后维持稳定在0.96以上；2015年的数据也具有明显表现了政府的担保效应，公司自身运营没有大的变动，但是违约概率和距离明显恶化，债务的市场价值/账面价值也小幅下跌，主要原因可能就是2014年10月"43号文"的出台对平台公司背后的政府信用形成了一定压力，带来了市场恐慌；2016—2017年，公司自身运营同样保持稳中有升，同时不断有关于平台公司的政策出台，要求剥离政府与平台公司，但是在这种情况下，市场对东湖高新的债务信心不降反升，可见此时影响东湖高新的主要因素已经变为企业自身运营情况而不是政府信用，说明相关政策确实落到了实处。

表9.11　　　　　　研究政府担保涉及的三个指标

	DD	EDF	债务的市场价值/账面价值
2008/12/31	1.7533	0.0398	0.9579
2009/12/31	2.1989	0.0139	0.9869

续表

	DD	EDF	债务的市场价值/账面价值
2010/12/31	1.9536	0.0254	0.9803
2011/12/31	2.6723	0.0038	0.9689
2012/12/31	2.7876	0.0027	0.9732
2013/12/31	3.0384	0.0012	0.9673
2014/12/31	3.0426	0.0012	0.9655
2015/12/31	1.5389	0.0619	0.9645
2016/12/31	3.2582	0.0006	0.9772
2017/9/30	3.9530	0.0000	0.9767

综上，2015年以前，市场对东湖高新的看法同时受地方政府担保和自身运营情况两者影响，而2015年后，政府担保的相关政策变动已经不会再影响东湖高新的投资人，自身运营情况成为主要影响因素，政府政策落到了实处。

第五节 政策建议及总结

一、政策建议

通过前文的实例分析，我们发现"43号文"的"剥离平台公司的政府融资功能"已经落到了实处，城投平台脱离政府信用是未来的大趋势。因此，提出以下的建议与对策：

（一）继续推进地方政府债券发行，坚持"开明渠"与"堵暗道"相结合

平台公司的出现，是由于旧预算法对地方政府发债的限制与地方政府巨大的融资需求之间的矛盾，而现在限制了地方政府通过融资平台发

债，就必须为其打开其他融资渠道，即"开明渠"。实际上，从2014年开放地方政府自发自还试点到全面开放地方政府债券，我国在不断完善地方政府债券的制度，2017年，我国开放了土地储备与高速公路专项债券，2018年棚改专项债继而开放，中国在财税体制改革方面已经迈出了较大的步伐。除此以外，地方政府也要注意"堵暗道"，防止政府担保借用其他渠道再次出现，实现城投债到地方政府债务的顺利过渡。

(二)平稳处理存量城投债，防范资金链断裂引发风险

这里的存量城投债，指的是地方政府债券置换之后的，未被纳入地方政府债务的城投债，虽然部分城投债可能被纳入地方政府或有负债，但是地方政府顶多赔偿违约部分的一半，风险仍然较大。这部分存量城投债规模巨大，由于地方政府不再为其担保，为防止城投债大面积违约，地方政府应做到不恶意拖欠平台公司项目款项（发改办财金〔2018〕194号文也曾强调），保障平台公司的收益，并在合规的范围内对平台公司有所支持，防范存量债务资金链断裂（财金〔2018〕23号也曾强调），保证存量城投债的平稳化解。

(三)加强企业经营管理，鼓励融资平台转型升级

在剥离融资平台的政府融资职能后，部分运作不规范、纯依靠政府补贴收入作为收入来源的融资平台将逐渐被淘汰，同时平台公司的业务范围将会重新划分，余下的城投公司将走向转型之路。目前来看，市场上出现的城投转型主要有以下几大方向：(1)政府注入优质资产帮助企业转型，如亳州建设投资集团有限公司；(2)发展多元业务转型，如上海张江(集团)有限公司；(3)创新融资渠道，吸引社会资本，如PPP模式；(4)剥离政府职能，成为产业经营主体，如重庆市交通旅游投资集团有限公司。另外，对于难以转型的平台公司，也需要建立完善的平台公司退出机制，保证平台公司转型的平稳过渡。另外，部分城投公司存在着管理方式落后粗放、财务状况糟糕、内部缺乏风险监督和管理机

制等问题,应该逐渐引入现代管理制度,提高公司运营效率。

(四)提高债券市场信息透明度与信用评级质量

平台公司的转型,并不意味着城投债会消失,为防止城投债出现风险,完善债券市场的信息披露制度是十分必要的。在我国发行的城投债中,投资者对于募集资金的实际用途以及项目进程的了解十分有限,以至于不能及时地掌握债券发行人的信用变动,我国应尽快出台相关的法律,保证信息及时、准确和完整。另外,评级信息作为我国债券投资者掌握的少量公开信息之一,应尽量做到公正公开。但是我国缺乏一套科学有效的信用评级标准,不同的评级公司给出不一样的评级容易混淆投资者。因此,我国评级机构应尽量做到客观公正,尽量统一评级标准。

二、总结

基于平台公司以往的相关研究,找到以往研究的两大不足:(1)未分析最新政策,(2)未分析清楚政府如何担保平台公司,并从该两大不足入手,梳理了城投债的发展情况和政策变动,并总结了平台公司可能有哪些风险,之后重点详述了过去政府如何担保城投平台以及现在还可以通过哪些方式对城投公司进行担保。然后,结合东湖高新的实例,运用 KMV 模型验证政府担保变化,最后得到结论:"43 号文"后,东湖高新已经基本脱离政府信用,说明"剥离平台公司的政府融资职能"落到了实处。最后,本章基于前文得到的结论,对平台公司发展提出了一定建议。目前政府置换债券已进入最后阶段,未纳入地方政府债务的存量城投债规模巨大,2018 年将会出台更多的政策规范城投债的发展,具体如何实现存量城投债的平稳处理还有待具体政策的出台。

第十章　中国主权信用风险监测与宏观经济资本管理研究

主权信用风险按照通常的理解指的是一个国家由于违约引起的风险。在欧美主权债务危机中，主权信用风险是暴露出的最主要的金融风险，特别是希腊等国已经产生了实质上的债券违约事件，更加深刻地暴露出了主权信用风险的问题。从这个角度来说，主权信用风险的防控是未来一个阶段世界各国所要面对的重要问题。站在中国的角度来看，我国拥有大量的外汇储备，同时对外的负债水平较低，短期内基本上不会出现国家信用问题，但是仍然有必要对我国信用风险的检测体系进行研究。在宏观金融工程框架下，对于信用风险的分析有别于传统的微观信用风险分析，而是立足于资产负债表方法，通过编制一个国家的公共部门资产负债表和国家资产负债表，来实现对信用风险的监控，同时运用经济资本方法，进行宏观经济资本管理。

第一节　主权信用风险管理相关文献综述

本章的研究思路是采用宏观资产负债表方法，通过资产负债表来度量国家的信用风险，并在此基础之上运用宏观经济资本方法，对我国的经济资本进行管理。所以，在文献综述上，主要对主权信用风险的定义、度量与经济资本进行综述。

一、主权信用风险的内涵

主权信用风险是宏观金融风险的一种具体体现形式,指的是在一个国家之内有可能出现的金融风险。George Allayannis、Gregory W. Brown 和 Leora F. Klapper(2003)认为主权信用风险与资本结构有较大的联系,通过对一国非金融企业的实证发现,随着资本市场的发展,债券市场和股权市场都日益全球化,资本市场的异常很可能造成一国系统性风险的产生。Raghuram G. Rajan(2005)认为随着金融市场的发展,主权信用风险呈现增大的趋势。使用得当的货币政策以及审慎监管,就有可能通过市场来消除信息不对称,从而降低金融风险。Andrei A. Levchenko、Romain Rancière 和 Mathias Thoenig(2009)通过对多个国家进行实证分析,发现一国的金融自由化进程对经济增长有着较大的影响,从而能够与一国的宏观金融风险发生关联。李翀(2000)认为主权信用风险主要来源于一国外部,其主要表现为一国在受到国外投资者冲击时爆发金融危机的可能性。王硕平(2000)认为主权信用风险是一个整体,其中的构成因素是相互作用、相互影响的。张亦春、许文彬(2002)认为主权信用风险的引发来自于信息缺陷造成的不确定性,分工则是产生私人信息的主要途径。杨健(2002)认为主权信用风险表现为金融资产价格下降、货币恶性贬值、企业资金链大规模断裂以及大批金融机构倒闭。阎坤、陈新平(2004)认为主权信用风险有财政化趋势,金融业是潜在债务的主要来源,而债务是财政风险的主要形式,财政化是我国化解金融风险的主要形式。黄宗远(2005)认为主权信用风险既可能起源于境外投资者的冲击(外部因素),也可能起源于一国经济体系的严重失衡(内部原因),后果是对全国性金融体系产生破坏性的影响。朱晓丹(2007)认为中国主权信用风险主要表现在以下四个方面:银行体系风险、资本市场风险、资本流动性风险以及政府赤字和债务风险。商瑾(2012)认为主权信用风险与国家财政风险之间有着联动关系,通过建立金融风险与财政风险联动机制的博弈模型,可以说明我国金融风险与财政风险之间的转化过程。

二、主权信用风险的度量

金融风险度量方法有很多，Alfred Lehar(2003)使用风险管理法来分析银行的系统性金融风险，其方法主要过程是首先设定有关银行系统性金融风险的临界值，接着通过采用极大似然法来估计资产的收益和风险指标，利用蒙特卡洛模拟法得到期权定价模型中的参数值，最后计算得出风险发生的概率。宫晓琳(2011)系统性地论述了金融网络模型与或有权益分析法(CCA)，编制了我国分部门的风险财务报表，定量分析了我国宏观金融风险的大小，并使用因素分析法，探讨了我国宏观金融风险的主要来源以及演变的非线性机制。宫晓琳(2012)在收集整理我国资产负债表的基础上，编制了各部门的资产负债表，采用或有权益分析法(CCA)对我国宏观金融风险进行度量，同时针对2008年全球金融危机分析了负面冲击对我国宏观金融风险的影响，证明了我国宏观金融风险变化的急剧性。宫晓琳(2012)通过深入研究资产负债表的风险传导渠道，分析风险传导过程中金融资产市场价值的变化情况，来判定宏观金融风险的大小，并利用实证分析考察了一国从受到负面冲击到最终金融风险扩散到国民经济各部门的全过程。宫晓琳(2013)沿用了之前研究所采用的或有权益分析方法，采用2000—2008年的宏观金融数据，建立违约距离(DD)、违约概率(PD)和预期损失净现值(EL)等一系列风险指标，以改变以往研究单因子分析的局面，通过考察风险指标在多重因素下的作用和演变情况，来演示宏观金融风险的扩大和传染过程。赵丽琴(2009)详细讨论了Copula函数在风险度量中的应用，得到各种微观金融风险的分布函数，在此方法下进行实证研究并应用于金融危机传导方面的分析。靳玉英和周兵(2013)针对新兴市场国家，基于12年的月度数据，采用金融压力指数和面板模型探讨了金融风险的传导性，结论说明新兴市场金融风险普遍存在显著的传导性，同时金融风险的传导性在危机时期较大，在经济金融稳定时期并不明显。

三、宏观经济资本

经济资本最早产生并应用于企业的经营管理中,近十几年来西方国家商业银行开始引入并实践经济资本管理,并把经济资本从抽象概念进化为具体、可量化、可操作的管理体系,成为商业银行风险管理实践中的新的风险管理手段。它通过对风险的资本化,实现了对风险的全面度量和管理,其应用越来越广泛,成为银行业普遍接受的风险管理模式。经济资本管理是商业银行风险管理的前沿理论,代表了未来银行风险和价值管理的核心。经济资本管理具有降低银行总体风险,优化资产结构,促进银行战略经营管理,促进银行建立更加科学合理的绩效考核体系等诸多优点。

(一)经济资本理论研究

在经济资本理论研究方面,David Rowe(2004)分析了新巴塞尔协议与经济资本的关系,指出为了评估和管理风险,商业银行必须有效地决定适合的资本量来化解各种非预期损失,包括信用风险、市场风险和操作风险,此外,各类业务活动利润评估必须同能够抵御风险的资本联系起来。Walter S. John(2004)介绍了经济资本的发展历程,介绍了经济资本、RAROC 等概念。

国内在此方面的研究也较多,章彰(2002)认为经济资本是由银行的管理层内部评估而产生的配置给资产或某项业务用以减缓资本冲击的资本,从理论上讲,银行内部分配的经济资本应该涵盖银行面临的所有风险,分配经济资本的目标是使非预期损失耗尽经济资本的概率低于事先设定的水平,例如:配置信用风险经济资本的体系建立在银行信用风险损失概率密度函数基础之上;文章还研究了美国大银行在经济资本方面的做法,对我国建立信用风险模型有一定的借鉴意义。闫龙光(2003)详细区分了账面资本、监管资本和经济资本的区别。认为由于有关各方的利益或代表利益不同,对银行所持资本的目标也不同,从银行机构自身角度出发，存在一个符合市场要求的理想的资本结构目标，即经济资本，而从社会福利改进的角度观察，存在一个使社会福利最大化的最适资本水平。监管者按照巴塞尔协议，要求银行机构持有一个最小资本。从银行监管目标看，最终要实现三种资本目标的统一，即使社会利益最大化的最适资本目标。账面资本、监管资本、经济资本概念代表三种不同的资本目标，对监管者而言，对这三种不同资本目标的混淆，就意味着不能达到最优的监管效果。陆晓明（2004）从银行资本增值保值的角度出发，认为经济资本是一个经济学概念，它是商业银行实际需要的资本，是银行计量风险、衡量业绩、制定战略、计划业务、计算和配置资本的管理系统，它的主要功能是防御风险和创造价值。武剑（2004）认为经济资本是一种虚拟资本，与银行的非预期损失等额。经济资本并不是真实的银行资本，它是一个"计算出来的"数字，在数额上与非预期损失相等，其计算公式为：经济资本＝信用风险非预期损失＋市场风险非预期损失＋操作风险非预期损失－重叠计算损失。

（二）经济资本计量研究

在经济资本计量方面，Jeremy Scott（2002）认为对经济资本进行计量时，要量化一段时间内与管理无关的潜在风险及可能性，同时考虑股东风险偏好，进而决定是否从事高风险高回报的项目，经济资本的主要决定因素包括：信用风险、市场风险、操作风险及流动性风险等。Araten、Michel（2004）分析了现有经济资本计量中存在的问题，分析了影响经济资本计量模型的因素和关于模型结构存在的问题。我国对这方面的主要研究有：赵先信（2004）、刘建德（2004）认为简单的做法是将信用风险、市场风险、操作风险的经济资本简单相加，这样做等于假设三类风险是完全正相关的。这是由于很难确切估计不同风险之间的相关性，简单相加是比较现实可行的办法，也是不得不做的妥协，因为为了获取相关性数据的投入与由此带来的收益可能是得不偿失的。郭战琴、周宗放（2004）讨论了VaR方法在银行配置风险资本中的应用，分别基于贷款价值服从不同分布的情况进行讨论并给出针对内部评级法的算例。杨晓东(2004)介绍了内部评级法的风险要素、核心计算及具体应用和最低要求。刘莉亚、邓云胜(2004)分析了进行内部等级评定时所采用的方法,对比了专家判断法、模型法和一些基于专家判断法的其他方法,并重点剖析了不同的模型法在估计违约概率 PD 与违约损失率 LGD 时所表现出的不同特征。

国内外对经济资本的计量中最重要的计量方法——VaR 法的研究较多。VaR 方法最初由 Baumol(1963)首次引入"均值—下置信限"的组合选择标准,目的是要对 Markowitz(1952)的均值—方差组合选择理论进行改进。1993 年,由 G30(Group of Thirty)支持的"全球衍生工具研究小组"(the Global Derivatives Study Group)在他们出版的《衍生证券的实际操作及其原理介绍》一书中提出交易商要用 VaR 方法度量金融工具的头寸风险。J. P. Morgan(1994)银行发表了基于 VaR 方法的 RiskMetrics 市场风险管理系统,迅速得到市场认可和推崇。1996 年巴塞尔委员会发表了《在资本协议中加入市场风险的补充规定》,在市场风险计量方法上,该补充规定允许在标准法和内部模型法(VaR 方法)之间选择,此后 VaR 方法在银行和其他金融机构中被广泛应用于对市场风险的测量。Jorion(1997)给出了 VaR 明确的统计定义及主要的计算方法,主要包括解析形式的 VaR (Closed Form VaR)、蒙特卡罗模拟 VaR (Monte Carlo VaR)、历史模拟 VaR (Historical VaR)等。针对 VaR 计算,学者们进行了大量的研究,并引入极值理论、混合分布等来解决资产收益分布或损失分布中的肥尾现象。P. Penza 和 V. K. Bansal 由浅入深地介绍了 VaR 测算方法,基本上涵盖了所有重要的问题(统计的、金融的、监管的),书中讨论了市场风险度量对银行而言日益重要的原因,VaR 模型的统计学基础,单个资产 VaR 的计算技术和用于测算资产组合 VaR 的模型分析。Zaik(1996)对信用风险及市场风险的经济资本计量的 VaR 法进行了研究。Kupiec、Paul(2004)对信用风险和市场风险的经济资本评估进行了论述,文章指出 VaR 模型经常被用作经济资本分析,不过

VaR 分析并不能解释资金的时间价值或公司债务信用风险所要求的风险溢价，这会导致对经济资本评价的偏差。David R. Koenig(2004)介绍了市场风险经济资本的标准法和内部模型法，并进行了应用举例。Michael Pykhtin(2004)详细介绍了资产证券经济资本的 PYKHTIN-DEV 模型和 GORDY-JONES 模型及这两个模型在巴塞尔协议中的应用。

国内对于 VaR 的研究，在逐步引进介绍有关 VaR 的各种模型技术的同时，部分学者也对 VaR 进行了适当的理论研究，有代表性的如王春峰等(2000)提出的基于马尔可夫链的蒙特卡罗模拟方法。在 VaR 的应用领域，国内一些金融机构特别是证券投资基金，已经逐步开始使用 VaR 度量市场风险，进行资产优化配置；一些金融软件开发商也将 VaR 计算方法内嵌于风险管理软件，但由于国内金融市场欠发达以及风险意识不足等客观因素的阻碍，VaR 方法在国内尚未得到广泛的应用。

(三)经济资本的应用研究

在经济资本应用方面的研究最早可以追溯到 Merton 和 Perold (1993)提出以"边际风险资本"(Marginal Risk Capital)进行银行经济资本分配，决定是否开展或取消一项业务。James(1996)和 Matten(2000)提出了经济资本分配和基于风险调整的绩效评估体系。在以资本分配和绩效评估为主要目的的经济资本框架中，RAROC 是一个核心的关键概念。Walter、John S(2004)对信用风险、市场风险、国家风险的经济资本进行了研究，并进一步分析了美洲银行的经济资本、绩效评价和资本充足性案例，介绍了美洲银行的经济资本体系和公司绩效评价的度量系统，及构建经济资本框架的基本原则和风险来源。Guill、D. Gene (2004)在2004年的风险研究年会上介绍了银行经济资本的实施实践情况，阐明了经济资本对银行资本管理的重要性、经济资本的影响因素等。David Rowe(2004)认为确定经济资本的挑战来自于银行面临的各种风险具有不同的特性，需要用不同的方法进行度量，难以用一个尺度进行衡量；从实施的角度来看，经济资本体系暗示着挑战，它需要建造充分的数据结构和辅助技术并掌握文化观念差异；满足新巴塞尔协议资本要求和构建一个经济资本分析系统是同一个硬币的两个面，不应该分割开来看待。

国内关于经济资本的应用方面，主要集中于简单介绍国际先进理论方法。有代表性的有：王春峰(2001)详细介绍了风险调整的绩效评估与资本分配之间的关系。刘建德(2004)认为在风险管理实践中，经济资本体系的使用越来越广泛，通过该体系，金融机构可以量化所面对的风险，并计算抵御该风险所需的资本。经济资本概念的提出有助于金融机构在制订未来战略计划时考虑风险成本，并在风险定价和资本分配等方面制定相应的政策。经济资本也能够帮助金融机构量化自身的风险偏好，以确保它们有足够的资本来减缓风险的冲击，在实现股东利益最大化的同时满足监管的要求。张恩赵(2004)指出为了充分发挥资本对业务发展的控制作用和对风险资产的约束作用，指导信贷资源的有效配置，应编制经济资本预算，并分配经济资本，强化对风险资产的总量的约束，以经济资本作为资产业务计划编制的先行指标和核心指标。赵胜来、余仁巍、农卫东(2005)对荷兰银行经济资本管理体系进行了介绍，指出为了实现经济资本的优化配置，商业银行必须完成经济资本度量和配置这两项。武剑(2004)指出经济资本是内部绩效考核的重要依据，在经济资本分配的基础上，通过资本利润率指标对各部门、分航和各项业务的评价，既考察了其盈利能力，又充分考虑了该盈利能力背后承担的风险。主要的考核指标是 RAROC，只有当各业务部门达到 RAROC 相同，经济资本配置才能达到最优化，否则 RAROC 低的业务部门就应该改善自己的经营水平。武剑还在他的文章中详细介绍了经济资本配置的三种方法——预期损失分配法、损失变化分配法和资本增量分配法。

第二节 基于资产负债表方法的主权信用风险度量

最近发生的货币和金融危机与以往的货币危机相比在许多方面都有

其独特性质：首先，发生金融危机的国家从产生危机到爆发危机的间隔时间非常短暂，而且需要融资的金额达到空前的规模；其次，危机发生的原因不仅仅是发生危机的国家对境外债权者的支付困难，更深层次的原因还在于发生危机的国家内的企业、银行以及家庭部门出了问题；最后，危机发生的规模和速度都史无前例，发生危机国家的经济情况急转直下，症状非常明显——大量资本外流和持续性的本币贬值。对于这样一种新型的金融危机模式，不同于以往的资本账户的危机，需要一种新的理论框架来解释，政策制定者也需要一种新的方法来防范和应对这样一种危机模式。

　　国家资产负债表是一个衡量国家金融脆弱性的重要手段。国家资产负债表的构成可以决定一个国家是否能够有效地隔离全球经济波动对其造成的影响，也反映了一个国家宏观经济政策的有效性。不同于传统的宏观经济学使用流量指标（例如使用经常账户和财政收支表中的指标）来分析货币危机，资产负债表分析方法使用存量指标（顾名思义，使用资产负债表中的指标，当然都是存量指标）来分析金融危机。关于金融危机，我们这里稍加定义，根据 Gold Smith 的解释，金融危机是全部或大部分金融指标（短期利率、资产、价格、商业破产数等）的急剧、短暂和超周期的恶化，但我们这里使用 Allen 的定义，金融危机是债权者对整个国家包括其中的企业、银行等部门的偿债能力失去信心而造成的对该国资产需求的急剧减少。可以看出，Gold Smith 的定义偏重于金融危机爆发时的症状描述，而 Allen 的定义偏重于对金融危机爆发原因的阐述，之所以使用 Allen 的定义，主要是符合资产负债表方法的分析需要。运用资产负债表方法来分析金融危机问题有两点优势：第一，根据我们对于金融危机的定义，实际上金融危机的爆发是一个投资者对一国金融资产存量的持有意愿问题，一旦投资者失去信心，不论是由于一国经济的基本面问题还是心理因素问题，伴随而来的就是一系列的金融危机症状——大量资本流出、本币贬值、经常账户顺差、经济衰退。第二，一国经济的复苏或者摆脱金融危机的能力主要取决于国家资产负债表的构成,即该国资产和债务的存量。国家总资产负债表中的外债和持有的短期对外资产对于一国的金融稳定性至关重要,同样经济体的微观组成部分——银行、企业、政府的资产负债表对于我们分析金融危机的起源、传导有着更加重要的作用。

一、资产负债表方法

(一)货币金融危机模型简单回顾

首先我们回顾一下历代货币金融危机模型:20 世纪 90 年代的第一代货币危机模型,主要是从宏观经济学的角度出发,认为货币危机的爆发主要是由于过度财政赤字导致的外汇储备大量流失造成的固定汇率制度的失守(Krugman,1979;Flood 和 Garber,1984)。1992 年的汇率制度危机和 1994—1995 年的墨西哥金融危机导致第二代货币危机模型的产生,将危机的爆发主要解释为内生的政策变量的反应,即预测政府在贬值的成本和收益之间权衡结果。这也成了二代模型的一大特点,即货币危机成为一个"自我实现"的过程,即使一国经济在基本面上没有什么问题,国际投资者也有可能在对政府预期的情况下对其发动投机攻击(Obstfeld,1994)。1997—1998 年爆发的亚洲金融危机则说明一国的企业、银行和住户部门构成的私人部门的问题是金融危机的根源,而不是一代模型中所说的财政赤字问题。亚洲金融危机说明了 20 世纪 90 年代后期发生的金融危机都是由于资本账户的忽然和急剧的变动造成的,而不是传统观点认为的经常账户不平衡造成的。第三代货币和金融危机模型主要是基于资产负债表分析方法来解释资本账户的变动如何导致货币和金融危机的爆发(Dornbusch,2001)。关于三代模型的文献,主要是从以下三个方面展开:第一个方面,强调资产负债表的脆弱性主要是由于微观经济影响的。比较著名的观点就是政府对银行部门隐含的担保导致银行部门的过度借贷,最后导致道德风险的加剧(Krugman,1999)。第二个方面主要从货币错配导致的资产负债表的不平衡来研究,这方面的研究强调在拥有大量外债的国家(即存在严重货币错配的国家)一旦发生严重的货币贬值将会降低该国偿还外债的能力,这样会限制外资的流入继而导致投资和产出的减少。关于资产负债表方法第三个方面的研究比较接近二代模型,强调自我实现的银行和货币危机。它们的核心思想主要就是上章我们提到的金融加速器模型,具体研究从以下几个方面展开:一个观点是从货币贬值和银行资产负债表恶化之间的关系出发说明危机的自我实现过程;另外一个思路是从政策手段出发强调外部融资可以解决这样的流动性冲击;最后一个研究方面是分析比较这种冲击对固定汇率制和浮动汇率制的影响,得出固定汇率制在这种冲击下受到更大的损失的结论。

(二)部门资产负债表和总资产负债表

一个经济体可以看成是其部门资产负债表组成的一个系统。不同于传统的经济分析,主要侧重于某一段时间内的流量分析,例如:年产出、经常账户收支表或投资增量等指标,资产负债表方法分析侧重于某一时点上存量的资产和负债指标的分析,例如:债务、外汇储备、贷款额、年底存货等。很明显,这两种方法是有内在联系的,两期存量指标的差就是这一期的流量指标。

我们将一个经济体分成主要的几个部门,每个部门都有其各自的资产负债表。我们将这几个部门主要划分为:公共部门(包括中央银行和政府)、企业部门、银行部门、家庭部门。每个部门相互间都有债权和债务的互相持有,也包括它们对国外的债权和债务。但是当将它们合成国家资产负债表的时候,本国内的债权和债务头寸被抵消了,仅仅剩下非家庭部门的对外资产负债表,这在上一节中已经有详细的介绍了。部门资产负债表提供了隐藏在国家资产负债表背后的更多信息。国家资产负债表可以显示面对外部冲击时潜在的危机爆发程度,但是不能解释如何导致这种危机产生。某一部门资产负债表的脆弱可能导致整个国家的危机产生,尽管这种风险并没有在国家资产负债表中反映出来,一个重要的例子就是家庭部门间的外币债务。

(三)"四个错配"分析

当衡量资产负债表脆弱性时,有四种风险也称为四种错配值得我们注意:期限错配、货币错配、资本结构错配、清偿力风险。期限和货币错配导致产生某种风险敞口,例如我们非常熟悉的期限错配导致利率风险敞口,货币错配导致汇率风险敞口;资本结构错配主要指资产负债表中债务和股权融资的比率关系,这种结构性错配将会导致一个国家抵御其他风险造成损失的能力。以上这三种错配最终会导致一个国家清偿力问题的出现,当然清偿力风险不仅仅是由这三种错配引起的。下面我们来分别说明这四种错配:

1. 期限错配风险

期限错配是由于资产长期性和债务短期性的特点造成的,期限错配导致两种风险的产生:第一种是可能导致债务展期风险,即无法通过债务展期来偿还上笔债务,而必须使用现金偿还。第二种是产生利率风险,即债务者承担的利息支付由于利率变动而增加的风险。对于金融部门这样一种借短放长的部门,这种利率风险尤为明显,短期债务与市场利率紧密相连,而长期投资的资产收益率可能为固定,在市场利率上升的条件下,融资成本变高,而相应收益并没有得到提高,这样就导致了金融部门资产收益的减少。这种情况无论是对本币资产债务还是外币资产债务都同样适用。例如,一个债务者的短期外币债务超过了其流动性外币资产,尽管总的外币债务可能等于总外币资产,但是期限错配依然存在。

期限错配在当今的金融危机中扮演着非常重要的作用。在大多数情况下,期限错配表现为一种展期风险,即一国的短期外债远远大于其外汇储备,这种短期的外债压力在某些国家是短期政府债务形成的,例如,墨西哥、俄罗斯、土耳其、阿根廷等国家,在另外一些国家,这种压力是银行系统造成的,例如在韩国、泰国、巴西等国家。在俄罗斯、土耳其、巴西、阿根廷等国家，我们可以明显看到危机发生前政府短期债券的利率急速上升，反映出这些国家即将发生债务违约的可能性。

2. 货币错配风险

货币错配的风险是资产和负债所使用的货币不一致所导致的。例如，债务是外币标识的，而资产主要是本币标识的，这种情况下，本币无论是名义价值还是实际价值，一旦发生严重贬值将会导致本国资产的严重损失，因为名义外币资产不变，而本币贬值，那么偿还相同本金的外币债务需要付出的本币更多了。这种货币错配风险在新兴市场经济中更为明显，因为新兴市场中的机构——公共部门、企业和银行——经常不能从非居民部门甚至居民手中借到本币资金。因此为了获得投资资金，新兴市场经济国家必须承担货币错配风险，而且任何一个部门想要规避掉本部门的货币错配风险只会将这种风险传导到该国的其他部门中去。举个例子说明，如果银行部门借入了大量外币，然后将这些外币贷给了企业部门，那么从银行的资产负债表上来看，它的货币风险已被降低，但是企业部门的货币错配风险增加了，特别是当借入外币资产的企业不是一个大量的净出口商的话，一旦本币贬值，这个企业很有可能偿还不起银行的贷款。

对于净外债国家来说，本币贬值的直接影响就是一种财富效应，因为相对于资产来说，债务规模变得太大了。更进一步说，货币错配可以导致资本流动最后给国家的外汇储备以压力。为了避免贬值给净外债国带来的不利影响，通常这样的债务国都会选择买入更多的外币资产，这也就是为什么债务国在钉住汇率制崩溃前后，对保值工具有一个非常强烈的需求。

几乎所有最近发生的金融危机都与货币错配有关系。在墨西哥、巴西、土耳其、阿根廷和俄罗斯，政府部门的货币错配很严重；在韩国、泰国、印度尼西亚，金融、企业和家庭部门的货币错配非常严重。在这些发生严重金融危机的国家，固定汇率制通常被认为是造成大量货币错配风险累积的一个重要原因。

3. 资本结构错配

资本结构错配所导致的风险来自于过分依赖债务融资,股东权益是吸收损失的最后一道防线,是防止企业破产的缓冲器。在公司金融中,我们使用成本-收益方法详细比较过股权融资和债权融资的优劣,我们这里主要强调债权融资的风险更大:股权融资的成本是状态变量,也就是说在企业表现不好时,股息支付可以减少,而无论企业经营是否良好,债权融资成本不变,因为利息在债券融资之前就已经确定好了,那么在企业经营不佳时,债务成本会给企业带来雪上加霜的影响。所以过度依赖债权融资,特别是短期债务融资,不仅会导致资本结构错配,也会造成期限错配。其实,资本结构错配可能就是由于错误的公司治理方法、税收政策、监管导向等多方面因素造成的。

韩国和泰国的金融危机就是过分依赖债权融资的典型例子。韩国政府在1997年以前严格限制境外直接投资,而鼓励外资以债务的形式进入;在泰国,税收政策严重地偏向了债务融资。这样导致在这两个国家,资产负债比率居高不下,特别是在危机爆发前。在银行和金融部门中,资本结构错配表现为资本充足率严重不足,远远低于巴塞尔资本协议规定的8%的要求。这样,当流动性风险和货币错配风险袭来时——这种风险可以表现为资产市场价值的下跌,贷款的呆账增加,外币头寸的损失,存款减少等——用于吸收这些损失的资本非常有限,银行破产的概率大大上升。

4. 清偿力风险

清偿力风险指的就是企业的资产不足以偿付债务时的风险,也就是说企业净值可能为负的风险,即信用风险。清偿力风险与期限错配、货币错配、资本结构错配都有关,这三种形式的错配均会影响企业的清偿力。所以,以上三种错配所包括的原因分析和应对措施都对降低清偿力风险有效。企业应加强自身风险意识,在平时的经营活动中,从资产负债表分析入手,加强资产负债管理,避免出现资不抵债的局面。虽然清偿力风险的产生与期限错配、货币错配、资本结构错配三者都有关,但它也可能产生于企业借债过多或将资金投资于低收益率的资产。所以，企业的清偿力出现问题可能来自于不同的原因。

(四)资产负债表所体现的存量分析

资产负债表是反映企业某一特定日期资产、负债、所有者权益等财务状况的会计报表，在宏观金融风险的分析框架中，我们定义国家资产负债表是反映一个国家在某一特定日期资产、负债、所有者权益等财务状况的会计报表，无论是在微观层面还是宏观层面，资产负债表反映的都是经济主体在某一特定日期的资产、负债以及所有者权益的存量。具体到国家的各个部门，我们可以分别针对公共部门、金融部门、企业部门和家庭部门的资产负债表进行存量分析。

公共部门包括政府和中央银行，其资产负债表中资产方的存量指标包括国际储备、税收和收入的现值和其他公共资产(公共股权、土地、矿产资源、货币发行垄断的价值)，权益方的存量指标包括政府支出现值(包括担保和社会保险等)、本币债务、外币债务、金融担保、基础货币。对公共部门资产负债表的存量分析主要是针对其国际储备和外债之间的关系，识别出公共部门与债务相关的脆弱性。如 Allen(2004)分析了阿根廷、乌拉圭、土耳其、巴西、秘鲁和黎巴嫩等新兴国家的公共部门、金融部门和非金融私有部门的资产负债表，识别出其中与债务相关的脆弱性。

资产负债表所体现的流量分析主要体现为两张资产负债表之差，具体包括两个方面，其一是两个不同时点资产负债表之差，这是损益表所体现的内容，如公共部门国际储备的增量、税收和收入的现值的增量、金融部门贷款的增量、存款负债的增量等；其二是在同一时点上账面价值的资产负债表和市场价值的资产负债表之差，账面价值的资产负债表只反映资产、负债的历史状况，市场价值的资产负债表将每天的市场信息反映到资产负债表中，这体现出对损益的预测，这种预测分为两种情况，一种是正的预测，即出现收益的预测，另一种是负的预测，即发生损失的预测，我们关心的是负的预测，即资产负债价值的下降所引发风险的大小。总而言之，用资产负债表方法对宏观金融风险进行分析，反映了对流量的预期，使静态方法动态化了。

尽管资产负债表方法将分析的重点集中在资产和负债的存量上，但这种方法仍然体现了存量分析与流量分析的关系。第一，资产或负债的存量和过去流量累计的结果；第二，我们运用资产表方法得到部门或国家的清偿能力是通过将将来现金流的现值与当前债务存量的大小进行比较得到的；第三，在进行金融危机的分析中，我们将存量指标和流量指标有机地结合在一起。但资产负债表方法在分析的角度上与传统的流量分析存在着显著的不同，这主要体现在：第一，我们运用不同资产负债表的对比来研究流量的变化；第二，运用资产负债表方法，我们可以发现危机过程中资产价格的"超调"效应；第三，通过分析资产负债表效应分析总供给和总需求的影响因素；第四，资产负债表方法能够很好地刻画风险在部门间的传导。

二、或有权益方法

编制经济价值资产负债表需要获取资产和负债的市场价值，一般而言，可以通过直接观察法和未来现金流折现法来得到。但由于部分资产项没有可以观察到的市场价格，另一方面其未来现金流也难以确定，如财政净资产，因此使用直接观察法和未来现金流折现法编制经济价值资产负债表存在局限性。或有权益方法通过使用权益项的市场信息得到资产的市场价值，可以解决资产项的经济价值决定问题。

（一）或有权益资产负债表分析方法的提出

Gray 和 Merton 等(2002，2006)把或有权益方法和资产负债表分析结合起来，将市场信息反映到资产负债表中，提出了或有权益资产负债表分析框架，从而使资产负债表分析具有前瞻性的特征。基本思想是将部门资产负债表中的债务和股权视为资产的看跌期权和看涨期权，然后以期权定价公式为基础，使用债务和股权的市场价值获得资产市场价值，最后将资产和负债合并来编制经济价值资产负债表。就宏观金融风险的或有权益资产负债表方法而言，首先使用或有权益方法构造部门和总体的经济价值资产负债表，将市场信息和资产负债表信息转化为违约距离和违约概率等风险指标，然后使用有关风险指标度量金融体系的风险和脆弱性。在研究风险在部门间传递方面，将部门间债权和股权关系视为期权进行定价，通过期权价值的变化来反映部门间风险的传递状况。相对于 Allen 和 Rosenberg 等(2002)提出的资产负债表分析，或有权益资产负债表分析方法有三个方面的重要发展，其一为将资产负债表分析建立在历史信息和市场信息相结合的基础上。其二为构造反映部门和整体的风险指标，如违约距离、违约概率和信用溢价及在险值(VaR)等，从而将资产负债表的结构性分析转化为金融风险的识别和度量问题，使资产负债表方法实现了从对金融危机的分析向宏观金融风险分析转变。其三为运用期权定价方法，使部门间风险传递机制研究向定量分析转变。

Gapen 和 Gray 等(2005)扩展了或有权益资产负债表方法，在构造反映部门脆弱性的违约距离、违约距离、信用溢价指标后，使用情景分析、压力测试和蒙特卡罗模拟来研究外部冲击对有关指标的影响。Chan-Lau 和 Jobert 等(2004)、Chan-Lau 和 Gravelle(2005)对或有权益资产负债表分析中的有关假设和所使用的风险指标进行了调整和修正。Chan-Lau 和 Jobert 等(2004)认为违约距离可以提前九个月反映银行信用状况的变化，但违约距离作为风险中性指标有难以映射到实际违约概率的问题。Chan-Lau 和 Gravelle(2005)对或有权益方法的假设进行修正，提出了两阶段的分析方法和预期违约数量(END)指标，其中第一阶段使用考虑跳跃因素的随机过程作为基础估计违约概率，第二阶段使用主成分分析构造预期违约数量(END)来反映部门脆弱性。

(二)使用或有权益资产负债表进行部门和国家的风险分析

Gapen 和 Gray 等(2004)检验了或有权益资产负债表方法识别企业

部门和整体金融脆弱性的能力。通过对泰国1997年和巴西2002年部门风险状况进行研究,认为或有权益资产负债表方法可以识别企业部门脆弱性,并对风险在部门间的传递进行评价。Yu和Fung(2005)对香港地区非金融类上市公司的脆弱性进行分析。Jan Willem van den End和Tabbae(2005)使用或有权益资产负债表方法分析了荷兰的金融稳定性,表明违约概率和违约损失可以用来评价金融稳定性,并且提出部门和整体的违约损失可以反映维持稳定所需支付的成本。IMF(2006)对印度尼西亚公共部门和银行部门的风险进行了分析,从违约概率来看,公共部门和金融部门风险状况自2001年中期以来持续得到改善。对于2006年5月发生的全球金融市场动荡,违约概率和信用溢价有小幅上升,表明有关的风险指标对市场波动比较敏感。

(三)或有权益资产负债表分析的核心问题

1. 确定企业股权价值与资产价值的关系

Black-Scholes(1973)在期权定价公式的应用中指出,在给定条件下,企业的股权可以看成一个看涨期权。考虑一家企业通过发行普通股票和纯贴现债券筹集资金形成资产,债券的期限为10年,到期一次还本付息,不包含任何其他特殊条款。假定该企业在10年后将其所有资产卖出用于偿还债务及利息,如果还有剩余,将其剩余资产以红利的方式向股东进行支付。在这些假定条件下,该企业的股东相当于拥有一个以该企业总资产为标的资产,以债券面值为执行价格,期限为10年的欧式看涨期权。事实上,债权人拥有企业的资产,他们给了股东买回资产的权利。该企业普通股在第10年底的价值将等于企业总资产的价值减去债券面值的差(如果该差大于零,即剩余所偿权)或者等于零(如果该差小于零,即有限责任)。而符合此现金流特征的金融工具恰恰是欧式看涨期权。

2. 确定企业债权价值与资产价值的关系

Merton(1974)从本质上研究了企业风险债务的价值问题。他指出,企业债务的价值从根本上取决于三个因素：一是无风险债务（政府债券或高级别企业债券）所要求的回报率；二是债券所包含的限制条款（如到期日、息票率、是否能赎回等）；三是企业不能满足这些限制条款的概率（即违约概率）。前两个因素往往与特定企业无关，真正影响企业风险债券价值的是其违约概率的变化。沿着这一思路，Merton（1974）运用 Black-Scholes（1973）的思想解决了企业风险债务定价的问题。假定企业有两类权益，一类是单一的、相同级别的债务，另一类是剩余要求权，即股权。债券所规定的条款与前一个例子相同。在这些假定条件下，企业风险债务的价值等于企业资产的市场价值减去企业股权的市场价值，由于企业股权的市场价值可以看作基于企业资产的看涨期权，因此，企业风险债务的价值可以看作基于企业资产的看跌期权。

现代或有权益分析框架将 Merton（1974）关于风险债务定价模型与 Merton（1977）年关于存款保险的定价模型进行了扩展。Gray、Merton 和 Bodie（2002）认为，任何形式的债权（如贷款、债券等）都满足如下公式：

$$风险债务的价值+违约担保=无风险债务的价值$$

或者等价地有：

$$风险债务的价值=无风险债务的价值-违约担保$$

企业债务是对企业资产价值的要求权。企业总资产的市场价值等于权益的市场价值加上债务的市场价值，如果企业资产价值下降到到期债务账面价值以下，违约就发生了，因此，债务的账面价值相当于违约点。如果该债务被一种特定资产所担保，那么这个违约担保可以被视为一个以担保资产为标的的资产，执行价格等于债务账面价值的看跌期权。由于债权人不得不承担债务违约后的损失，因此债权人实际提供了一个隐含的担保。在实际中更常见的是第三方担保，如政府对银行存款债务的担保。

将以上分析用表 10.1 表示：

表 10.1　　企业权益价值与资产负债的关系

总资产	总　权　益
资产	所有者权益 （基于公司资产的看涨期权价值） 负债 （债务的无违约价值−看跌期权的价值）

（四）企业或有权益的定价理论

根据前一部分得到的企业资产价值与企业权益价值之间的关系，我们在这一部分推导出企业或有权益的定价公式。对照 Black-Scholes (1973)提出的假设，我们先作如下一些假定：

(1) 不存在交易成本、税收，资产可以无限细分；

(2) 市场上拥有众多投资者，其手中的财富能够保证他们以现行价格买入或卖出任意数量的任何资产；

(3) 借贷市场上存、贷款利率相等，即不存在存贷差；

(4) 市场允许卖空；

(5) 资产在市场上是连续交易的；

(6) 企业价值与资本结构无关（即 MM 定理成立）；

(7) 利率期限结构是确定且"扁平"的；

(8) 企业价值 V 的变化能用以下随机微分方程来描述：

$$dV = (\alpha V - C)dt + \sigma V dz \qquad (10.1)$$

其中，α 是单位时间企业资产的即期收益率，C 是单位时间企业向股东或债权人支付的红利（股息或利息），σ^2 是单位时间企业总资产收益率的方差，dz 是标准 Gauss-Wiener 过程。

假设存在一个证券，其市场价值是 Y，在任何时点，我们可以将这支证券的价值写成企业总资产价值和时间的函数，即：

$$Y = F(V, t) \qquad (10.2)$$

我们认为，证券 Y 的价值的变化也能用以下随机微分方程来描述：

$$dY = [\alpha_y Y - C_y]dt + \sigma_y Y dz_y \qquad (10.3)$$

其中，α_y 是该证券在单位时间的即期收益率，C_y 是该证券对持有者进行的支付，σ_y^2 是该证券单位时间收益率的方差，dz_y 是标准 Gauss-Wiener 过程。对(10.2)式使用 Ito 引理，我们可以得到如下形式：

$$dY = F_v dV + \frac{1}{2}F_{vv}(dV)^2 + F_t$$

$$= \left[\frac{1}{2}\sigma^2 V^2 F_{vv} + (\alpha V - C)F_v + F_t\right]dt + \sigma V F_v dz \qquad (10.4)$$

其中，F 的下脚标表示对 v 或 t 求偏导数。将(10.4)式与(10.3)式相比较，我们得到如下一组方程：

$$\alpha_y Y - C_y = \frac{1}{2}\sigma^2 V^2 F_{vv} + (\alpha V - C)F_v + F_t \qquad (10.5)$$

$$\sigma_y Y = \sigma V F_v \qquad (10.6)$$

$$dz_y = dz \qquad (10.7)$$

考虑构造一个三支证券的"投资组合"，分别投资于企业总资产、该特定证券以及无风险债务，使得该投资组合的总价值为零。设投资与企业总资产的资金为 W_1，投资于该特定证券的资金为 W_2，投资于无风险债务的资金为 W_3，由于该投资组合的总价值为零，因此有 $W_1+W_2+W_3=0$。如果用 dx 表示该投资组合的收益，那么：

$$dx = W_1\frac{(dV + Cdt)}{V} + W_2\frac{(dY + C_y dt)}{Y} + W_3 r dt$$

$$= [W_1(\alpha - r) + W_2(\alpha_y - r)]dt + W_1\sigma dz + W_2\sigma_y dz_y$$

$$= [W_1(\alpha - r) + W_2(\alpha_y - r)]dt + (W_1\sigma + W_2\sigma_y)dz \qquad (10.8)$$

(10.8)式最后一个等号由(10.7)式保证其成立。

假定我们通过选择一组投资组合策略 $W_j = W_j^*$，使得(10.8)式 dz 前的系数总是为零（事实上，该步骤是受到用复制方法对期权进行定价的启发）。于是，该投资组合的收益就变成了一个非随机过程。由于该投资组合的初始价值为零，为了防止套利机会的存在，该投资组合的收益必然也为零，我们用公式将这一段话的意思表示如下：

第二节 基于资产负债表方法的主权信用风险度量

$$W_1^* \sigma + W_2^* \sigma_y = 0 \qquad (10.9)$$

$$W_1^* (\alpha - r) + W_2^* (\alpha_Y - r) = 0 \qquad (10.10)$$

(10.9)式保证消除了该投资组合的不确定性，(10.10)式是无套利需要满足的条件。

(10.9)式和(10.10)式所构成的方程组有非退化解($W_j^* \neq 0$)存在的充分必要条件是：

$$\left(\frac{\alpha - r}{\sigma}\right) = \left(\frac{\alpha_y - r}{\sigma_y}\right) \qquad (10.11)$$

我们将(10.5)式和(10.6)式代入(10.11)式可得：

$$\frac{\alpha - r}{\sigma} = \left(\frac{1}{2}\sigma^2 V^2 F_{vv} + (\sigma V - C)F_v + F_t + C_y - rF\right) \Big/ \sigma V F_v$$

$$(10.12)$$

将(10.12)式进行移项和化简，可得：

$$0 = \frac{1}{2}\sigma^2 V^2 F_{vv} + (rV - C)F_v - rF + F_t + C_y \qquad (10.13)$$

(10.13)式是一个抛物型偏微分方程，这个方程的解函数 F 满足价值可以表示成企业总资产和时间函数的任何证券。当然，要得到这个偏微分方程解的具体形式，我们需要一个边界条件，这个边界条件的形式取决于所选择的证券。

接下来，我们将这一个方程应用到企业或有权益的定价中去。我们先做如下假定：

(1)企业有两类要求权：一是同风险级别的债权，二是股权；

(2)企业承诺在特定日期 T 向债权人进行总额为 B 的支付，如果这个支付无法进行，债权人将迅速接管这家企业(此时股东一无所获)；

(3)在债务到期日之前，企业不能发行新的高级权益，也不能支付任何红利或回购自己的股票。

在以上假定下，如果用 F 来表示企业债务的市场价值，我们可以将(10.13)式写成：

$$\frac{1}{2}\sigma^2 V^2 F_{vv} + rVF_v - rF - F_\tau = 0 \qquad (10.14)$$

其中，由于企业不支付任何红利，故（10.13）式中 C_y 与 C 均等于零，$\tau = T - t$ 是距离到期日的时间长度，显然有 $F_\tau = -F_t$，为了求得（10.14）式的解，两个边界条件和一个初始条件必须满足：

$$F(0, \tau) = 0 \text{（企业价值为零时企业债务的价值为零）}$$
$$(10.14a)$$

$$F(V, \tau) \leq V \text{（企业债务价值在任何情况下均小于企业价值）}$$
$$(10.14b)$$

$$F(V, 0) = \min[V, B] \text{（债务到期时企业债务的价值）}$$
$$(10.14c)$$

利用傅立叶变换法求（10.14）式及其边界条件构成的偏微分方程可得：

$$F[V, \tau] = Be^{-r\tau}\left\{\phi[h_2(d, \sigma^2\tau)] + \frac{1}{d}\phi[h_1(d, \sigma^2\tau)]\right\}$$
$$(10.15)$$

其中：

$$d \equiv Be^{-r\tau}/V$$

$$h_1(d, \sigma^2\tau) \equiv -\left[\frac{1}{2}\sigma^2\tau - \log(d)\right]\Big/\sigma\sqrt{\tau}$$

$$h_2(d, \sigma^2\tau) \equiv -\left[\frac{1}{2}\sigma^2\tau + \log(d)\right]\Big/\sigma\sqrt{\tau}$$

（10.15）式就是企业债务市场价值与企业总资产之间的关系。按照同样的思路，我们可以从（10.14）式出发求出企业股权市场价值 f 与企业总资产之间的关系如下：

$$f(V, \tau) = V\phi(x_1) - Be^{-r\tau}\phi(x_2) \qquad (10.16)$$

其中：

$$\phi(x) \equiv \frac{1}{\sqrt{2\pi}} \int_{-\infty}^{x} \exp\left[-\frac{1}{2}z^2\right] dz$$

$$x_1 \equiv \left\{\log[V/B] + \left(r + \frac{1}{2}\sigma^2\right)\tau\right\} \Big/ \sigma\sqrt{\tau}$$

$$x_2 \equiv x_1 - \sigma\sqrt{\tau}$$

三、国家部门的或有权益资产负债表的编制

Gray 等(2002)运用或有权益分析方法提出并且编制了一套国家各部门的或有权益资产负债表。其编制的理论基础是：任何一个经济部门都可以被看作由一套内部之间存在关联的"资产—负债—担保"的投资组合，而一个国家或地区的经济部门之间也可以被视为这样的组合。将所有的部门划分为四类——公共部门(包括政府部门及中央银行)、金融部门、企业部门，以及家庭部门。公共部门、金融部门、企业部门、家庭部门也都可以被视为看涨期权或看跌期权来分析。显然，这种方法使用了一个近似的处理，即：将适用于分析单独一家企业的或有权益方法主观地默认为也适用于分析由若干个企业加总而成的企业部门，也就是参照将一家企业的负债看成是其企业资产的或有权益的处理方法，也将企业部门的总负债视为企业部门的总资产的或有权益。如法炮制，对金融部门、家庭部门的处理方式也分别是将单个金融机构、单个家庭加总处理的。对会计账面价值的资产负债表各对应科目作直接的代数相加处理无可厚非，但是，对掺和了市场价值信息的或有权益资产负债表也做简单的加总过于粗糙。比较精确的模型应该是先对每一家企业或金融机构分别做或有权益分析模型，而后再将它们组合起来加总成一个部门的投资组合。直接把一个部门当作一个"大的企业或金融机构"来作或有权益分析处理的方法的确是过于简单化了，但是这种加总方法毕竟抓住了部门的风险特性这一关键因素。因此这种部门的或有权益资产负债表的编制安排是可行的。按照这个分析框架，将一个国家或地区的四部门的或有权益资产负债表编制如下(见表 10.2 至表 10.5)：

表 10.2　　　　　　　企业部门或有权益资产负债表

Assets	Liabilities
企业资产	负债(无违约价值-隐含看跌期权)
	股东权益(企业部门资产的看涨期权)

表 10.3　　　　　　　金融部门或有权益资产负债表

Assets	Liabilities
贷款和其他资产	负债(无违约价值-看跌期权)
金融担保(隐含看跌期权)	
	股东权益(金融部门资产的隐含看涨期权)

表 10.4　　　　　　　公共部门或有权益资产负债表

Assets	Liabilities
国家外汇储备	金融担保(隐含看跌期权)
净财政资产及其他公共资产	外债(无违约价值-隐含看跌期权)
其他公共资产价值	内债及基础货币(公共部门资产的隐含看涨期权)

表 10.5　　　　　　　家庭部门或有权益资产负债表

Assets	Liabilities
家庭部门收入	高级债务
其他资产	
(含：公共部门的隐含看涨期权)	次级债务
	初级债务

公共部门的或有权益资产负债表由政府和中央银行资产负债表合并之后再作经济价值调整而得到。其资产项有外汇储备、净财政盈余以及铸币税收入。负债项有对金融部大型(有价值)国有企业等的金融担保、外币负债以及基础货币和本币负债。比较传统的资产负债表，公共部门的或有权益资产负债表的负债项中明晰了各科目的隐含期权性质(或有权益性质)，体现出了市场信息对于各指标的冲击。所有会计科目的统

一换算成外币价值,这样做只是为了方便于分析,并不影响研究结论(发达国家拥有"硬通货",因此又以本币计价;新兴市场国家将本币转换为外币硬通货计价更便利(Gray,2002))。

第三节 主权信用风险监测体系的建立

一、主权信用风险管理的研究框架

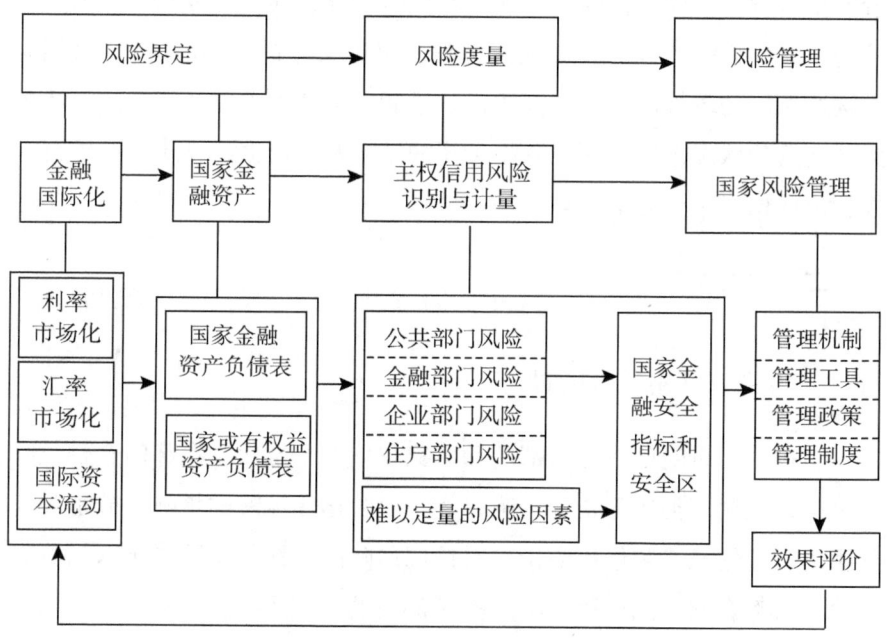

图 10.1 主权信用风险管理的基本框架

第一个层次是思想层面,根据金融工程和风险管理思想,主权信用风险管理可以从风险界定、风险识别与度量和风险管理三个方面依次展开。第二个层次是框架层面,金融国际化是分析的背景,国家金融资产是分析的切入点,主权信用风险识别和计量是分析的基础,主权信用风险管理是分析的目的。第三个层次是内容层面。在内容层面,首先研究利率市场化、汇率市场化和国际资本流动,原因在于利率、汇率和资本流动是金融风险的风险源。其次,编制部门和国家资产负债表,分析利率、汇率和国际资本流动对资产负债表和或有权益资产负债表的冲击。第三,在风险识别和计量方面,度量金融国际化对资产负债表和或有权益资产负债表冲击的程度。既要研究国家整体的金融风险,也要考察四个部门的结构风险,并且在四个部门之间风险是相互传导的。在国家整体的金融风险方面,在部门金融风险研究的基础上,进行国别分析和比较,并结合其他难以计量的风险因素,编制出国家金融安全指标,并划分安全区域。其四,根据部门和国家风险状况,提出防范和管理金融风险的工具和机制,包括风险预警机制、快速反应机制和风险处置机制,并构造相应的政策体系和制度体系。最后,构造考评体系,对国家的金融风险管理状况进行考评,并将考评的结果及时反馈到风险源头进行调控,由此构成一个完整循环。

二、主要内容

(一)主权信用风险度量

主权信用风险度量分为部门和国家整体两个层次。在部门金融风险度量中,使用两类风险指标,第一类为反映信用风险的指标,分别为违约距离、违约概率和信用溢价。对信用风险的关注的原因在于部门所有风险最后都会归结到信用风险。控制部门的信用风险,就基本上可以控制国家发生的金融危机可能性。第二类金融风险指标是 VaR,反映部门的整体风险,既包括信用风险,也包括市场风险和其他风险。在国家层面,金融风险主要通过金融风险指数来反映。金融风险指数通过资产负债表和资产负债表矩阵的有关指标、或有权益资产负债表和或有权益资产负债表矩阵的有关指标、部门的有关风险指标和其他指标构成,其中的函数关系由不同国家(地区)数据进行横截面分析获得。在构造主权信用风险指标后,运用情景分析、压力测试和蒙特卡罗模拟研究利率市场化、汇率市场化和国际资本流动对主权信用风险指数的冲击，形成金融风险指数的概率分布。在此基础上按照99%的置信度确定金融安全临界线，按95%的置信度确定金融安全预警线。

（二）主权信用风险管理

主权信用风险管理包括风险管理机制、风险管理工具、风险管理政策和风险管理制度等四个方面。在风险管理机制方面，建立国家和各个部门的金融安全预警机制、快速反应机制、损失控制机制等。在预警机制方面，根据国家和部门金融安全指标体系给出的信号将主权信用风险分为不同的区域，在较低风险的区域实行常态管理，在风险中间区域实行危机预防管理。在风险管理工具方面，分析国家和各个部门风险管理的需求，发展金融市场来提供管理金融风险的各种金融工具。从国家和各个部门对风险管理的需求来看，包括风险分散、转移和保险等方面，由此要发展相应现货市场、衍生市场和保险市场。就衍生市场而言，包括发展远期、期货和期权市场，为各个部门和国家提供管理风险的市场和机制。在风险管理政策方面，根据家庭部门、企业部门、金融部门、公共部门的风险和风险管理状况，制定相应的产业政策、对外经济政策、金融政策和财政政策，并根据主权信用风险状况和金融安全的需要进行各项政策的协调。从部门出发的政策可以更好地满足各个部门对风险管理的需求。在风险管理制度方面，主要包括资产负债管理体系和金融稳定基金体系建设两个方面。就资产负债管理体系而言，包括国家和各部门的资产管理体系、负债管理体系和资产负债结构管理体系。在金融稳定基金方面，根据国家和各个部门资产市价和波动性可以计算国家和各个部门金融风险在险值，以此作为衡量国家及其各部门维持金融系统稳定所需的隐性成本，在此基础上建立国家金融稳定基金体系、存款保险体系和担保体系，并构建相关的制度和法律安排。其中存款保险体系主要针对金融部门，担保体系主要针对企业部门。

(三)对主权信用风险管理的评价

设计考察主权信用风险管理的机制、工具、政策和制度运行效率的指标体系,并定期使用有关指标进行评价,包括公共部门、金融部门、企业部门、家庭部门和国家整体等两个层面。根据各项指标的评价结果对有关机制、工具、政策和制度进行调整,从而改善和提高主权信用风险管理状况。

三、指标分析

我们以利率变动为例说明该蒙特卡罗模拟的方法,假设利率服从对数正态分布(见图10.2)(均值利率为各部门负债的利率水平,方差直接利用基准利率的方差)。

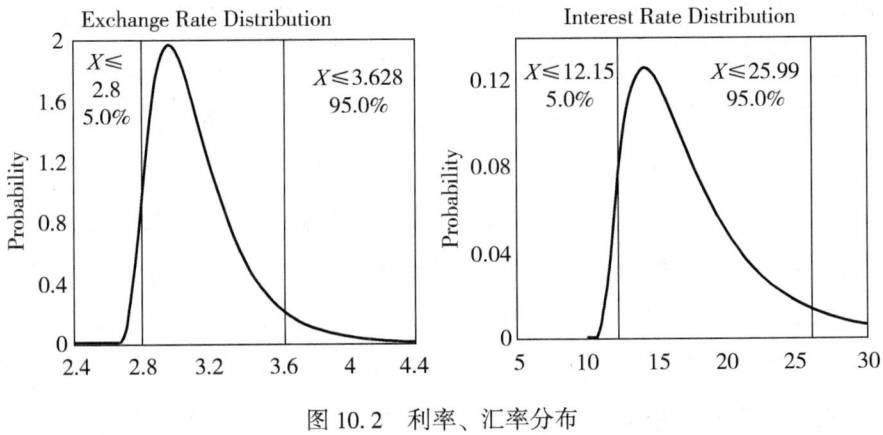

图10.2 利率、汇率分布

在该分布下,我们利用随机数生成器生成1000个利率的样本值。利率的变动对或有权益资产负债表的冲击主要体现在以本币计值的债务中,如果利率高于均值利率,该部门债务未来利息成本贴现值的改变将改变部门债务的市场价值:

第三节　主权信用风险监测体系的建立

$$\text{VMD} = \frac{\text{BD}(r - \bar{r})}{1 + d} + \frac{\text{BD}(r - \bar{r})}{(1 + d)^2} + \cdots + \frac{\text{BD}(r - \bar{r})}{(1 + d)^n} = \frac{\text{BD}(r - \bar{r})}{d}$$

(10.17)

其中：VMD 为债务市值的变化，BD 为债务账面价值，$\bar{r}$ 为均值利率(在利率冲击来临前债务的平均利率)，d 为贴现率，r 为随机变量(利率变动冲击对象)。原债务市值加上债务市值的变化得到新债务市值(NMD)。债务的账面价值和新得到的债务的市场价值之差就是新的看跌期权的价值：

$$\text{put}' = \text{BD} - \text{NMD} \quad (10.18)$$

其中 put' 为新的看跌期权的价值。我们利用看涨看跌期权平价公式得到新的看涨期权的价值(利率冲击后权益的市场价值)：

$$\text{call}' = \text{put}' + S_t - e^{-r_0}\text{DB} \quad (10.19)$$

再利用或有权益分析技术，我们就可以得到该部门总资产的市场价值和波动率(详细技术见或有权益资产分析技术报告)。这样，我们就建立了利率与各部门资产市场价值及其波动率的函数关系。利率的分布是已知的，因此我们可以得到各部门资产市场价值及其波动率的分布(见图 10.3、图 10.4)，我们利用这一分布可以计算出各部门资产市场价值在置信水平为 95% 的条件下的 VaR 值，该值是风险指标表中的重要风险指标之一。

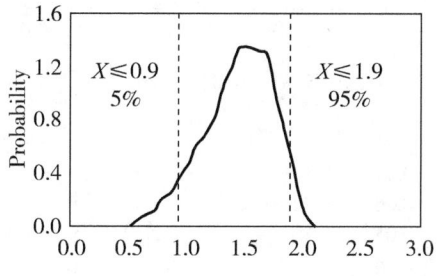

图 10.3　违约距离分布(标准差)

接下来，我们利用资产市场价值及其波动率的分布得到所有风险指标(风险指标的选取见国家金融安全指数编制技术报告)的分布。在此之前，我们已经利用专家法确定了各类风险指标在我国金融安全指数中所占据的权重（见国家金融安全指数编制技术报告），有了各类风险指标的分布，我们就能得到国家金融安全指数的分布（见图 10.5 至图 10.7），利用这一分布计算主权信用风险指数在置信度为 95%和 99%的水平下所对应的值，这两个值将作为金融安全预警线和金融安全临界线所对应的指数。

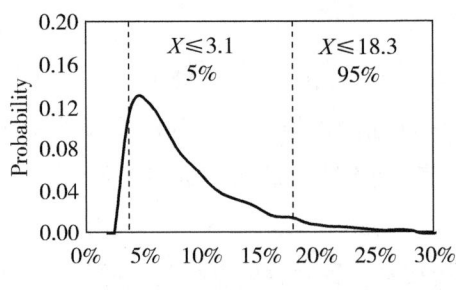

图 10.4　违约概率分布(%)

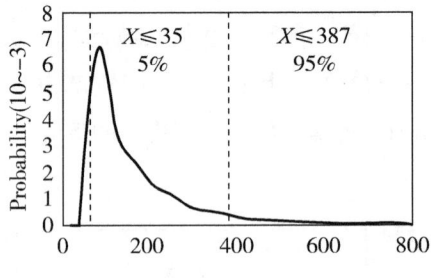

图 10.5　信用价差分布(基点)

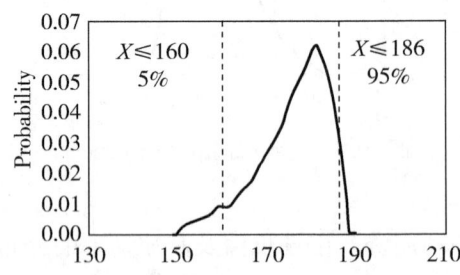

图 10.6　资产市值分布(RMB billion)

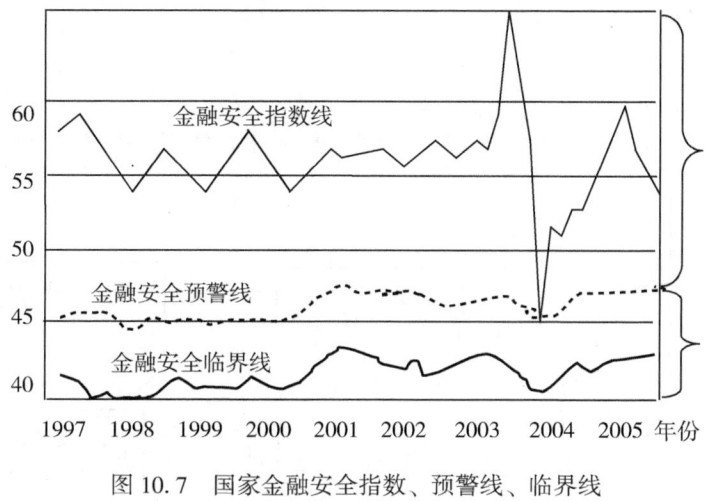

图 10.7　国家金融安全指数、预警线、临界线

第四节　国家经济资本管理研究

一、国家经济资本管理研究的主要内容

（一）国家经济资本管理的基本框架

国家经济资本管理的研究可以分为三个层次，如图 10.8 所示。从思想层面来看，国家经济资本管理包括国家经济资本的界定、国家经济资本的度量和国家经济资本的管理。在框架层面，国家经济资本度量主要为国家经济 VaR 的确定，国家经济资本管理包括国家经济资本的分配和绩效评价等。从内容层面来看，国家经济资本的界定包括国家经济资本、国家经济 VaR、国家净资产、社会储备等概念的提出。国家经济 VaR 的确定包括首先确定公共部门、金融部门、企业部门、家庭部门的 VaR，然后确定国家整体的 VaR。在国家经济资本分配方面，考察部门利润率和社会资金的必要回报率，从而将经济资本在部门间进行合理

分配。在对国家经济资本进行分配后，要定期进行绩效评价，对经济资本进行再分配。

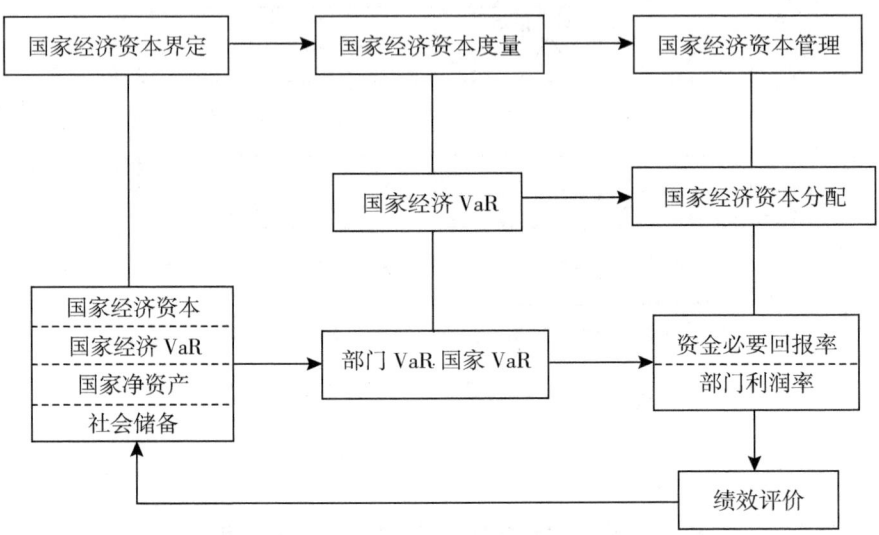

图 10.8　国家经济资本管理的基本框架

（二）主要内容

1. 国家经济资本管理的界定

国家经济资本管理使用国家经济资本、国家经济在险价值 VaR、国家净资产、社会储备等主要概念。国家经济资本是为抵御金融风险应该持有的最低资本水平。国家经济 VaR 是一定时期内国家金融资产在 99% 的置信度下对目标水平的最大偏离。国家净资产是指国家拥有的净资产总量。社会储备是指部门和国家为抵御金融风险而积累的储备，包括外汇储备等。

2. 国家经济资本的度量

国家经济资本的度量要求计算国家经济的 VaR。国家经济 VaR 的计算包括部门 VaR 和国家整体 VaR。部门 VaR 包括公共部门、金融部门、企业部门、住户部门的 VaR，根据部门资产的分布结合资产价值增长的预期目标来获得。对于国家 VaR 的计算，首先将宏观经济的有关目标转化为资产存量增值的目标，然后结合部门的 VaR 进行计算得到。

3. 国家经济资本的管理

国家经济资本的管理是指通过对国家经济资本的合理配置来提高资金的使用效率。使用社会资本的必要回报率作为客观标准，建立合适的渠道使经济资本由利润率较低的部门向较高的部门转移，从而提高金融资源的使用效率，推动有关宏观经济指标的实现。国家经济资本管理的一个重要环节是绩效评价。对各部门经济资本的存量和使用效率进行跟踪，及时根据需要进行调整，提高资金的使用效率。

(三) 主权信用风险管理和国家经济资本管理的关系

主权信用风险管理和国家经济资本管理是紧密联系的。首先，主权信用风险管理是国家经济资本管理的基础。只有对国家和部门的风险进行准确的度量，才能对要求国家和部门持有的储备数量进行确定。其次，国家宏观经济资本管理的重要目的是在部门和国家两个层面持有合适的经济资本水平来抵御金融风险。使用宏观经济资本进行风险管理，主要包括经济资本的度量和分配两个方面。在经济资本度量的基础是对应部门资产风险的度量，经济资本分配主要是根据风险因素的分配。

二、宏观在险值(VaR)和宏观经济资本的界定

宏观在险值是指经济中主要部门资产价值在某一置信水平下可能出现的最大损失。经济中主要部门指公共部门、金融部门、企业部门和家庭部门等四个主要部门。相应宏观在险值是指公共部门、金融部门、企业部门和家庭部门等主要部门资产的在险值。宏观经济资本是主要部门为抵御风险而提供的资本准备。经济资本分配在不同部门所获得的经济资本所表现出的形式并不相同，并构造社会的风险储备体系。就金融部门而言，经济资本表现为存款保险基金、证券投资者保护基金、保险基

金等。在公共部门而言，经济资本表现为外汇储备和财政储备等。虽然风险基金的表现方式不同，但主要目的都是为了防范和控制部门的金融风险，并最终对宏观金融风险进行控制。从现代风险管理的基本理论而言，风险管理包括风险识别、度量和管理三个阶段，其中风险度量是风险管理的基础，风险管理是风险度量的目的。宏观在险值对主要部门资产面临的风险进行了量化，属于风险度量的阶段。宏观经济资本是对主要部门风险进行管理的阶段，属于风险管理的阶段。

宏观经济资本和宏观在险值的关系与微观经济资本和在险值的关系具有一定的相似性，在险值都是经济资本度量和配置的基础。区别在于宏观在险值是基于主要部门资产价值分布进行构造，而微观在险值主要是基于资产损失的分布进行构造。

(一) 以经济资本为基础进行宏观金融风险管理的主要方面

从经济资本管理的基本理论来看，经济资本管理包括经济资本的度量和经济资本的分配两个方面，并形成以度量和分配为基础的循环。在经济资本的度量方面，经济资本度量的依据是部门风险值的大小。就宏观的经济资本而言，经济资本度量方法是宏观在险值方法。在经济资本的分配方面，经济资本分配是指社会风险储备按照合适的原则进行分配的过程。经济资本分配的基本方法是 RAROC 方法，使部门经济资本分配后的 RAROC 水平保持一致。宏观经济部门分为公共部门、金融部门、企业部门和家庭部门四个部门。

(二) 以经济资本为基础的宏观金融风险管理的特殊性

1. 宏观经济资本的度量和分配没有统一的机构来实施

以经济资本为基础的宏观金融风险管理和微观金融风险管理的特殊性在于宏观经济资本的度量和分配不是由一个统一的部门来完成。在微观的经济资本管理中，经济资本的度量和分配有集中部门来完成，并且构成包括度量和分配的两个阶段的机制。

2. 宏观经济资本的度量和分配主要靠政府引导和市场机制来实现

在微观层面经济资本的度量和分配是靠计划机制来进行的。经济资本的度量是自下至上的过程，经济资本分配是自上至下的过程，由此形成完整的循环。在微观经济资本管理中，经济资本度量和分配主要靠计划来实现。金融机构的资本配置部门对各个业务单元和产品线的风险进行度量，然后考虑各个单元和产品线中的组合效应，汇总成金融机构总的风险，然后提取相应的风险准备，即经济资本，然后对经济资本按照风险在部门按照业务单元和产品线的风险进行分配。

而在宏观经济资本度量和分配中，虽然经济资本管理也是一个自下至上和自上至下的过程，但主要由政府进行引导，由市场机制来实现的。政府可以对主要部门、地区和主要产业的风险进行测算，然后考虑部门、地区和主要产业间的相关性对风险进行汇总，然后提出相应的风险资本准备金要求。但政府不能对部门、地区和主要产业间的经济资本进行分配，原因在于主要部门、地区和产业的风险储备主要在于自身的资本积累。在经济资本的分配中，政府对各个部门经济资本设定指导性目标，并引导部门风险储备的积累，从而来实现资本储备在部门、地区和产业间的有效配置。

3. 宏观经济资本的分配和度量在宏观部门的侧重点不同

在经济中的主要部门中，金融部门和企业部门属于实际的产业部门，可以主要根据 RAROC 的原则进行分配，实现经济资本在部门间的平衡。在公共部门和家户部门中，由于缺少利润指标，因此在使用 RAROC 指标对家户部门和公共部门进行资本分配过程中，要使用有关方法进行调整和修正。

三、宏观经济资本的度量

(一) 经济资本度量的理论回顾

现有的关于经济资本度量的文献主要集中在微观经济资本度量这一

领域。国外方面，Jeremy Scott(2002)认为对经济资本进行度量时，要量化一段时间内与管理无关的潜在风险及可能性，同时考虑股东风险偏好，近而决定是否从事高风险高回报的项目，经济资本的主要决定因素包括：信用风险、市场风险、操作风险及流动性风险等。Araten、Michel(2004)分析了现有经济资本度量中存在的问题，分析了影响经济资本度量模型的因素和关于模型结构存在的问题。

我国对这方面的主要研究有：赵先信(2004)、刘建德(2004)认为简单的做法是将信用风险、市场风险、操作风险的经济资本简单相加，这样做等于假设三类风险是完全正相关的。这是由于很难确切估计不同风险之间的相关性，简单相加是比较现实可行的办法，也是不得不做的妥协，因为为了获取相关性数据的投入与由此带来的收益可能是得不偿失的。郭战琴、周宗放(2004)讨论了VaR方法在银行配置风险资本中的应用，分别基于贷款价值服从不同分布的情况进行讨论并给出算法举例。杨晓东(2004)介绍了内部评级法的风险要素、核心计算及具体应用和最低要求。刘莉亚、邓云胜(2004)分析了进行内部等级评定时所采用的方法，对比了专家判断法、模型法和一些基于专家判断法的其他方法，并重点剖析了不同的模型法在估计违约概率PD与违约损失率LGD时所表现出的不同特征。

国内外对经济资本的度量中最重要的度量方法——VaR方法研究较多：VaR方法最初由Baumol(1963)首次引入"均值——下置信限"的组合选择标准，目的是要对Markowitz(1952)的均值——方差组合选择理论进行改进。1993年，由G30(Group of Thirty)支持的全球衍生工具研究小组(the Global Derivatives Study Group)在他们出版的《衍生证券的实际操作及其原理介绍》一书中提出交易商要用VaR方法度量金融工具的头寸风险。1994年，J.P.Morgan银行发表了基于VaR方法的RiskMetrics市场风险管理系统，迅速得到市场认可和推崇。1996年巴塞尔委员会发表了《在资本协议中加入市场风险的补充规定》，在市场风险度量方法上，该补充规定允许在标准法和内部模型法(VaR方法)

之间选择，此后 VaR 方法在银行和其他金融机构中被广泛应用于对市场风险的测量。

Jorion 于 1997 年出版了一本关于 VaR 的著作 *Value at risk: the new benchmark for managing financial risk*，其中给出了 VaR 明确的统计定义及主要的计算方法，主要包括解析形式的 VaR（Closed Form VaR）、蒙特卡罗模拟 VaR（Monte Carlo VaR）、历史模拟 VaR（Historical VaR）等。针对 VaR 计算，学者们进行了大量的研究，并引入极值理论、混合分布等来解决资产收益分布或损失分布中的肥尾现象。P. Penza 和 V. K. Bansal 著的 *Measuring Market Risk with Value at Risk* 一书由浅入深地介绍了 VaR 测算方法，基本上涵盖了所有重要的问题（统计的、金融的、监管的），书中讨论了市场风险度量对银行而言日益重要的原因，VaR 模型的统计学基础，单个资产 VaR 的计算技术和用于测算资产组合 VaR 的模型分析。Zaik（1996）对信用风险及市场风险的经济资本度量的 VaR 法进行了研究。Kupiec、Paul（2004）对信用风险和市场风险的经济资本评估进行了论述，文章指出 VaR 模型经常被用作经济资本分析，不过 VaR 分析并不能解释资金的时间价值或公司债务信用风险所要求的风险溢价，这会导致对经济资本评价的偏差。David R. Koenig（2004）介绍了市场风险经济资本的标准法和内部模型法，并进行了应用举例。Michael Pykhtin（2004）详细介绍了资产证券经济资本的 Pykhtin-Dev 模型和 Gordy-Jones 模型及这两个模型在巴塞尔协议中的应用。

国内对于 VaR 的研究，在逐步引进介绍有关 VaR 的各种模型技术的同时，部分学者也对 VaR 进行了适当的理论研究，有代表性的如王春峰等（2000）提出的基于马尔可夫链的蒙特卡罗模拟方法。在 VaR 的应用领域，国内一些金融机构特别是证券投资基金，已经逐步开始使用 VaR 度量市场风险，进行资产优化配置；一些金融软件开发商也将 VaR 计算方法内嵌于风险管理软件，但由于国内金融市场的欠发达以及风险意识不足等客观因素的阻碍，VaR 方法在国内尚未得到广泛的应用。

(二)宏观经济资本的度量方法

一般情况下,宏观经济资本的计量思路可以借鉴微观经济资本的计量思路,具体概括为:先由风险因子的波动状况描绘资产的价值分布;再根据置信水平,通过统计技术计量尾部对应的资本数量。不同方法只是两个环节使用的具体技术存在差异,目前使用最为广泛的是起源于 J. P. Morgan 的 VaR 方法。VaR(Value at Risk)又叫风险价值或在险值,是指在一定的置信水平和一定的目标时间段内,资产或资产组合因不利的市场变动可能遭受的最大潜在损失。换句话说,VaR 描述了在该目标时间段和该置信水平下,损失分布末端对应的分位数。设 L 为金融机构在目标时间段内的损失,c 为设定的置信水平,那么 VaR 满足如下的式子:

$$P\{L > \text{VaR}\} = 1 - c \qquad (10.20)$$

宏观经济资本的度量要求计算国家经济的 VaR。国家经济 VaR 的计算包括部门 VaR 和国家整体 VaR。部门 VaR 包括公共部门、金融部门、企业部门、家庭部门的 VaR,根据部门资产的分布结合资产价值增长的预期目标来获得。对于国家 VaR 的计算,首先将宏观经济的有关目标转化为资产存量增值的目标,然后结合部门的 VaR 进行计算得到。

(三)部门宏观 VAR 的计算

无论是公共部门、金融部门、企业部门还是家庭部门,其 VAR 的计算都可以概括为以下主要步骤:

1. VaR 的参数选择

VaR 的计算涉及两个数量因素的选取:一是目标时间段的选择,二是置信区间的选择。目标时间段是指计算 VaR 的时间间隔,对时间间隔的选择通常是主观的,我们根据数据情况对目标时间段进行选择。例如,如果资产市场价值变动频繁,时间间隔应该取短,反之就应该取长。置信水平的选取与对 VaR 有效性的验证、经济资本的需求、模型的用途等因素有关：(1)有效性的验证。越高的置信度意味着实际损失超过 VaR 的可能性越小，为验证 VaR 结果所需要的数据越多，由于现实中的数据约束，会限制使用者使用较高的置信水平。(2)经济资本的需求。不同的行业和部门对风险要求不一样，表现出较强的个体性。追求安全性较高的行业和部门选择的置信水平也较高。置信水平反映了部门和行业维持安全性的愿望和抵消设置风险资本对部门和行业利润不利影响综合平衡的考虑。(3)模型的用途。如果模型是用来决定与风险对应的资本，置信水平应该较高，如果 VaR 模型纯粹只是作为行业或部门内部度量或不同行业或部门的风险比较，置信水平的选取应该视行业或部门的风险要求而定。

2. VaR 的计算方法

VaR 的基本计算方法包括一般分布下的 VaR 计算和正态分布下的 VaR 计算两种。一般分布下的 VaR 计算主要是依赖历史数据通过计算机模拟来获得计算参数，并没有对收益率的概率分布进行假设；正态分布下的 VaR 计算事先已知或假设收益率的概率分布服从正态分布。在宏观 VAR 的计算中，我们采用的是后者，即事先假设资产价值服从一个分布(不一定为正态分布)。

宏观 VaR 的计算方法有很多种，适用于不同的市场条件、数据水平、精度要求等，根据是否利用资产市场价值分布的参数来计算资产组合 VaR 主要有：分析法、历史模拟法和蒙特卡罗模拟法三种。

(1)分析法。

分析法也称方差—协方差法，它通过历史波动性和相关性来估计资产组合的风险。分析方法的关键因素在于组合价值函数的估算方法和风险因子服从的分布形式。根据组合价值函数的不同估计方法，分析法分为两类：一类是 Delta 类模型，另一类是 Gamma 类模型。在 Delta 模型中，资产组合的价值函数均取一阶近似，但不同模型中风险因子的统计分布假定不同。Garbade 的 Delta 的加权正态模型假定风险因子服从多元正态分布，而 J. P. Morgan 的 Delta 加权正态模型中，加权正态模型被用来估计市场因子回报的协方差矩阵。Gamma 类模型的证券组合的价值均取作二阶近似,能更好地捕捉组合价格变化的非线性特征。分析法是一种比较简单的方法,不需要定价模型,数据也较容易收集,在实际中已经开发出现成的软件,得到了广泛的运用。但是该方法很大程度上依赖于市场因子的正态分布假设,而实践中这种假设往往很难成立;同时使用该方法现金流的分析可能会很复杂,不能进行敏感性分析,不能对期权提供可靠的风险衡量。

(2)历史模拟法。

历史模拟法是根据市场因子的历史样本模拟资产组合的未来损益分布,利用分位数给出一定置信水平下的 VaR 估计。使用历史模拟法计算 VaR 时,需要通过收集大量历史数据,用一定时间段上所观测到的市场因子的变化来表示市场因子未来的变化,并在得到市场因子未来变化模型的基础上,将组合的损益从最小到最大排序,得到损益分布,通过给定的置信度下的分位数计算出 VaR。假如我们采集了某资产历史上的 100 个日价格序列,为计算该资产在 95% 置信度下的日 VaR 值,只要将该资产在过去一段时期的日实际损益按从小到大顺序排列,然后从最低收益起,取该序列的 5 分位数,再取绝对值即可。历史模拟法是基于历史数据的经验分布,不依赖于对风险因子分布的任何假定,不需假定市场因子变化的统计分布或假定其相互独立,可以有效地处理非对称和厚尾问题,它简单、直观、易于操作,并且它是一种非参数的全值估计方法,可以较好地处理非线性、市场大幅波动的情况,不需要构造市场动态模型,避免了模型风险。但是历史模拟法假定市场因子的未来变化与历史变化完全一样,服从独立同分布,概率密度函数不随时间而变化,这与实际金融市场的变化不一致;同时历史模拟法需要大量的历史数据,至少需要的样本数据不能少于 1500 个,如果是日数据至少需要 5 年,这在实际中不轻易能够满足,并且太长的历史数据无法反映未来情形,可能违反独立同分布的假定;该方法难以进行灵敏度分析和压力测试,对计算的能力要求也较高。

(3) 蒙特卡罗模拟法。

蒙特卡罗模拟法又称为随机模拟法,其基本思路是利用计算机重复模拟金融变量的随机走势,每一个模拟值都会得出资产组合价值在目标时间段内的一个可能值。如果得出的情景足够多,资产组合价值的模拟分布就将趋于真实分布,通过对模型或过程的观察,计算所求参数的统计特征,最后给出所求问题的近似值。蒙特卡罗模拟法计算 VaR 分为四步:(1)构造模型。针对实际问题建立一个简单且便于实现的概率统计模型,使所求的解恰好使所建模型的概率分布或数字特征,比如,是某个事件的概率,或者是该模型的期望。(2)情景产生。选择市场因子变化的随机过程和分布,估计其中相应的参数,模拟市场因子的变化路径,建立市场因子未来变化的情景。(3)组合估计。对市场因子的每个情景,利用定价公式或其他方法计算组合的价值及其变化。(4)估计 VaR。根据组合价值变化分布的模拟结果,计算出给定置信水平下的 VaR。蒙特卡罗模拟法是目前度量市场风险最全面的数值分析法,它能处理其他方法无法处理的风险和问题,如非线性价格风险、厚尾问题、极端事件,可模拟回报的不同行为(如白噪声、自回归和双线形等)和不同分布。但该种方法产生的数据序列是伪随机数,可能导致错误结果;且计算量大、计算时间长,如果投资组合种有 100 种资产,对每种资产的模拟路径为 10000 种,那么投资组合的未来可能价值就会有 100 万个,过大的计算量不适合需要实时提供风险度量的场合;同时该方法存在模型风险。

VaR 计算方法的比较如表 10.6 所示。

表 10.6　　　　　　　VaR 计算方法比较

	分析法	历史模拟法	蒙特卡罗模拟法
资产的类型	线形资产	全部	全部
市场概率分布	正态分布	实际分布	全部

续表

	分析法	历史模拟法	蒙特卡罗模拟法
是否考虑极端事件	有时	有时	可能
是否考虑相关性	是	是	是
是否容易计算	是	有时	否

3. VaR 的后验测试

只有能准确地预测风险的 VaR 模型才是有效的，因此，模型的运用过程是一个不断验证、证明的过程，但是由于数据抽样、模型的假设条件及一些随机因素，无论采取哪种方法进行计算，VaR 的计算都可能会存在各种误差。假如我们设定的置信水平是 95%，如果观察到只存在较小的偏差，可能是因为其中存在偶然因素，但如果偏离的数目太大，就很可能是模型本身的问题，因此，为了能有效地利用 VaR 法，必须对 VaR 模型进行准确性检验和误差分析。后验测试包括正态性检验和准确性检验。

(四) 国家整体 VaR 的计算

对于国家整体 VaR 的计算，首先将宏观经济的有关目标转化为资产存量增值的目标，然后结合部门的 VaR 进行计算得到。国家整体 VaR 计算的关键是要将已经得到的四部门 VAR 进行加总。

1. 部门 VAR 相加法

该方法认为，在得到了分部门的 VaR 后，国家整体的 VaR 等于各部门各业务单元 VAR 的简单求和，之所以能够这样做，是因为该方法假设各部门中各资产价值的偏离大小具有同调性；即一个部门中一种资产价值的偏离的变化会显著影响到其他部门其他所有资产价值的偏离。用这种方法计算得到的国家整体的 VAR 通常会高估实际水平，因为该方法没有考虑资产组合的分散化效应。

2. Copula 方法

在一般情况下,各部门各资产价值的偏离不像方法 1 所假设的那样具有同调性,即存在着分散化效应,一部分资产价值的下降可能被另一部分资产价值的上升所抵消,因此我们需要更高级的方法来刻画资产组合之间的相关性。Copula 方法将单个资产价值与其边际分布建立起联系,在这种情形下,各部门各项资产的联合分布由下式给出:

$$FX11, X12, \cdots, Xab(x11, x12, \cdots, xab)$$
$$= C[F11(x11), F12(x12), \cdots, Fab(xab)]$$

(10.21)

其中 C 表示 Copula 函数,其具体形式可以根据需要来确定。Copula 方法的难点在于 Copula 函数形式的确定,在目前来看,由于实证数据的缺乏,Copula 方法在实际应用当中具有相当的难度。

四、宏观经济资本与风险管理

(一)宏观经济资本配置的内涵

经济资本的概念是在 20 世纪 90 年代银行经营管理中产生的,随着衍生金融工具的产生和发展、市场风险的加大、金融机构竞争的加剧、利率汇率的频繁波动等内在及外在环境变化,银行逐步从自身业务角度而非从被监管者角度来看待资本内部管理的问题。对银行而言,资本不仅是吸收风险的缓冲装置,也是银行配置资源从而获取利润的工具。因此,这种意义上的资本是有成本的,是一种经济资本,而不仅是监管者眼中的管制性资本。相应的资本充足比率不能仅满足于监管者制定的最低标准,还要同时从安全与赢利两个角度出发,以确定最佳比率;不仅要确定银行整体的资本需要量,还要考虑资本在银行内部各部门和各业务条线之间的合理配置,并以此作为衡量各层次部门直至整个银行业绩的标准。

根据汇丰银行的定义,经济资本是在一定时期内(通常为一年),在一个比较高的置信度下,银行可能发生的最大程度上的损失。那么,在宏观经济层面,宏观经济资本也与微观经济资本的性质类似,也可以看成是国家为了抵补经济中在一个比较高的置信度下可能发生的最大程度的损失,而要求持有的资本额。它们两者都是用作抵补非预期损失的资本,都是一种管理手段。这些宏观资本额在概念上应该是虚拟的,它本身并不存在任何管理机构或有明确的账户用于存放这些资本,也没有任何资产负债表项目明确反映它们。它实际上是一种管理手段,用作抵补非预期损失,它在现实生活中的反映是通过其他项目反映出来的,例如,银行部门中银行的存款保险、证券行业的证券投资基金、保险业的保险安定基金;家庭部门中的养老保险基金、医疗保险基金;企业部门的风险保证基金;公共部门的外汇储备以及一些常备流动性资产。这些资本的加总额我们就可以认为是一国宏观经济资本额,配置到部门后的结果,当然国家是可以根据需要将这些资本进行重新配置的。这些资本的配置实际上是有其内在规律的,可以通过四个部门进行配置,也可以通过行业进行配置,也可以通过地理行政区域进行划分,但无论如何划分,都可以通过行政或市场手段达到合理的配置要求。

微观的经济资本配置主要是银行使用的经济资本配置方法,实际上是一种资本管理手段。它通过观察收益波动的历史情况,用风险收益衡量银行经济价值的波动,估计各种业务活动的风险程度,再根据不同业务的风险程度,自上而下地分配经济资本,所以这种配置方法又称为由上而下的方法或收益波动法。根据业务部门自身波动性来确定其所需资本,并将资本和所有风险挂钩,克服了监管资本作为资本配置工具在交易层面上存在的缺陷。经济资本配置的这一特点,要求在银行的风险收益管理中始终以经济资本为核心,而不是监管资本。经济资本通过这种方法配置到单个业务或单个部门中后,可以再对单个业务考察导致风险的原因,对资本及时调整,有效利用和管理银行资本,使股东收益达到最大。

其实,宏观经济资本配置的目的和微观经济资本配置一样,也是将资本和风险挂钩,尽量将资本配置到风险较低,收益较高的部门,以达到国家财富最大化的效果。宏观经济资本配置与微观经济资本配置的划分也很类似,微观经济资本可以通过不同部门配置,也可以通过不同业务配置,宏观经济资本也可以通过不同部门配置,也可以通过不同行业配置,但是和微观资本配置收益最大化的出发点有所不同,有些宏观经济资本的配置主要是从预防非预期损失出发,而不是考虑利益最大化的要求,例如,家庭部门就是一个典型的例子,社会保障基金、养老保险基金、医疗保险基金,它们本身都是为了抵补个人出现失业、疾病等风险而产生基金,它的作用就类似于银行的存款保险制度。企业、金融部门的资本配置就类似于微观中风险-收益权衡的过程,而公共部门的资本配置除开考虑风险-收益的权衡,还要考虑社会效应。

(二)宏观经济资本的配置

1. 微观经济资本配置的方法

虽然都是为了确定内部资本数量,但经济资本的计量和配置是两个不同的概念。巴塞尔新资本协议提出:资本应该得到合理配置。因为资本市场是竞争性的,银行必须提供股票投资者高于其他投资选择的足够收益。从而,资本优化配置是很重要的一个环节,合理配置资本已实现股东价值最大化,商业银行价值管理也是通过这种资本配置优化过程而得以实现。资本配置的基本原则是将资本要求与风险度量直接挂钩。以业务层面为例,资本计量先考虑每项业务的风险状况,再结合业务之间的相关性计算银行整体所需的资本数量;而资本配置则在整体资本数量一定的约束下,计算每个业务实际占用的经济资本。由于整体经济资本水平确定在先,资本配置的一个基本原则是配置给各业务单位的资本之和必须等于整体资本数量。所以风险贡献理所当然地成为资本配置的理想工具。风险贡献以非预期损失作为度量单位。如果决定了置信水平,非预期损失很容易通过标准差数和敞口规模调整为资本数量。这时,以资本数量为单位的风险贡献又称为成分经济资本(Component CaR, CCaR)。很明显,各头寸的成分经济资本之和等于组合经济资本。

实践中，如果使用历史模拟法或者蒙特卡罗模拟法，风险贡献和成分经济资本的计算会面临很大困难。针对这种情况，国际先进银行发展了两种实用的资本分配方法。其中一种是自上而下(Top-down)法。用 MC_i 表示从资产组合中剔除第 i 项资产业务后整体经济资本的变化量，用 TMC 代表所有资产的 MC 值之和，每项资产的 MC 值占 TMC 的比例计为 w_i。用每项资产的 w_i 去乘整体经济资本 EC，即为其在组合中分配的资本。经济资本配置是一个"从上往下"过程的目的在于通过资本约束构建一个与银行总体风险管理战略相一致的合适资产组合。一般说来，这一过程可以分三步进行，首先通过银行的资本实力和股东的风险偏好确定银行的总体风险水平和经济资本额，然后确定各个业务部门和产品线在组合中实际占用的资本，最后在风险-收益权衡的基础上进行适当调整。确定总体经济资本除了考虑各个业务单位计量的经济资本，还要考虑股东偏好和增资扩股能力能限制性因素。另一种是自下而上(Bottom-up)法。用 EC_i 表示第 i 项资产自身独立的经济资本，用 TEC 代表所有资产独立计量的经济资本之和。将比例 ω 定义为银行整体经济资本与 TEC 之比，即

$$\omega = \frac{EC}{TEC} \qquad (10.22)$$

比例 ω 对所有资产都是相等的，用该比例去乘各资产独立计量的经济资本，就得到了对各资产分配的经济资本。将银行总体经济资本向下分配到各项业务乃至更细小的单元，细化了组合环境下的资本缓冲。但是资本配置的最终目的将稀缺的资本运用到能产生最大收益的领域，从而构建一个与总体风险战略相一致的、促进股东价值最大化的合理资产组合。所以上述分配结果还有调整的必要。RAROC 为银行的风险-收益决策提供了依据，在调整资本配置的过程中，RAROC 的作用主要体现在：一方面，RAROC 能够辅助决策是否应该持有某项资产。如果某项资产的收益明显低于资本要求的收益率，那么就有必要调整该资产的定价策略或者直接放弃该资产。在股票市场上，资本要求的收益率可以由

CAPM 模型得到，即：

$$R_i = r_f + (R_m - r_f)\beta_i \qquad (10.23)$$

RAROC 和股东要求收益率 R_i 都是风险调整的收益率，两者具有可比性，所以 RAROC 不低于 R_i 就构成了银行持有资产的必要门槛之一。另一方面，对比两项资产的 RAROC 值也能为资本配置提供有价值的信息。如果某项资产的 RAROC 高于另一项资产，说明该资产的单位风险能带来更高的收益，显然应该加大该资产的投入力度，为其配置更多的资本。同时，RAROC 稍低的资产业务就应该处于相对次要地位，减少资本配置。经过这样的调整，在不增加整体经济资本的条件下，也能实现收益的增长，达到资本配置的优化。

2. 宏观经济资本的配置

宏观经济资本本身是一个虚拟的概念，我们可以把它看成是一个国家的风险管理基金，如同商业银行一样，它也是用作抵补非预期损失的一种资本，虽然宏观经济资本管理不像微观经济资本那样在全球的商业银行经营管理中得到普及，但是就内在规律而言，它们是同质的。虽然宏观经济资本并没有明确提出，但是一国的很多风险管理的政策手段就是在实践宏观经济资本配置以防范风险的过程。我们上面提到，虽然在现实中没有对应的加总后的宏观经济资本，但是分配到各个部门之后的经济资本在现实中是有相似的对应，基本上每个部门都有其风险保证基金的存在。那么这些基金的配置就是宏观经济资本的配置，最直接的一个例子就是，官方动用外汇储备托市，那么结果就是企业部门、金融部门、家庭部门的风险保证基金的价值上升，这就相当于减少公共部门的经济资本，增加其他部门的经济资本。当然我们可以看出，在宏观经济资本配置上，国家可能更多的是从风险角度来考虑，在风险与收益的抉择上，相同条件下，会基于风险控制优先的原则。

宏观经济资本的配置与微观经济资本配置的原则稍有不同，在风险-收益的抉择上，相同条件下，会基于风险控制优先的原则。当然，站在国家总体层面上，我们考虑资本的配置也是从平衡利润和风险的理念出发,避免出现过分追求高收益、高风险的行为,这是不利于一个国家的经济长期、稳定和健康发展。另一方面,由于害怕国家在发展中遭受金融危机的冲击而过分高估风险,对经济资本限制过严,也会导致一国经济的发展缓慢。因此在制定绩效考核依据时,应平衡考虑风险和收益,不能只偏重其中一方面。我们按照公共部门、金融部门、企业部门、家庭部门四个部门来配置经济资本的时候,基本上就同微观经济资本配置的 RAROC 方法类似,通过计算部门的 RAROC 值与本部门的平均社会收益率相比较,越高于平均社会收益率,我们就配置越多的经济资本。

但是宏观经济资本的配置也有其自身的特点,就是在利润和风险的权衡中,往往将风险放在首位,因为对于一国宏观经济来说,先要稳定,再谈增长,冒险激进的经济增长将会使风险在部门内部不断累计,一旦爆发了金融危机,不但以前的经济增长带来的好处消失殆尽,还会使一国经济陷入痛苦的复苏过程当中,经济的萧条、人民生活的窘迫、社会的动荡,这一切都是当权者不愿看到的。所以在我们四部门经济资本配置当中,也应当反映出这一点,金融部门和企业部门我们是以 RAROC 和社会平均收益率进行比较,确定资本配置,当然金融部门和企业部门的社会平均收益率是不一样的,这主要根据这两个部门的平均收益率来决定。而公共和家庭部门的经济资本配置更看重风险问题,因为这两个部门关系到一国社会稳定问题,所以这两个部门的经济配置我们要适当做出调整,这个调整主要是在这两个部门的社会平均收益率上,这两个收益率的选取我们会选取较小的参数作为标准,这样即使这两个部门只有较小的 RAROC,我们仍然能够保证这两个部门有较高的经济资本配置,主要是满足抵补风险的需要。

对于宏观经济资本配置的方法,我们谈到直接的方法只有从公共部门向其他部门进行重新转移来达到一个重新配置的目的,而想在其他部门之间进行配置则要通过间接的政策方法完成,例如,鼓励保险资金进入证券市场来完成减少金融部门的经济资本,而增加企业部门的经济资本这一过程。这些政策手段都只能是间接的、被动的，而不能强制性地执行，主动权还是掌握在部门自身那里。所以通过政策方法完成资本配置有一个很长的时滞，而且效果不一定好。

参 考 文 献

一、中文

[1] 安辉. 现代金融危机生成机理与国际传导机制研究[D]. 中国期刊网优秀博士论文, 2003.

[2] 包全永. 银行系统性风险的传染模型研究[J]. 金融研究, 2005(8): 72-84.

[3] 陈启清. 竞争还是合作:国际金融监管的博弈论分析[J]. 金融研究, 2008(10):187-197.

[4] 陈学彬. 金融危机扩散中的示范效应和竞争性贬值效应分析[J]. 金融研究,1999(5): 41-47.

[5] 董秀良,吴仁冰. 金融市场风险传染实证研究:综述与展望[J]. 经济学动态, 2007(9): 66-70.

[6] 范爱军. 金融危机的国际传导机制探析[J]. 世界经济, 2001(6): 31-36.

[7] 高洪民. 资产负债表的直接传染[J]. 财经研究,2005(11): 5-16.

[8] 金洪飞. 关于货币危机传染文献综述[J]. 经济学动态, 2001(7): 61-66.

[9] 雷良海,魏遥. 美国次贷危机的传导机制[J]. 世界经济研究, 2009(1): 24-31.

[10] 李小牧,李春锦,傅卓斌. 金融危机的国际传导:90年代的理论与

实践[M].中国金融出版社,2001.

[11] 李扬,国际资本流动与我国宏观经济稳定[J].经济研究,1995(6):12-20.

[12] 李扬等.中国国家资产负债表(2013)[M].中国社会科学出版社,2013.

[13] 李扬,张晓晶,常欣.中国国家资产负债表(2015)[M].中国社会科学出版社,2015.

[14] 李扬,张晓晶,常欣.中国国家资产负债表(2018)[M].中国社会科学出版社,2018.

[15] 刘尚希,宏观金融风险与政府财政责任[J].管理世界,2006(6):10-17.

[16] 刘锡良,金融结构视角中的金融安全论[J].经济学动态,2004(8):78-82.

[17] 童光荣,张毅.金融传染的微观机理研究评述[J].经济学动态,2008(2):106-110.

[18] 王春峰,康莉,王世彤.货币危机的传染:理论与模型[J].国际金融研究,1999(1):44-50.

[19] 叶永刚,宋凌峰,张培.宏观金融工程:理论卷[M].高等教育出版社,2011.

[20] 张志波.金融危机传导与国家经济安全[M].上海社会科学院出版社,2007.

二、英文

[1] Allen F, Gale D. Financial Contagion [J]. Journal of political economy, 2000(1):1-33.

[2] Barro D, Basso A. Credit Contagion in network of firms with spatial interaction [J]. European Journal of Operational Research, 2010(2):459-468.

参考文献

[3] Bernanke B, Blinder A. Credit Money and Aggregate Demand[J]. American Economic Review, 1988(2): 435-439.

[4] Bernanke B, Gertler M. Agency Costs, Collateral, and Business Fluctuations[J]. American Economics Review, 1989(1):14-31.

[5] Black F, Scholes M. The Pricing of Options and Corporate Liabilities [J]. Journal of Political Economy, 1973(3): 637-654.

[6] Buiter W, Kletzer K. Capital mobility, fiscal policy, and growth under self-financing of human-capital formation [J]. Canadian Journal of Economics revue canadienne d economique, 1995 (Special Issue): S163-S194.

[7] Castren O, Kavonius K. Transmission of shocks in the integrated accounting framework[J]. Journal of Network Theory in Finance, 2015 (2): 1-20.

[8] Connolly M, Taylor D. The exact timing of the collapse of an exchange rate regime and its impact on the relative price of trade goods [J]. Journal of Money, Credit and Banking,1984(16): 194-207.

[9] Coudert V, Gex M. Contagion inside the credit default swaps market: The case of the GM and Ford crisis in 2005 [J]. Journal of International Financial Market Institutions and Money, 2010(2): 109-134.

[10] Crouhy M, Galai D, Mark R. A Comparative Analysis of Current Credit Risk Models[J]. Journal of Banking and Finance, 2000(24): 59-117.

[11] Dornbusch R, Park Y, Claessens S. Contagion: Understanding how it spreads [J]. World Bank Research Observer, 2000(2): 177-197.

[12] Edwards S. Real Exchange rates in developing countries: Concepts and measurement[J]. NBER Working Paper,1989(2950).

[13] Flood R, Garber P. Collapsing Exchange Rate Regimes: Some Linear Examples[J]. Journal of International Economics, 1984(17): 1-13.

[14] Flood R, Garber P, Kramer C. Collapsing exchange rate regimes:

Another linear example [J]. Journal of International Economics, 1996 (3-4): 223-234.

[15] Forbes K. Are Trade Linkages Important Determinants of Country Vulnerability to Crises[J]. NBER Working Paper, 2001(8194).

[16] Gai P, Kapadia S. Contagion in financial networks [J]. Proceedings of the royal society A-Mathematical physical and engineering science, 2010(2120): 2401-2423.

[17] Gapen M, Gray D, Cheng L, Xiao Y. Measuring and Analyzing Sovereign Risk with Contingent Claims[J]. IMF Working Paper, 2005 (05/155).

[18] Giesecke K. Correlated default with incomplete information [J]. Journal of Banking and Finance, 2004(7): 1521-1545.

[19] Gray D, Merton R, Bodie Z. A New Framework for Analyzing and Managing Macrofinancial Risks of an Economy [J]. NBER Working Paper, 2006(12637).

[20] Glick R, Rose A. Contagion and trade-Why are currency crises regional? [J]. Journal of International Money and Finance, 1999(4): 603-617.

[21] Jarrow R, Yu F. Counterparty risk and the pricing of defaultable securities [J]. Journal of Finance, 2001(5): 1765-1799.

[22] Jorion P, Zhang G. Credit contagion from counterparty risk [J]. Journal of Finance, 2009(5): 2053-2087.

[23] Kaminsky G, Reinhart C. On crises, contagion, and confusion [J]. Journal of International Economics, 2000(1): 145-168.

[24] Krugman P. A Model of Balance of Payments Crises [J]. Journal of Money, Credit and Banking, 1979(11): 311-325.

[25] Masson P. Contagion: Monsoonal Effects, Spillovers, and Jumps Between Multiple Equilibria[J]. IMF Working Paper, 1998.

参考文献

[26] Merton R. On the Pricing of Corporate Debt: The Risk and Term Structure of Interest Rates[J]. Journal of Finance, 1974(2): 449-470.

[27] Merton R. On the Pricing of Contingent Claims and the Modigliani-Miller Theorem [J]. Journal of Financial Economics, 1977(11): 241-249.

[28] Obstfeld M. The Logic of Currency Crises [J]. NBER Working Paper, 1994(4640).

[29] Sachs J, Tornell A, Velasco A. The Mexican peso crisis: Sudden death or death foretold[J]. Journal of International Economics, 1996(3-4): 265-283.

[30] Salant S, Henderson D. Market anticipations of Government Policies and the Price of Gold [J]. Journal of Political Economy, 1978(86): 627-648.